Der Augsburger Dom

Der Augsburger Dom

Sakrale Kunst von den Ottonen bis zur Gegenwart

Herausgegeben von der Diözese Augsburg

DEUTSCHER KUNSTVERLAG

Impressum

Herausgegeben von der Diözese Augsburg

Lektorat: Carina Dahlhaus, Deutscher Kunstverlag

Gestaltung, Satz und Layout: Edgar Endl, Deutscher Kunstverlag

Reproduktionen: Birgit Gric, Deutscher Kunstverlag

Druck und Bindung: Grafisches Centrum Cuno, Calbe

Gedruckt im Ultra HD Print ®

Schrift: Kievit und Minion Pro

Papier: MagnoSatin 150 g/qm

Bibliographische Informationen der Deutschen Nationalbibliothek:
Die Deutsche Nationalbibliothek verzeichnet diese Publikation in
der Deutschen Nationalbibliographie; detaillierte bibliographische
Daten sind im Internet über http://dnb.d-nb.de abrufbar.

© 2014 Deutscher Kunstverlag GmbH Berlin München
Paul-Lincke-Ufer 34 · D-10999 Berlin
www.deutscherkunstverlag.de

ISBN 978-3-422-07269-5

Inhalt

Grußwort des Bischofs

Augsburg kann auf eine lange, bisweilen auch sehr bewegte christliche Tradition zurückblicken, die in der Spätantike wurzelt. Das Zeitalter der Reformation hat den Namen der Stadt in der Religionsgeschichte noch bekannter gemacht.

Zwei eindrucksvolle katholische Kirchen prägen bis heute das Zentrum: die Basilika St. Ulrich und Afra als Grablege der Bistumspatrone im Süden der Altstadt und der Hohe Dom im Norden. Die komplexe Baugestalt des Doms wird leichter verständlich, wenn man an die Vielzahl der Aufgaben denkt, die er in sich vereint – als Sitz des Bischofs, des Domkapitels und der Dompfarrei, aber auch ganz allgemein als Hauptkirche für die Katholiken der Diözese.

Wie wir seit Kurzem zweifelsfrei wissen, ist der um 995–1005 erbaute Augsburger Dom sogar die älteste in wesentlichen Teilen noch erhaltene Bischofskirche Deutschlands, sieht man vom Sonderfall Aachen ab, wo die Erhebung zur Kathedrale allerdings erst viel später erfolgt ist. Bis in die Gegenwart wird insbesondere auch die kaum veränderte ottonische Augsburger Krypta von vielen Betern als Ort der stillen Andacht sehr geschätzt.

In der bewegten Bau- und Ausstattungsgeschichte spiegelt sich geistliche wie auch weltliche Geschichte in reicher Vielfalt: Mit dem Umbau zur hochgotischen Kathedrale sollte der Dom nicht nur den Lobpreis Gottes in neuen Dimensionen veranschaulichen, sondern durchaus auch die Ideale und Ziele der geistlichen Auftraggeber. Die zunehmend selbstbewusste Reichsstadt trug ihren Teil dazu bei, dass der Dom sich so entwickelte, wie er heute vor uns steht – beeindruckend im Ganzen wie in vielen Details, aber in einigen Aspekten doch auch mit Abweichungen von den ursprünglichen Plänen.

Der Hohe Dom bietet – über die berühmten romanischen Prophetenfenster, die spätgotischen Holbein-Tafeln oder die modernen Schreiter-Fenster hinaus – einen fast unerschöpflichen Reichtum an bisweilen auch eher versteckten Meisterwerken verschiedenster Epochen, die jeden Besuch im Dom zu einem neuen Erlebnis werden lassen. Viele Kunstwerke laden zum Gebet ein, womit sie ihrem ursprünglichen Sinn am besten gerecht werden.

Der Hohe Dom zu Augsburg ist ein Zeugnis für die Glaubens- und Kulturgeschichte von Generationen. Im Westchor steht der romanische Löwenthron, die Bischofskathedra, entstanden um 1100, im Hochchor die Kathedra des Bischofs von Augsburg, geschaffen nach dem Zweiten Vatikanum. Auch der Dom unterliegt den Veränderungen, die der Zeitenlauf mit sich bringt. Immer aber ist er Ausdruck des Glaubens an die Gegenwart Gottes in unserer Zeit und Hinweis auf unser himmlisches Ziel.

Mit der prächtigen Bebilderung und den begleitenden Texten bietet das Dombuch eine reiche Quelle, sich mit diesem einzigartigen Gotteshaus immer wieder neu auseinanderzusetzen.

+ Konrad Zdarsa

Dr. Konrad Zdarsa
Bischof von Augsburg

Grußwort des Summus Custos

Die Sorge um das Domkirchengebäude und das Inventar ist dem Summus Custos vom Bischof übertragen. Er steht damit in einer Tradition, die bis an die Anfänge des Augsburger Doms reicht. Unzählige Architekten, Künstler, Handwerker und Wissenschaftler haben sich mit dem Dom befasst, ihn gestaltet, verändert und auch erforscht. Die Bischöfe, Domkapitel, sicher aber auch geschichtliche Ereignisse haben ihre Spuren hinterlassen. Es lassen sich an diesem Gebäude Kunstgeschichte, Glaubensgeschichte sowie kirchliche Ereignisse ablesen, und jeder Besucher spürt, er steht in einem zu Stein und Bild gewordenen Zeugnis unserer Kultur und unseres christlichen Glaubens.

In vielfältigen Facetten bringt uns dieses Buch die Geschichte und das Werden unseres Doms zur Kenntnis. Er ist zu jeder Zeit neben einem Ort lebendigen Glaubens auch immer ein Ort des Bauens, des Gestaltens und auch der Forschung. Die Erhaltung und Pflege des Doms ist neben der Diözese auch dem Staat ein Anliegen, der die Baulast trägt. Dieses Miteinander trägt der Geschichte und damit dem gemeinsamen Weg Rechnung. Der Diözese ist es eine selbstverständliche Verpflichtung, durch ihre Einrichtungen mit größter Sorgfalt auf den Dom zu achten.

Allen, die an der Konzeption des vorliegenden Buchs, am Verfassen der Texte und der hervorragenden Bebilderung mitgewirkt haben, möchte ich ganz herzlich danken, ebenso dem Verlag und nicht zuletzt den Mesnern, die bei den Fotoaufnahmen hilfreich und geduldig zur Seite gestanden haben.

In den letzten Jahren durften wir beobachten, dass der Besuch des Doms durch kunstinteressierte Menschen aus nah und fern erheblich zugenommen hat. Möge dieses Buch helfen, den Dom besser zu verstehen und über das Kunstwerk Dom zu der Glaubensbotschaft zu finden, die ihn eigentlich trägt.

Der Glaube stellt sich immer den Fragen, die aus der Zeit heraus uns entgegentreten. So ist es nicht verwunderlich, dass die Sorge um das Domkirchengebäude auch immer wieder die Gestaltung des Doms umfasst. Altes wird erhalten und gepflegt, aber auch Neues entsteht. Der Dom ist ein lebendiges Zeugnis des Glaubens.

Karlheinz Knebel
Bischofsvikar für Kirche und Kultur
Summus Custos

Geschichte des Bistums Augsburg

Die spätrömische Zeit

Die Anfänge des Bistums Augsburg sind in der spätrömischen Zeit anzusetzen. Damit ist Augsburg der älteste Bischofssitz im heutigen Bayern. Das als Siedlung bei einem römischen Militärlager am Zusammenfluss von Lech und Wertach entstandene »Augusta Vindelicum« wurde im Laufe des 1. Jahrhunderts n. Chr. Hauptstadt der Provinz »Raetia«. Kaiser Diokletian (284–305) teilte die Provinz in die »Raetia prima« mit der Hauptstadt Chur und die »Raetia secunda« mit Augsburg als Hauptstadt. Da die Stadt einen wichtigen Verkehrsknotenpunkt der Straßen und Wasserwege bildete, entwickelte sie sich zu einem zentralen Handels-, Wirtschafts- und Kulturzentrum im Voralpenland. Es kann davon ausgegangen werden, dass sich die kirchlichen Strukturen an die staatlichen Provinzgrenzen anglichen. Damit hatte Augsburg wohl schon im 4. Jahrhundert einen Bischof, wie dieser für Chur als Provinzhauptstadt sicher nachzuweisen ist. Neueste Auswertungen der 1958 bis 1962 unter St. Gallus vorgenommenen archäologischen Untersuchungen erlauben es, die vorgefundene dreischiffige Basilika mit einer Mindestlänge von 24 Metern und einem Querschiff von 27 Metern als Bischofskirche zu deuten, die in der zweiten Hälfte des 4. oder am Beginn des 5. Jahrhunderts errichtet wurde. Zudem sind archäologische Zeugnisse christlichen Lebens aus dieser Zeit überliefert. Der in der Lebensbeschreibung des heiligen Severin erwähnte Bischof Valentin könnte um 450 in Augsburg gewirkt und sich dann vor den anstürmenden Hunnen nach Säben geflüchtet haben. Die erst seit der Mitte des 11. Jahrhunderts tradierten Bischofskataloge für Augsburg kennen diesen Namen zwar nicht, gehen aber mit Zosimus/Dionysius bis in die Römerzeit zurück. Anschließend weisen sie germanische Namen auf (Perewulf, Tagepert, Manno, Wicho, Pricho, Zeizzo, Marchmann), doch sind all die Genannten historisch nicht verifizierbar und müssen als legendär gelten.

Die Christenverfolgung im Römischen Reich erreichte unter Kaiser Diokletian im Jahr 304/05 einen Höhepunkt.

Von den in Augsburg ums Leben kommenden Christen ist nach dem *Martyrologium Hieronymianum* aus dem ersten Drittel des 7. Jahrhunderts, das auf eine nicht erhaltene Fassung des 5. Jahrhunderts zurückgeht, mit »Afra Veneria« der Name der wohl bedeutendsten Persönlichkeit bekannt. Dieses kalendermäßige Heiligenverzeichnis mit etwa 6000 Namen wurde irrtümlich dem heiligen Hieronymus zugeschrieben. Die Märtyrerin Afra könnte mit ihrem Beinamen Veneria darauf hinweisen, dass sie Dienerin der heidnischen Liebesgöttin Venus war (Magdalenenmotiv). Andernfalls könnte es auch eine eigene Heilige mit diesem Namen gegeben haben, die dann jedoch später völlig in Vergessenheit geriet. Die um 650 niedergeschriebene Afra-Geschichte (*Passio S. Afrae*) und ihre Erweiterung (*Conversio et Passio S. Afrae*) aus dem 8. Jahrhundert berichten in legendarischer Überlieferung: Afra wurde zum Feuertod verurteilt und am 7. August auf dem Lechfeld, wo heute das Kirchlein St. Afra im Feld steht, auf dem Scheiterhaufen verbrannt. Ihre Gebeine wurden von den Christen geborgen und auf dem römischen Friedhof bestattet, der an der nach Süden führenden Via Claudia etwa einen Kilometer außerhalb der Stadtmauern gelegen war. Über ihrem Grab entstand das erste Afra-Kirchlein, wo heute die Basilika St. Ulrich und Afra steht. Die Gebeine der ältesten Augsburger Diözesanpatronin werden in der Krypta dieser Kirche verehrt. Bei Ausgrabungen in der zweiten Hälfte des 20. Jahrhunderts konnte zwar die ursprüngliche Grablege nicht gefunden werden, doch die Häufung von bedeutenden Gräbern aus der ersten Hälfte des 7. Jahrhunderts im Umfeld des Afra-Altars der Basilika verweisen auf eine Bestattung bei den Heiligen. Aus dieser frühen Zeit ist in unserem Raum ansonsten nur noch das Martyrium der 40 Christen in Lorch (römische Provinz Norikum) um den legendären Amtsvorstand Florian bezeugt. Das genannte Heiligenverzeichnis ist das früheste schriftliche Zeugnis für die Existenz vereinzelter Christen in Augsburg zu Beginn des 4. Jahrhunderts. Daneben finden sich in das 4. und 5. Jahrhundert zu datie-

Martyrium der hl. Afra (Johann Christoph Storer, 1658),
ehem. Seitenaltarbild des Doms, heute in Osterbuch, Lkr. Dillingen

die barbarischen Flüsse zu passieren, sodass du leicht den Rhein und die Donau überqueren kannst, kommst du nach Augsburg, wo Wertach und Lech zusammenfließen. Dort verehre die Gebeine der Märtyrerin Afra!« Somit ist ein bereits überregional bekannter Kult bezeugt. Dies setzt neben einer christlichen Gemeinde vermutlich auch eine das Märtyrergrab hütende Mönchsgemeinschaft voraus, die den Untergang der römischen Herrschaft und die alemannische Landnahme überdauerte.

Das Mittelalter

Unsicher ist, ob der Augsburger Bischofssitz in der Umbruchphase der Völkerwanderungszeit fortbestand oder im 7. Jahrhundert erst wieder neu begründet wurde. Für das 8. Jahrhundert ist das Wirken des heiligen Magnus (um 699 – um 772) im östlichen Allgäu und am oberen Lech bezeugt. In dieser Zeit erscheint mit Wikterp (um 738 – um 772) der erste urkundlich gesicherte Augsburger Bischof, der seinen Eigenbesitz in Epfach der Augsburger Kirche schenkte und in der dortigen Laurentiuskirche begraben ist. Wohl in dessen Amtszeit fällt die Abgrenzung der westlichen Bistumsgrenze gegenüber dem Konstanzer Sprengel entlang der Iller und im Nordosten die Abtrennung des Sulafelds zugunsten des 745 von Winfrid-Bonifatius (672/675–754) begründeten Bistums Eichstätt. Das auf der bayerischen Seite gelegene Gebiet östlich des Lechs scheint etwa 740 vom Augsburger Bistum abgetrennt, jedoch von Wikterp in Personalunion mitverwaltet worden zu sein. In den Quellen taucht es als wohl kurzlebiges Bistum Neuburg beziehungsweise Staffelsee auf, wobei weder dessen nähere Geschichte noch der Ort des Bischofssitzes (Neuburg an der Donau oder auf der Insel Wörth im Staffelsee) geklärt werden kann. Mit diesem eigenen oder Augsburg untergeordneten Bistum sollte vermutlich Expansionstendenzen des Freisinger Bischofs in Richtung Westen begegnet werden. Der zweite Nachfolger Wikterps, der auf Tozzo folgende Bischof Simpert (um 778 – um 807), hat die bayerischen Bistumsgebiete zu Beginn des 9. Jahrhunderts endgültig mit den schwäbischen (wieder)vereinigt. Außerdem erneuerte er die Afrakirche und vollendete an einem 28. September (wohl in seinem Todesjahr 807) den Dombau, dessen Fundamente durch archäologische Befunde in diese Zeit datiert werden können. In seiner Amtszeit lassen sich die Anfänge des Domkapitels erkennen, indem die an der Domkirche wirkenden Geistlichen zur gemeinsamen Lebensweise zusammengeführt wurden. Mit der Errichtung der bayerischen Kirchenprovinz durch Erhebung von Salzburg zum Metropolitansitz im Jahr 798 gehörte Augsburg wohl zur Kirchenprovinz Mainz (erstmals 829 sicher bezeugt). Nach seinem Tod am 13. Oktober

rende archäologische Zeugnisse für eine christliche Bevölkerung, wie etwa möglicherweise christlich zu deutende Inschriften und eingeprägte Kreuze auf Öllämpchen. Das älteste Stück ist eine am Schwalbeneck südlich des Augsburger Doms bei Ausgrabungen im Jahr 2000 gefundene ›Adam-und-Eva-Glasschale‹ aus transparent olivgrünem Glas mit Christusmonogramm. Deren Entstehung ist aufgrund von Münzfunden in derselben Schicht und einer vergleichbaren Schale aus Köln um 340/350 anzusetzen. Bei Venantius Fortunatus (530/540–600/610) ist in der um 600 entstandenen Lebensbeschreibung des heiligen Martin von Tours zum Afra-Kult als Erinnerung an seine 565/566 unternommene Reise von Ravenna nach Tours vermerkt: »Wenn es dir gestattet wird,

Wolfswunder des hl. Simpert
(Johann Christoph Storer, 1658),
ehem. Seitenaltarbild des Doms,
heute in Bachern, Lkr. Aichach-
Friedberg

bestattete man Simpert in der Afrakirche. Dort wird er wegen seiner wundertätigen Hilfe bei Kopfleiden und in Kinderanliegen als dritter Bistumspatron verehrt. In der fränkischen Zeit kam es zu zahlreichen Klostergründungen im Bereich des Augsburger Bistums. Von den weiteren Augsburger Bischöfen des 9. Jahrhunderts – Hanto, Nidker, Udalmann, Lanto und Witgar – ist nur wenig bekannt. Erst mit Adalpero (887–909) stieg ein Augsburger Oberhirte zu bedeutendem Rang in der Reichspolitik auf. Bischof Hiltine (909–923) konnte sich aufgrund seiner niederen Herkunft in der bedrängten Zeit der zunehmenden Ungarneinfälle und des Niedergangs der königlichen Gewalt kaum behaupten.

Über das Wirken des für die Geschichte der Diözese und des Reiches so bedeutenden Bischofs Ulrich (923–973) berichtet die Lebensbeschreibung des zeitgenössischen Augsburger Dompropstes Gerhard. Dieser schildert ihn als treu sorgenden Hirten, der von tiefer, benediktinisch geprägter Frömmigkeit erfüllt war. Ulrich stellte den durch Brand zerstörten Dom wieder her, erbaute nebenan die Taufkirche St. Johann, gründete das Kanonissenstift St. Stephan und umgab die Stadt mit einer steinernen Wehrmauer. Weithin bekannt ist er durch die Lechfeldschlacht von 955. Den ersten Ansturm der Ungarn gegen Augsburg konnte er mit seinen Mannen abwehren, bis am 10. August König Otto I. (936–973, seit 962 Kaiser) mit dem Heer anrückte und diese vernichtend schlug. Damit waren die über fünfzig Jahre währenden Plünderungen beendet, und die sesshaft werdenden Ungarn ließen sich in der Folgezeit taufen. Die Bischöfe seit dieser Zeit hatten eine Doppelfunktion: auf der einen Seite waren sie geistliche Leiter ihres Bistums, auf der anderen Seite hatten sie weltliche Aufgaben als Landesherren ihres Hochstifts und leisteten Dienst in der Verwaltung des Heiligen Römischen Reiches. Von Ulrich ist als Erstem bekannt, dass er vom Papst heiliggesprochen wurde (993).

Bischof Liutold (989–996) nahm den Neubau des 994 eingestürzten Doms in Angriff, Bischof Bruno (1006–1029) wandelte wohl 1012 das Kanonikerstift St. Afra in ein Benediktinerkloster um (St. Ulrich und Afra) und gründete um 1020 das Kollegiatstift St. Moritz. Bischof Heinrich (1047–1063) setzte sich für die weitere Ausstattung der Kathedrale ein, worauf sein Nachfolger Embriko (1063–1077) 1065 den neuen Dom weihen und 1070/75 die Doppeltürme aufziehen konnte. Beim Bau der bis 1071 neu errichteten Afrakirche glaubte man, die Gebeine der Märtyrerin Afra gefunden zu haben. Der Investiturstreit führte auch im Bistum Augsburg zu Spaltungen. Bischof Walther (1133–1152) gründete 1135 bei St. Georg in Augsburg ein Augustinerchorherrnstift, als sich die gemeinsame Lebensweise des Domkapitels auflöste. Dieses wurde um 1160 beim Spital zum Heiligen Kreuz um

Hl. Ulrich, Skulptur um 1330/60 (mit Ergänzungen um 1970), an einem südl. Pfeiler des Ostchors ein weiteres Chorherrnstift ergänzt. Anlässlich der Weihe der nach dem Brand von 1183 neu erbauten Klosterkirche St. Ulrich und Afra durch Bischof Udalschalk (1184–1202) war 1187 Friedrich Barbarossa (1152–1190) zugegen.

Im 13. Jahrhundert setzte sich einerseits die bischöfliche Landesherrschaft im Hochstift durch, andererseits verloren die Bischöfe infolge der Emanzipation der Bürgerschaft die Herrschaft über die Stadt Augsburg, die Freie Reichsstadt wurde. Hierauf entwickelte sich Dillingen an der Donau zur zweiten Bischofsresidenz. Unter Bischof Marquard von Randeck (1348–1365) begann um 1356 der Bau des spätgotischen Osthochchors des Augsburger Doms, der erst 1431 von Bischof Peter von Schaumberg (1424–1469, seit 1450 Kardinal) mit dem Hochaltar geweiht werden konnte. Diesem gelang es auch, das durch die Jahrhunderte angespannte Verhältnis zwischen der Reichsstadt Augsburg und dem Bischof 1456 in einem friedlichen Vertrag zu regeln. Ferner ordnete er die von Dillingen aus organisierte Verwaltung des Hochstifts, das im Wesentlichen um diese Stadt lag und sich zwischen Lech und Wertach von Augsburg aus nach Süden erstreckte und bis nach Tirol hinein reichte. Außerdem vermittelte er für das in Augsburg bleibende Domkapitel 1465 die päpstliche Bestätigung eines Statuts, das unter anderem bestimmte, keine Augsburger Bürgersöhne aufzunehmen, um damit bürgerlichen Einfluss zu vermeiden.

Diözesansynode von 1610 im Dom (Thomas Maurer, 1616), Diözesanmuseum St. Afra

Die Neuzeit

In der Reformation, die in der Stadt Augsburg in den beiden Klöstern St. Anna und Barfüßer ihren Ausgang nahm, kam es unter Bischof Christoph von Stadion (1517–1543) im Augsburger Bistum zu großen Einbrüchen: elf der zwölf Reichsstädte in der Diözese, darunter auch Augsburg, ferner die Bistumsgebiete in Württemberg, Oettingen und Pfalz-Neuburg, gingen zum neuen Glauben über. In Augsburg, der Stadt des Reichstags von 1530 mit der Übergabe der *Confessio Augustana* an Kaiser Karl V. (1519–1556), wurde 1537 der katholische Gottesdienst verboten, die beim alten Glauben bleibenden Priester und Ordensleute wurden vertrieben und das Domkapitel ging nach Dillingen ins Exil. Beim reformatorischen Bildersturm wurde außerdem der Großteil der beweglichen Dom-Ausstattung zerstört, insbesondere die geschnitzten oder gemalten Altaraufsätze. Weitgehend verschont blieben dagegen die Grabmäler, die beiden Chorgestühle und die Glasgemälde. Bischof Otto Kardinal Truchseß von Waldburg (1543–1573, seit 1544 Kardinal) konnte erst nach zehn Jahren mit Unterstützung Karls V. zurück nach Augsburg kommen und seinen Dom wieder dem katholischen Kultus zuführen. Auf einem weiteren Reichstag wurde

1555 der Augsburger Religionsfriede mit dem bekannten Prinzip »cuius regio – eius religio« geschlossen: Die Untertanen mussten das Bekenntnis des Landesfürsten annehmen, ansonsten blieb ihnen nur die Möglichkeit auszuwandern. In den Reichsstädten durften beide Konfessionen nebeneinander ausgeübt werden. Der Augsburger Bischof versuchte im Geiste der Reformbemühungen des Konzils von Trient (1545–1563) mithilfe des Jesuiten Petrus Canisius (1521–1597), die Augsburger Bürger mit der Einrichtung des Augsburger Jesuitenkollegs St. Salvator wieder für den Glauben zu gewinnen. Als erster Oberhirte im Reich hielt er zur Umsetzung der Konzilsbeschlüsse 1567 in Dillingen eine Diözesansynode ab. Am selben Ort gründete er 1549 gegen den Widerstand seines Domkapitels ein Kolleg, das schon 1551 zur Universität erhoben wurde. Im Jahr 1563 wurde diese zusammen mit dem Konvikt den Jesuiten (bis zu ihrer Aufhebung 1773) übertragen, die in der Zeit der Konfessionalisierung und Gegenreformation segensreich wirkten. Mit der Verlegung der 1803 zum Lyzeum degradierten und seit 1923 als Philosophisch-Theologische Hochschule bezeichneten Bildungsstätte von Dillingen nach Augsburg und der Errichtung der Katholisch-Theologischen Fakultät an der Universität endete 1971 die über 400-jährige Wirkungsgeschichte.

Die Reformbemühungen Kardinal Ottos setzte besonders Bischof Heinrich von Knöringen (1599–1646) weiter um, indem er 1610 in Augsburg erneut eine Diözesansynode veranstaltete, 1614 in Dillingen ein tridentinisches Priesterseminar errichtete und im Bistum die Einführung des römischen Ritus unter Beibehaltung eines Augsburger Eigenteils durchsetzte. Im Dreißigjährigen Krieg (1618–1648) wurde auch das Bistum Augsburg schwer in Mitleidenschaft gezogen. Mit dem Westfälischen Frieden gingen 164 Pfarreien, 273 Benefizien und 34 Klöster endgültig an die Reformation verloren. Nach den Wirren und dem großen Leid des Kriegs gestaltete man in der Amtszeit Bischof Johann Christoph von Freybergs (1661/66–1690) zahlreiche Kirchen – darunter auch den Augsburger Dom – im Barock als der Kunstform der in der Gegenreformation gestärkten Kirche um oder erbaute sie neu.

Durch die Säkularisation von 1802/03 verlor der Augsburger Fürstbischof Klemens Wenzeslaus von Sachsen (1739–

1812), zugleich Erzbischof und Kurfürst von Trier sowie Fürstpropst von Ellwangen, seine weltliche Herrschaft im Hochstift Augsburg an Bayern, behielt jedoch seine geistliche Jurisdiktion über das Bistum. Im Bereich der Diözese Augsburg gingen 68 männliche und 30 weibliche Stifte und Klöster verloren, das Domkapitel löste sich auf. Einzige Ausnahme waren das Institut der Englischen Fräulein in Augsburg und einige Franziskanerinnenklöster.

Das 19. und 20. Jahrhundert

Die heute bestehende Ordnung der Diözese Augsburg geht auf die Neuorganisation der Verhältnisse nach der Säkularisation im Bayerischen Konkordat von 1817/21 zurück. Augsburg wurde Suffraganbistum der Erzdiözese München und Freising. Die Diözesangrenzen wurden an die Landesgrenzen angepasst, das heißt die Diözese Augsburg verlor die auf württembergischem Gebiet gelegenen Bistumsteile sowie einige Pfarreien in Tirol und Vorarlberg, gewann aber auch größere Teile des aufgelösten Bistums Konstanz westlich der Iller hinzu. Der Wiederaufbau des Kirchenwesens wurde getragen vom Professor und späteren Regensburger Bischof Johann Michael Sailer (1751–1832) und seinem Schülerkreis. Zu diesem gehörte auch der Kronprinz und spätere König

Petrus Canisius als Lehrer (Georg Busch, 1897), Canisiusaltar im Langhaus

Judith und Holofernes, Skulptur am südlichen Chorgestühl des Westchors (um 1495)

Ludwig I. (1786–1868), der das Wiedererstehen der Klöster und Bildungsstätten ermöglichte und mit Privatmitteln förderte. In Augsburg öffnete auf diese Weise das Benediktinerkloster St. Stephan 1835 seine Pforten und übernahm das örtliche katholische Gymnasium. Schon nach wenigen Jahrzehnten sollte es mehr Klöster und Ordenshäuser geben als vor der Säkularisation. Neben dem Wiederaufblühen der alten Orden und Gemeinschaften kam es zu bedeutenden Neugründungen: Dominikus Ringeisen (1835–1904) kümmerte sich mit großer Hingabe um Kranke und Behinderte und gründete 1897 die dem Franziskanerorden angeschlossene St. Josephskongregation. Der Dillinger Professor und Regens Johann Evangelist Wagner (1807–1886) nahm sich in den nach ihm benannten Anstalten – von den Dillinger Franziskanerinnen unterstützt – der Taubstummen und geistig Behinderten an. P. Andreas Amrhein OSB (1844–1927) gründete 1887 in Emming ein Missionshaus, das sich zum Mutterhaus der Kongregation der Missionsbenediktiner von St. Ottilien entwickelte.

In der zweiten Hälfte des 19. Jahrhunderts leitete Pankratius von Dinkel (1858–1894) das Bistum, der zur Förderung des Priesternachwuchses die Dillinger Knabenseminare errichtete. Sein Nachfolger, Petrus von Hötzl OFM (1894/95–1902), führte Anfang 1897 in der Diözese die ewige Anbetung ein. Maximilian von Lingg (1902–1930) gründete den Caritasverband und erbaute 1910 das neue Priesterseminar in Dillingen. Nach der drückenden Zeit des Nationalsozialismus unter Bischof Joseph Kumpfmüller (1930–1949) konnte Joseph Freundorfer (1949–1963) als nachdrücklicher Förderer des Kirchenbaus, der Familienseelsorge und der Ulrichswallfahrten den Wiederaufbau begleiten. Josef Stimpfle (1963–1992) vollzog die Verlegung der Katholisch-Theologischen Fakultät nach Augsburg, vollbrachte den Neubau des Priesterseminars und versuchte in der Augsburger Diözesansynode von 1990 das Zweite Vatikanische Konzil (1962–1965) umzusetzen. Die weiteren Bischöfe bis zur Gegenwart sind Viktor Josef Dammertz OSB (1992/93–2004), Walter Mixa (2005–2010) und Konrad Zdarsa (seit 2010).

Lage und Umgebung

Römisches Augsburg

Der Augsburger Dom steht auf den Resten der antiken Stadt. Die von Süden kommende Via Claudia traf hier auf die Verbindung von Cambodunum (Kempten). An dieser vom Südwesten her kommenden Fernstraße breitete sich am Rosenauberg und Bahnhofsgelände sowie an der Diakonissenanstalt und Fröhlichstraße der römische Friedhof mit heidnischen Gräbern aus. Hier fanden Belegungen bis weit in die zweite Hälfte des 4. Jahrhunderts statt. Entlang der Via Claudia konnte im Bereich der Basilika St. Ulrich und Afra bei Ausgrabungen im Zeitraum von 1953 bis 2001 der spätrömische christliche Friedhof ermittelt werden, der seit dem frühen 4. Jahrhundert bestand. Dieser weist fast ausschließlich beigabenlose und geostete Gräber auf, die somit christlich orientierten Romanen zuzuordnen sind. Im weit ausladenden Bereich finden sich auch zahlreiche frühmittelalterliche Bestattungen des 6. und 7. Jahrhunderts, die sich allesamt um die Grablege der Märtyrerin Afra und einen weiteren Verehrungsplatz östlich des Pfarrhauses versammelten.

Bei Grabungen in der Krypta des Doms und im Bereich des heutigen Diözesanmuseums St. Afra konnten profane Bauwerke aus den ersten nachchristlichen Jahrhunderten nachgewiesen werden. Über den Holzbauten des 1. Jahrhunderts entstanden in einem großen Wohnkomplex teilweise luxuriöse Wohnungen mit Wandmalereien, farbigen Mosaiken und Fußbodenheizungen, die bis in das frühe 5. Jahrhundert bestanden. Bislang fanden sich keine Spuren christlicher Bauten der ersten nachchristlichen Jahrhunderte. Bei einem knapp 24 Meter langen Gebäude, dessen Reste 1979 und 1982/83 unter dem Dom ausgegraben wurden, vermutet man einen ersten Kirchenbau aus der Übergangszeit von der Spätantike zum Frühmittelalter (5. Jahrhundert). Die Deutung als Profanbau galt lange Zeit als wahrscheinlicher. Allerdings könnte nach dem teilweisen Einsturz der ersten spätantiken Bischofskirche unter St. Gallus der Dom hierher verlegt worden sein.

Inzwischen kann durch zahlreiche Grabungen gesichert von einer Siedlungskontinuität von der Spätantike zum frühen Mittelalter in Augsburg ausgegangen werden. Über den teilweise zu Ruinen verfallenen römischen Steinbauten wurden unter Einbeziehung erhaltener Mauern trocken in Lehm gesetzte Fundamentsockel für Fachwerkbauten oder Pfostenbauten errichtet, die sich im direkten Dombereich und im weiteren Umfeld für das 6. und 7. Jahrhundert (Merowingerzeit) nachweisen lassen.

Erster gesicherter Kirchenbau

Der erste nachweisbare Kirchenbau ist wohl unter Bischof Simpert (um 778 – um 807) erfolgt. Auch wenn Schriftquellen des 8. Jahrhunderts zur Baugeschichte des Doms nicht vorliegen und die erste urkundliche Erwähnung des Augsburger Mariendoms vom 31. August 822 datiert, wird doch nach der Überlieferung des 16. Jahrhunderts Bischof Simpert die Konsekration des Mariendoms an einem 28. September, möglicherweise in seinem Todesjahr 807, zugeschrieben. Jedenfalls fand man bei Ausgrabungen in der Westkrypta des Doms 1979/80 einen karolingischen Flechtwerkstein in sekundärer Verwendung, der einem Bau der Epoche Bischof Simperts zugewiesen werden könnte. Weitere Spuren dieser Kirche waren 1970/71 möglicherweise auch im Ostteil des Mittelschiffs gefunden worden; diese lassen sich vermutlich durch die Grabungen von 1897/98 mit der Auffindung einer Chorapsis außerhalb des Westchors ergänzen. Beim Bau des neuen Augsburger Diözesanmuseums wurden 1998 in der Ulrichskapelle und im Kapitelsaal die Fundamente eines dreischiffigen karolingischen Dombaus des späten 8. bis 9. Jahrhunderts zutage gefördert, dessen Querhaustiefe immerhin 50,4 Meter betrug. Der Neubau entstand nach der Augsburger Geschichtsschreibung des 16. Jahrhunderts an der Stelle der ehemaligen Gerichts- und Markthalle des römischen Augsburg, doch lässt sich die Lage des Forums bis heute nicht bestim-

Grabungsbereich zum karolingischen Dom, Diözesanmuseum St. Afra

gen Hohen Weg bis zum 14. Jahrhundert das Burgtor (Heilig Kreuztor). Im Westen endet die hier spitz zulaufende Begrenzung hinter dem Hofgarten. Das Gelände ist nicht allzu dicht bebaut und weist viele Plätze und Gärten auf. Die Bischofsbeziehungsweise Domstadt liegt im Bereich des südlichen Teils der römischen Stadt, die sich nach Norden in das Gebiet der Frauenvorstadt erstreckte. Die Südmauer stimmt mit der antiken Stadtbefestigung überein.

Domkloster und Domkapitel

Bei den nördlich des Doms ausgegrabenen Gebäuderesten des 9. Jahrhunderts dürfte es sich um die Fundamente der Bischofspfalz oder des Domklosters handeln. Die an der Domkirche in Augsburg wirkende Geistlichkeit dürfte sich schon in der zweiten Hälfte des 8. Jahrhunderts zur »vita communis« zusammengeschlossen haben. Diesen Anfängen des Domkapitels ist vermutlich ein Zusammenleben des Stadtklerus in klösterlicher Gemeinschaft bei St. Afra vorausgegangen. Der Zusammenschluss der am Dom wirkenden Geistlichen wird erstmals im *Reichenauer Verbrüderungsbuch* um 830 erwähnt. Daher ist mit entsprechenden baulichen Anlagen für das gemeinsame Leben der Domkanoniker und für den Bischof zu rechnen. Unter Bischof Ulrich erfuhr dieser im Norden des Doms gelegene Bereich in ottonischer Zeit

men. Daher bleibt es reine Spekulation, dass sich die Gläubigen ursprünglich im vormaligen Forumstempel südlich des Doms zu Gebet und Gottesdienst versammelt hätten.

Der Dom stand einst im Zentrum der mittelalterlichen Bischofsstadt, der späteren »Domstadt«, die mindestens seit der Zeit Bischof Ulrichs (923–973) – teilweise auf den Fundamenten der römischen Mauern – mit Wällen und Palisaden befestigt war. Diese reichten im Norden bis zu einer Linie etwas südlich der Jesuitengasse und des Äußeren Pfaffengäßchens. In der Mitte der bis heute in großen Teilen erhaltenen Befestigung (z.B. zwischen Dompfarrhaus und Liga-Bank) stand das erst 1885 abgebrochene Frauentor. Die Durchgangsstraße, später Reichs- heute Frauentorstraße, teilte das Gebiet in einen östlichen und einen westlichen Bereich. Im Osten reicht die Mauer bis zur allgemeinen Stadtbefestigung am Rande der Hochterrasse, im Süden folgt sie dem Mauerberg, dem Obstmarkt und dem Hafnerberg, wo der Höhenunterschied sich bis heute erhalten hat. Hier stand am heuti-

Detail aus dem Ostflügel des Kreuzgangs mit Grabmälern aus Spätgotik, Renaissance und Barock

Westflügel des Kreuzgangs mit vermauerten romanischen Säulen

eine grundlegende Neugestaltung. Die Räume des Domklosters reihen sich in den Flügeln um den quadratischen Domkreuzhof. Die Südseite bildet seit dem Abbruch des Südflügels 1330/40 das zweite Seitenschiff der gotisierten Kathedrale; an die Hofseite des Westflügels ist seit etwa 1300 die Katharinenkapelle angebaut. Die ursprüngliche Bausubstanz hat wohl im 11., 12. und 13. Jahrhundert Veränderungen erfahren. In spätgotischer Zeit wurde der Kreuzgang um die Wende vom 15. zum 16. Jahrhundert neu gebaut, in der Barockzeit um 1730 überarbeitet. Es kann vermutet werden, dass der Ostflügel durchgängig die Vorratsräume und den Kornspeicher beherbergte, während der Westflügel die Versammlungsräume des Domkapitels (großer Saal, alter Kapitelsaal bzw. Ulrichsaal mit romanischen Bauformen) und die Kanzlei umfasste. Der Nordflügel war zur Hälfte jeweils der danebenliegenden Nutzung angeschlossen.

Ehem. romanischer Kapitelsaal, heute Teil des Diözesanmuseums St. Afra

Mit der Auflösung des gemeinsamen Lebens der Domkanoniker, wohl am Ende des 11. Jahrhunderts, entstanden
im östlichen Bereich der Domstadt eigene Domherrenhäuser.
Das Domkapitel umfasste 40 Kanonikate und 40 Domvikars-
stellen. Die Wohngebäude der höheren und niederen Geistlichkeit (22 Domherrenhöfe und 30 Chorvikarien- und Be-
nefiziatenhäuser) lagen vor allem im Äußeren, Mittleren und
Inneren Pfaffengäßchen, am Hohen Weg, an der Frauentorstraße, bei St. Barbara, im Spenglergäßchen, im Springer-
gäßchen, im Kustosgäßchen, am Obstmarkt, in der Kornhausgasse, am Fronhof und an der Peutingerstraße. Die

Geistlichen sowie die Beamten und Bediensteten des Bischofs
(insgesamt bis zu 500 Personen) waren nicht der städtischen
Gerechtsame untergeordnet.

Durch die Aufgabe des gemeinsamen Lebens der Domkanoniker kam dem Domkreuzgang mit den umliegenden Bauten nur noch die Funktion des Bestattungsortes für die Dom-
geistlichkeit und adelige Laien zu, wie dies die zahlreichen
Grabplatten und Epitaphe bezeugen. Infolge der Säkularisation fielen die Gebäude an den bayerischen Staat. Die Diözese
kaufte den Ost- und Nordflügel 1865 vom Staat zurück, um
die Räume für eigene Zwecke zu nutzen. Der Ostflügel und

Nordflügel des Kreuzgangs im Bauzustand seit der Spätgotik

Dom mit Fronhof nach der gärtnerischen Neugestaltung um 1880

Teile des Nordflügels dienten zunächst als Wohnhaus für Mitglieder des Domkapitels und seit den 1970er Jahren als Bürohaus der Diözesanverwaltung (heute Frauentorstraße 3). Im übrigen Bereich des Nordflügels (Kornhausgasse 1–3) wurde 1960/61 in den Saal des Domkapitels die Diözesanbibliothek eingebaut, die 1992 für das künftige Diözesanmuseum verlegt wurde. An diesen Raum war bis 1990 das ehemalige Kastenschreiberhaus angelehnt, das den Bauten des im Jahr 2000 eröffneten Museums wich. Der in staatlicher Baulast verbleibende Westflügel beherbergte Räume der Diözesanverwaltung, fiel im Zweiten Weltkrieg weitgehend Bomben zum Opfer und wurde 1953 bis 1955 wiederaufgebaut (Kornhausgasse 5).

Während die Domkapitel in der Reichskirche bis zur Säkularisation weitgehend eine Versorgungsanstalt nachgeborener adeliger Söhne waren, kam bei den mit der Neuorganisation der bayerischen Kirche durch das Konkordat von

1817/21 errichteten »neuen« Domkapiteln – neben der Wahrnehmung liturgischer Aufgaben wie Chordienst, Konventmesse und Pontifikaldienst als überlieferte Verpflichtung – eine völlig neue Funktion hinzu: Dem Gesamtkollegium wurde die Stellung eines Beratungsorgans in Verwaltungs- und Seelsorgefragen zugesprochen. In der alten Zeit hatten sich die Domkapitel zwar die Einflussnahme auf die Bistumsleitung dadurch gesichert, dass die Schlüsselstellen in der geistlichen Verwaltung des Bistums – nämlich die Ämter des Generalvikars, des Offizials, des Präsidenten des Geistlichen Rats und des Weihbischofs – an Domkapitulare oder dem Domkapitel genehme Geistliche verliehen werden mussten, doch für die eigentliche Arbeit der Bistumsverwaltung stand die Mehrheit der adeligen Domherren nicht zur Verfügung. Vormals hatten die Domkapitel das Recht der kanonischen Bischofswahl. Mit der Neuordnung nach der Säkularisation ging dieses so bedeutende Recht völlig verloren. Denn der

Ehem. Johanneskirche, Dreikönigskapelle und Domchor von Süden, Kupferstich von Simon Grimm (1670)

bayerische König hatte sich im Konkordat von 1817/21 die freie Nomination aller Bischofsstühle sichern können. Nach dem Ende der Monarchie bemühten sich die Domkapitel erfolglos, das alte Bischofswahlrecht wieder aufleben zu lassen. Sie konnten sich gegen die inzwischen im allgemeinen Kirchenrecht geforderte freie Ernennung aller Bischöfe durch den Papst nicht durchsetzen. Den Domkapiteln wurde zwar zugestanden, Listen mit Kandidaten einzureichen – jeweils alle drei Jahre und beim Tod des Bischofs –, dieses bis heute geltende Verfahren ist aber in der Praxis bedeutungslos, da der Papst dennoch die völlig freie Auswahl hat. Anstelle der 40 Domkapitelstellen sah das Konkordat nur noch zehn vor, wobei den acht Kanonikern zwei Dignitäre (Dompropst und Domdekan) vorgesetzt waren. Der Nachweis der adeligen Geburt – einzige Ausnahme waren graduierte Bürgerliche – wurde nicht mehr gefordert.

Dompfarrei und Johanneskirche

Bischof Ulrich errichtete für die Dompfarrei neben der Kathedrale parallel zum Langhaus um 960 für Beerdigungen und Taufen die Johanneskirche. Schon bald war sie das Gotteshaus der Dompfarrei, während der Dom dem Bischof und Domkapitel für Gottesdienste vorbehalten war. Erst seit der Reformationszeit wurde die Domkirche selbst Sitz der Pfarrei.

Die Johanneskirche war ihrer ursprünglichen Bestimmung gemäß nur noch Tauf- und Begräbniskirche sowie Versammlungsort zur Sakramentenvorbereitung. Die Dompfarrei bildete lange Zeit den einzigen Pfarrsprengel Augsburgs. Im 11. und 12. Jahrhundert entstanden mit der Gründung von Stiften und Klöstern und deren Übernahme der Seelsorge fünf weitere Pfarreien: die Benediktinerklosterpfarrei St. Ulrich und Afra, die Kollegiatstiftspfarrei St. Moritz, die Damenstiftspfarrei St. Stephan, die Augustinerchorherrn-Stiftspfarrei St. Georg und die weitere Augustinerchorherrn-Stiftspfarrei Heilig Kreuz. Diese sechs Pfarreien waren alle dem jeweiligen Stift oder Kloster inkorporiert. Für St. Moritz übernahmen seit dem Beginn des 16. Jahrhunderts die Fugger das Patronatsrecht. In St. Stephan konnte seit der Reformationszeit aus finanziellen Gründen kein eigener Pfarrer mehr angestellt werden, weshalb ein Domvikar die Seelsorge übernehmen musste. Ansonsten bestand die Inkorporation bei den anderen vier Stadtpfarreien bis zur Säkularisation fort. Die Predigttätigkeit, der Beichtstuhl und teilweise die Krankenseelsorge in ganz Augsburg wurden vielfach von den Jesuiten bei St. Salvator, Dominikanern bei St. Magdalena, Franziskanern zum Heiligen Grab und Kapuzinern bei St. Franziskus übernommen. Mit der Einführung der Parität in der Stadtverfassung von 1548 – im Westfälischen Frieden von 1648 bestätigt – waren beide Konfessionen gleichberechtigt, wenn

25

Grabungsbereich der ehem. Johanneskirche mit Mauern aus
unterschiedlichen Zeitphasen

Brunnen mit Bronzeplastiken der Bistumspatrone
(Josef Henselmann, 1986)

auch der katholische Bevölkerungsanteil im 17. Jahrhundert
nur etwa ein Drittel betrug. Bis zum Ende der Reichsfreiheit
zu Beginn des 19. Jahrhunderts drehten sich die Verhältnisse
um und etwa 60 Prozent waren Katholiken.

Mit der Neuordnung nach dem Ende der Stifte und Klöster
in der Säkularisation gab es seit 1809 fünf Pfarreien, deren
Pfarrer alle der König ernannte. Die Dompfarrei erhielt die
kleinen Pfarrgebiete von St. Stephan und Heilig Kreuz dazu
und musste dafür die Jakobervorstadt abgeben, wo in der ehemaligen Klosterkirche Heilig-Grab der Franziskaner die neue
Pfarrei St. Maximilian errichtet wurde. Die weiteren Pfarreien
St. Moritz, St. Ulrich und Afra sowie St. Georg wurden beibehalten. Diese Pfarrstruktur blieb in Augsburg das gesamte
19. Jahrhundert bestehen. Die nach der Säkularisation 1808
abgerissene Johanneskirche legte man 1929 bis 1931 in ihren
Fundamenten frei. In dem als archäologischen Schaubereich
belassenen Feld glaubte man lange Zeit, die Überreste einer
frühchristlichen Taufstätte gefunden zu haben, doch ist dies
nach neueren Erkenntnissen nicht mehr haltbar. Unter der
Kirche ist allerdings ein römisches Peristylhaus des 2. bis 4.
Jahrhunderts n. Chr. sicher zu belegen.

Domplatz und Domfriedhof

Zwischen dem Dom und der Johanneskirche lag der Friedhof
der Dompfarrei auf dem bis ins 16. Jahrhundert zahlreiche
Augsburger Patrizier bestattet wurden. Seit 1600 fanden die
Bestattungen auf dem katholischen Friedhof an der Herman-
straße statt. Die Totenmessen wurden bis zum 19. Jahrhundert mit den aufgebahrten Leichen in der Friedhofskirche
St. Michael gefeiert. Seit dieser Zeit fand das Requiem jeweils
in der zuständigen Pfarrkirche, also auch im Dom, statt.

Auf dem Domplatz zwischen der Kathedrale und St. Johann stand seit 1357/67 die gotische Dreikönigskapelle, die
später als Begräbnisstätte der Familie Ilsung diente und 1804
abgerissen wurde. Den Bereich schloss nach Westen ein gedeckter Gang ab, die sogenannte ›Finstere Grä(b)d‹. Dieser
Verbindungsweg bildete den überdachten Teil des Domfried-
hofs für das Augsburger Patriziat. Auf der Ostseite des Baus
lag die 1329 errichtete Christophorus-Kapelle (später Afra-
Kapelle), auf der Westseite die 1513 erbaute Narcissus-Kapelle
(später Schneider-Kapelle). In den Jahren 1954 bis 1956 zog
man etwa an dieser Stelle die mit einem Vordach versehene
»Römermauer« zur Präsentation antiker Steinfragmente
hoch, die 2002 neu gestaltet wurde. Im Osten bildete eine
Mauer den Abschluss, im Süden eine Häuserzeile entlang der
Peutingerstraße, die unmittelbar an die Johanneskirche stieß.
Den Übergang zum Fronhof bezeichnet der um 1500 geschaffene Burggrafenturm mit Durchlass im Erdgeschoss. Der
komplette Bereich wurde 1808 unter endgültigem Abriss
praktisch aller Bauten zu einem militärischen Paradeplatz
umgebaut. Dieser Exerzierplatz erhielt in der zweiten Hälfte
des 19. Jahrhunderts eine Gestaltung als parkartige Grünanlage. Von den beiden südlich an den Dom angebauten Barockkapellen wurde die 1731 bis 1734 erbaute Johann-Nepo-
muk-Kapelle infolge der Säkularisation niedergerissen, die
1693 gestiftete Heilig-Kreuz-Kapelle wurde 1863 abgebrochen. Von den beiden nördlich angebauten Barockkapellen
wurde die 1694 gestiftete Josef-Kapelle 1858/63 zerstört, die
seit 1720 als Nachfolgerin der Agnes-Kapelle des 14. Jahrhunderts erbaute Marienkapelle blieb bis heute erhalten. Ein
neues Gestaltungselement vor dem Dom stellt der 1986 geschaffene Brunnen der drei Diözesanpatrone von Josef Henselmann (1898–1986) auf der Südseite dar.

Ansicht von Burggrafenturm (ganz links) und Bischofsresidenz im Zustand vor den Umbauten des Rokoko (Kupferstich von Simon Grimm, um 1670/80)

Bischofsresidenz

Im Dombezirk zeigt sich, dass die Augsburger Bischöfe lange Zeit die Stadtherren waren. Doch mit der Unabhängigkeit der Bürgerschaft durch die Erhebung zur Reichsstadt im Jahr 1276 verloren die Bischöfe ihre alleinige Herrschaft. Auf der Westseite des Fronhofs steht die fürstbischöfliche Residenz, die aus mehreren Flügeln besteht. Der Platz war immer unbebaut. Nach den Konflikten mit der Bürgerschaft wechselten die Bischöfe seit dem 15. Jahrhundert ihren Sitz nach Dillingen, wo ein Zentrum des hochstiftischen Besitzes war. Im Hochstift als einem eigenen geistlichen Staat waren die Bischöfe Landesherren. Der Bischof unterstand ebenso wie das Domkapitel mit allen Bediensteten und dem gesamten Besitz im Bereich der Domstadt der Immunität, das heißt es herrschte Unabhängigkeit von der Gerichtsbarkeit und Besteuerung durch die Reichsstadt. Allerdings war die Durchsetzung der Landeshoheit des Bischofs auch über die augsburgischen Stifte und Klöster meist strittig.

Vom spätmittelalterlichen Bau der Bischofsresidenz haben sich die Fundamente und der 30 Meter hohe Pfalzturm erhalten. Ansonsten zeigt sich der Neubau, wie ihn Fürstbischof Joseph Landgraf von Hessen-Darmstadt (1740–1768) aufgrund seiner wieder häufigeren Aufenthalte in Augsburg 1743 und 1750 bis 1752 errichten ließ, im Rokokokleid. Neben dem Haupttrakt haben sich im Ostflügel der Prunk-Treppenaufgang und der Rokoko-Festsaal erhalten (jeweils Fronhof 10). Seit der Säkularisation ist hier der Sitz der Bezirksregierung von Schwaben. In den Nebengebäuden waren vormals südlich das Hofkastenamt (Peutingerstraße 25), westlich die Konsistorialgebäude mit Reitschule (Fronhof 12) und nördlich das Hofzahlamt (Fronhof 8) untergebracht. Bei der Wiedererrichtung des Bistums Augsburg zu Beginn des 19. Jahrhunderts stellte der Staat die vormalige Domkustodie als Bischofhaus zur Verfügung. Diese liegt auf der anderen Straßenseite des Domvorplatzes, umgeben von ehemaligen Domherrenhäusern in ihrer zwischen 1761 und 1777 errichteten Form (Hoher Weg 18).

Residenzgebäude nach der Neugestaltung des Rokoko
(Kupferstich um 1810 mit exerzierenden bayerischen Soldaten)

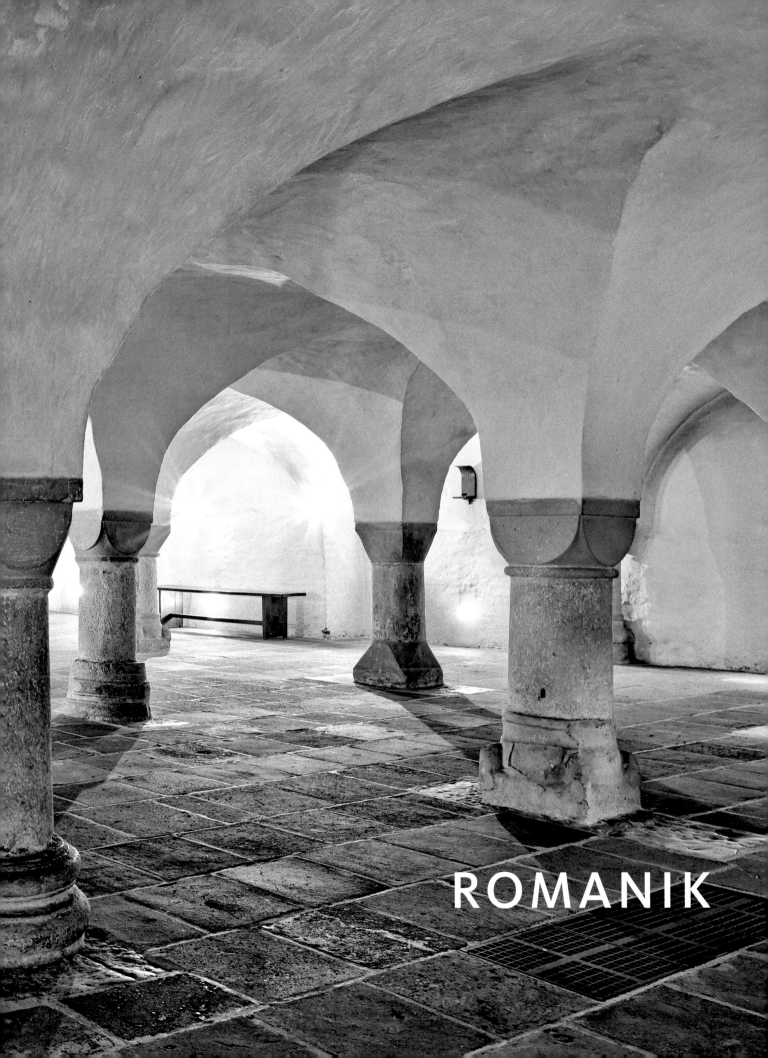

ROMANIK

Architektur und Baugeschichte der Romanik

Das zentrale Charakteristikum der Baugeschichte des Augsburger Doms in der Romanik ist die Häufigkeit und Regelmäßigkeit weitreichender Baumaßnahmen. Durch die Auswertung ihrer Spuren in der schriftlichen und baulichen Überlieferung konnten sie in der Forschung mit hoher Klarheit rekonstruiert und zu Bauphasen gruppiert werden.

Demnach existierte an Stelle der heute erhaltenen Domkirche zunächst ein karolingischer Dom. Die schriftliche Überlieferung zur Geschichte dieser Domkirche bilden drei Chroniken, die in weiter zeitlicher Ferne zu den von ihnen beschriebenen Ereignissen entstanden. Nach der *Chronik des Clemens Sender* aus der ersten Hälfte des 16. Jahrhunderts und der *Augspurgischen Chronika* von 1595 wäre die erste Domkirche um 600 beziehungsweise um 700 nach Christus errichtet worden. In seiner 1709 gedruckten Chronik berichtet der Benediktiner Korbinian Khamm, dass der Westchor nach einem Neu- beziehungsweise Wiederaufbau des Doms unter Bischof Simpert (778–807) im Jahr 807 geweiht worden sei. Bei archäologischen Grabungen stieß man auf Mauerreste, die die Existenz einer nach Westen orientierten, dreischiffigen Basilika und eines breiten Querhauses in Grundzügen belegen. Das karolingische Querhaus war nachweislich breiter angelegt als beim heutigen Bau. Von der Ausstattung dieses frühmittelalterlichen Doms konnte nur weniges geborgen werden; darunter Fragmente einer ehemaligen Chorschranke mit Flechtbandornamentik, von denen heute eines als Front des Altars der Domkrypta dient.

Eine ausführliche zeitgenössische Berichterstattung, mit Ausrichtung auf die christlichen Eliten, setzt erstmals in der Ottonenzeit ein. So berichtet die kurz nach seinem Tod verfasste Lebensbeschreibung des Augsburger Bischofs Ulrich (923–973), dass der karolingische Dom im Zuge der Ungarneinfälle weitreichende Beschädigungen erlitten habe und um 930 durch Ulrich instand gesetzt worden sei. Die direkt im Umfeld des Domklerus entstandenen *Augsburger Annalen*

und die *Miracula Adelheidis*, eine Handschrift, die in elf Kapiteln Wundertaten der 1097 heiliggesprochenen Kaiserin Adelheid (951–999) dokumentiert, berichten von einem 994 erfolgten Einsturz dieses Doms und einem Neubau, der daraufhin unter Bischof Liutold (988–996) mit Unterstützung der Kaiserin begonnen wurde (Phase 1).

Dieser Neubau bildet den Kern der bis heute erhaltenen romanischen Bausubstanz. Seine Errichtung wurde vom Westen her begonnen, wo der abgeschirmte Chor das liturgische und politische Zentrum Augsburgs bildete. Hier wurde das Stundengebet durchgeführt, aber auch Kirchenversammlungen abgehalten und Rechtsgeschäfte getätigt. Die Vierpfeilerkrypta, deren Apsis in ihren Maßen der direkt darüber liegenden Apsis des Westchors entspricht, konnte bereits genutzt werden, während am aufgehenden Gebäude gebaut wurde. Chor und Krypta wurden in ein durchgängiges, kastenförmiges Querhaus integriert, an das ein von Rundbogenarkaden gestütztes, dreischiffiges Langhaus angeschlossen wurde, das im Osten durch eine gerade Mauer mit Rundnische abschloss. Die darüber befindlichen, von Rundbogenfenstern durchbrochenen Wandflächen wurden mit Mäanderfriesen, monumentalen Einzelfiguren und figürlichen Szenen ausgemalt, die sich teilweise bis heute erhalten haben. Der Bau erhielt ein mit Tonplatten gedecktes, flaches Satteldach mit einer Dachneigung von 33 Grad. Auch wenn man die Tatsache bedenkt, dass Buchmalerei um diese Zeit immer eine starke künstlerische Stilisierung zeigt, können die Strukturen der äußeren Gesamterscheinung des Gebäudes mit der Darstellung des romanischen Kölner Doms im *Hillinus Codex* verglichen werden (Sahler/Winkler 2011 b, S. 17).

Aus der nur schriftlich bezeugten Existenz eines gemeinsamen Grabes Bischof Liutolds und seiner beiden Nachfolger Gebhard († 1000) und Siegfried († 1006) in der Nähe des Westchors, schloss man in der älteren Forschung, dass dieser Neubau im Jahr 1006 nach nur zwölfjähriger Bauzeit »vollendet gewesen sein wird«. Dies wurde kürzlich durch

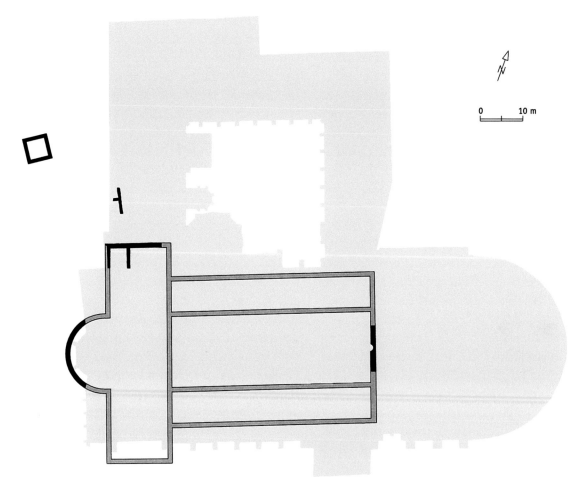

Schematischer Grundriss des karolingischen Doms (in schwarz die archäologisch nachgewiesenen Mauern)

dendrochronologische Untersuchungen des Bayerischen Landesamts für Denkmalpflege an im Mauerwerk erhaltenen Gerüsthölzern bestätigt. In der Forschung hatte man sich zwischenzeitlich von dieser frühen Datierung abgewandt und war von einer über mehrere Jahrzehnte andauernden Bauphase ausgegangen, da Schriftquellen von weitreichenden Bauarbeiten am Dom unter Bischof Heinrich II. (1047–1063) und einer Neuweihe des Hauptaltars durch Bischof Embriko im Jahr 1065 berichten. Die Dendrochronologie bestätigte nun, dass sich diese Nachrichten auf eine spätere Bauphase beziehen, wodurch die frühe romanische Bausubstanz des Augsburger Doms zur besterhaltenen ottonischen Kathedrale Deutschlands mit einer bedeutenden Stellung in der Architekturgeschichte avancierte.

Darüber machten die Untersuchungen des Landesamts in den Schriftquellen nicht bezeugte Eingriffe der Zeitgenossen in die Bausubstanz der Domkirche sichtbar. So zeigte sich, dass bereits während des 11. Jahrhunderts eine Überarbeitung der Innenbemalung erfolgte (Phase 2). Unter eine zeitlich nachgeordneten Bauphase (Phase 3) werden mehrere Baumaßnahmen subsumiert, deren Spuren mit mehr oder weni-

ger hoher Genauigkeit in das 11. und beginnende 12. Jahrhundert datiert werden können. Sie haben gemeinsam, dass sie mit einer Umgestaltung des östlichen Teils der Domkirche in Verbindung gebracht werden können. Der Abtkatalog des Benediktinerstifts St. Ulrich und Afra berichtet, dass Bischof Heinrich II. die Domkirche erneuert und im direkten Wortsinn um »Säulengänge« *(porticibus)* und einen »Vorhof« *(atrium)* vor den östlich gelegenen Eingängen wie auch um einen Bischofspalast erweitert haben soll. Eine für das Jahr 1065 sowohl durch die *Annales Augustani* als auch durch ein zeitgenössisches Heiltumsverzeichnis bezeugte Weihe des Altars wird mit dem Abschluss dieser Arbeiten in Verbindung gebracht. Darüber hinaus berichtet der Chronist Achilles Pirminius Gasser im 16. Jahrhundert von einer Errichtung der im Osten gelegenen Kirchtürme im Jahr 1075. Dazu passt die Tatsache, dass die heute sichtbaren Rundbogenfriese der Kirchtürme stilgeschichtlich etwa in die Mitte des 11 Jahrhunderts einzuordnen sind. Weiterhin macht es die Untersuchung des erneuerten östlichen Mauerwerks wahrscheinlich, dass der Dom unter Heinrich II. um eine östliche Rundapsis erweitert wurde und Liutolds Dombau im Osten mit einer geraden Mauer mit Rundnische abschloss, die man bislang dem karolingischen Dom zurechnete.

Schließlich wurden die Obergadenwände des Langhauses im östlichen Drittel von der Mauerkrone abwärts mindestens bis zur Sohlbank der heutigen Obergadenfenster aus der »intakten« Bausubstanz ausgebrochen »und in der gleichen Mauerwerkstechnik aus kleinen, regelmäßig versetzten Tuffquadern mit unregelmäßigen Ziegeldurchschüssen und Traufgesims wieder geschlossen« (Aumüller 2010/11, S. 19). Dabei wurden zunächst die im Osten gelegenen Wandmalereien, dann auch die westlich der Abbruchkante im Langhaus und die im Querhaus befindlichen Wandmalereien mit einer dicken weißen Kalktünche überdeckt. Ein Eingriff, der mit der Installation der heute erhaltenen Prophetenfenster in Zusammenhang steht. Ob er den für Heinrich II. und Bischof Embriko überlieferten Baumaßnahmen zuzuordnen ist, oder ob er nach einer in einem Brief des damaligen Bischofs Hermann (1096–1133) für das Jahr 1132 überlieferten Verwüstung des Doms durch Kampfhandlungen, die im Kontext der Rivalität zwischen Lothar von Supplinburg und dem zum Gegenkönig gewählten Staufer Konrad III. erfolgten, wird aus der Untersuchung der Bausubstanz nicht ersichtlich.

Wieder sicher datierbar ist, dass die Domkirche 1177/78 ein steileres Dachwerk mit einer Neigung von 45 Grad erhielt (Phase 4), dessen Balken zur Errichtung des bis heute erhaltenen gotischen Dachgestühls wiederverwendet wurden. Schließlich wird in der Chronik des Korbinian Khamm von einem Umbau der Westchorapsis im Jahr 1229 unter Bischof Siboto berichtet, der an der erhaltenen Bausubstanz allerdings kaum Spuren hinterlassen hat.

Weniger intensiv als mit Rekonstruktion und Datierung hat man sich bisher mit den Gründen dieser raschen baulichen Veränderungen befasst. Die Begründung der Baumaßnahmen am karolingischen Dom und der Errichtung des ottonischen Neubaus folgt sinngemäß dem Wortlaut der Schriftquellen. In seiner Lebensbeschreibung wird Bischof Ulrich für einen raschen Wiederaufbau der von den Ungarn zerstörten Domkirche gelobt, obwohl es »an Baugerät fehlte«. Daraus resultierte in der Forschung das Bild einer Instandsetzung der karolingischen Domkirche »mit unzureichenden Mitteln«. In ihrer geläufigen Bezeichnung als »Vorgängerbau« kommt die Konzentration des Forschungsinteresses auf die ottonische Bausubstanz zum Ausdruck.

Es erscheint folgerichtig, dass die direkt im Umfeld des Domklerus entstandenen *Augsburger Annalen* den 994 erfolgten Einsturz dieser Kirche implizit mit dem Zustand ihrer Bausubstanz begründen. Demnach fiel der karolingische Dom »in sich selbst zusammen« *(corruit a se ipso)*. Die Tatsache, dass der darauf erfolgte Neubau von der ottonischen

Kaiserin Adelheid unterstützt wurde, gilt als Indikator einer neuen Professionalität, die von der Langlebigkeit der bis heute erhaltenen Bausubstanz unterstrichen wird. In diese Argumentationskette lassen sich die jüngsten Thesen zur Erklärung weiterer Baumaßnahmen anscheinend schlüssig eingliedern. Die in Phase 2 erfolgten Arbeiten an der Innenbemalung wurden durch Feuchtigkeit notwendig, deren Eindringen auf ein »zu flaches ottonisches Dachwerk« zurückgeführt wird (Aumüller 2010/11, S. 33). Der Grund für die in Phase 3 unter den Bischöfen Heinrich II. und Embriko erfolgten Veränderungen »ist aus dem Befund bisher nicht ersichtlich«. Für den Abbruch des Mauerwerks, die Übertünchung der figürlichen Malerei und die Installation der Prophetenfenster wird vermutet, dass es sich um »Instandsetzungsmaßnahmen« handeln könnte, die durch die Kampfhandlungen von 1132 nötig geworden waren (Aumüller 2010/11, S. 18). Dabei fällt jedoch auf, dass im betroffenen Bereich der Kirche keine Spuren von Schäden zu finden sind.

Dass das Dach des romanischen Doms 1175 »nach nur 175 Jahren« restlos durch ein spitzeres Dach ersetzt wurde, obwohl im erhaltenen Teil des Obergadens keine Spuren von Brandschäden zu verzeichnen sind, wird auf statische Probleme durch eine »zu schwache Dimensionierung« des »zu flachen« Vorgängerdachs zurückgeführt, wobei Aumüller auch einen Wandel der Mode als Erneuerungsgrund nicht ausschließt. Im retrospektiven Gesamtbild der bauhistorischen Forschung erscheint bischöfliche Bautätigkeit damit in Form von Instandsetzung, Neubau, Reparatur oder Optimierung als notwendiges reaktives Handeln mit pragmatisch-technischem Charakter auf aktive Zerstörung durch menschliche Gewalt oder von technischer Rückständigkeit begünstigte natürliche Einflüsse.

Demgegenüber wurde in der kulturhistorischen Forschung darauf verwiesen, dass in der Ottonen- und Salierzeit eine neue Idealisierung des Kirchenbaus erfolgte, in deren Kontext bischöfliche Bautätigkeit als aktives Handeln zu einem Leitmotiv der hagiographischen Berichterstattung stilisiert wurde (Giese 1982). Die unter den Ottonen und Saliern erstrebte christliche Erneuerung des römischen Imperiums erfolgte mit der »Grundüberzeugung«, dass »Würde, Gewalt und Reich von Gott verliehen«, aber auch »von Gott genommen werden konnten«. »Keine Aufgabe war deshalb für einen König wichtiger, als sein Verhältnis zu Gott so zu gestalten, dass er Gottes Gnade erlangen konnte, um […] das ihm anvertraute Volk auf den rechten Weg zu lenken.« Nicht zuletzt deshalb »partizipierten die Bischöfe in ihrer Verantwortung für das christliche Volk geradezu am Königsamt« (Keller 2008; Weinfurter 2009). Kirchenbau erlangte in diesem Kontext »Signalcharakter«, der in den Augen der Zeitgenossen »Rückschlüsse auf

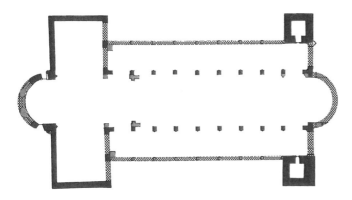

Schematischer Grundriss des ottonisch-romanischen Doms
(Kernbestand des heutigen Baus)

die Qualitäten« von Bischöfen und Königen in ihrer Verantwortung für das christliche Volk zuließ. Der Kirchenbau wurde zum »hochgeachteten Bestandteil der vorbildlichen Lebensführung«, zu der Gottes Gnade und das eigene Seelenheil in direkter Abhängigkeit standen. Die in der Ottonen- und Salierzeit zahlreich neu errichteten Kathedralen (Mainz, Köln, Regensburg, Hildesheim, Magdeburg, Bamberg oder Speyer), denen die Bauherren ihre sterblichen Überreste anvertrauten, wurden personalisierte Gedächtnisorte der verdienstvollen Lebensleistung des Einzelnen. Diese idealistischen Faktoren der Erneuerung fanden in der Funktion romanischer Domkirchen als Ort des Aufenthalts und der Repräsentation christlicher Eliten – wie auch in ihrer Auswirkung auf die wirtschaftliche Entwicklung der Bischofsstädte – eine pragmatische Verankerung. Trotz aller zusätzlichen Belastungen für Arbeitskräfte aus der Grundherrschaft des Bauherren, förderten Großbaustellen die Ansiedlung von Handwerkern und Kaufleuten und damit den für die ottonische und salische Bischofsstadt charakteristischen Wandel von der Versorgerstadt zum Wirtschaftszentrum, von dem auch die bischöflichen Stadtherren profitierten.

Die Bautätigkeit an Kirchen musste den Zeitgenossen vor diesem Hintergrund weniger als Notwendigkeit, denn als Voraussetzung erscheinen. Um die Zeit der Jahrtausendwende berichtet der burgundische Mönch Rodulfus der Kahle von einem beinahe auf dem gesamten Erdkreis ausgebrochenen Wettstreit, der darin bestünde, die vorhandenen Kirchen zu erneuern, obwohl die meisten von ihnen gut und schön gebaut wären und dies gar nicht nötig hätten. Kirchenbau war aktive Gestaltungsmöglichkeit der irdischen Gegenwart und jenseitigen Zukunft des eigenen Lebens. Am Beispiel des Augsburger Doms wird sichtbar, welche Auswirkungen diese mentalitätsgeschichtlichen Faktoren auf die Baugeschichte der Hauptkirche einer Diözese hatte, deren Bischöfe während der Ottonen- und Salierzeit mit Regelmäßigkeit zur geweih-

ten und solventen christlichen Elite im direkten Umfeld des Kaisers gehörten. Welche Konsequenzen brachten sie für einen Bischof, der das bauliche Erbe der vorbildlichen Lebensführung eines prominenten Vorgängers übernahm? Aktive Bautätigkeit des Einzelnen war unter solchen Voraussetzungen auch auf »produktive Zerstörung« angewiesen.

1. *competentius decentiusque*: Der erste ottonische Dombau unter Bischof Ulrich (923–973)

Als Auftakt der romanischen Baugeschichte des Augsburger Doms wählte der Chronist Bischof Ulrichs einen Akt päpstlicher Prophetie. Die Vita berichtet von einer Pilgerreise nach Rom, die Ulrich unmittelbar vor seiner Investitur unternahm. Dabei wird überliefert, dass dieser eine päpstliche Mitteilung über den Tod des Augsburger Bischofs Adalbero und einen Nachfolgeauftrag erhalten habe, wobei folgende Mahnung ausgesprochen worden sei: »Wenn du dich heute weigerst, das […] unzerstörte Bistum aufzunehmen […], wirst du es zerstört und ausgeplündert in unruhiger Zeit übernehmen und in mühevoller Arbeit […] wiederaufbauen.« Durch Ulrichs standhafte Bescheidenheit wurde die Grundlage für ein verdienstvolles Lebenswerk geschaffen. Nach seiner Investitur am Königshof fand er Augsburg von den Ungarn zerstört, wobei »die Mauern der Domkirche an allen Ecken und Enden eingestürzt waren und alle Gebäude fast ganz in Trümmern lagen«.

Die nun folgenden Schilderungen deuten auf den Wunsch einer grundlegenden Neugestaltung der Domkirche hin, die nicht als Akt der Wiederherstellung, sondern als eigene Baustufe gelten sollte. Zwar berichtet die Vita, dass Ulrich die von ihm gerufenen Baumeister (*architectis*) zunächst mit dem Auftrag betraute, »das Zerstörte wiederaufzubauen« und es dabei »an Baugerät fehlte«, doch bereits kurz darauf erinnert der Chronist an den kritischen Blick, mit dem Ulrich die Instandsetzungsmaßnahmen betrachtete: »Gar oft betrachtete er mit scharfen Blicken die einzelnen Teile der Kirche von innen und außen. Dabei klagte er, dass ihm die Armut an Licht und die Unscheinbarkeit der Krypta (*parvitatem lucidae criptaeque vilitatem*) überhaupt nicht gefielen, und er erklärte, so Gott wolle, werde er sie würdiger und schöner (*competentius decentiusque*) bauen.« In Augsburg war die unterirdisch gelegene Krypta im Gegensatz zum aufgehenden Mauerwerk wohl der einzige Teil des karolingischen Dombaus, der den Einsturz einigermaßen unbeschadet überstanden hatte. Als statische Basis des Westteils der Kirche gingen von ihr Bedingungen für die Gestaltung des aufgehenden Gebäudes aus, die sie zu einem Hindernis umfänglicher Erneuerung werden ließen. Doch musste die Zerstörung einer geweihten Kirche, die

Blick aus dem Nordschiff durch die Pfeilerarkaden der Zeit um 1000/1005

im Gegensatz zu Wiederaufbau und Erneuerung nicht zum Reservoir verehrungswürdiger Tätigkeiten eines Bischofs gehörte, von Feindeshand oder durch göttlichen Willen erfolgen. Dieser äußerte sich bald darauf in der Vision eines Domklerikers namens Rambert, dem in Ulrichs Beisein der kürzlich verstorbene Bischof Adalbero erschien und den Einsturz des »Machwerks von Krypta« prophezeite. Die Vita Ulrichs betont, dass sich dieser nun »von Verpflichtungen gegenüber dem König beansprucht«, an den Hof nach Sachsen begab und dort »lange in allen Ehren bei den Großen des Hofes festgehalten« wurde. Als er »endlich« nach Augsburg zurückkehrte, fand er den Dom »gänzlich eingestürzt und vernichtet«. Nun ließ Ulrich die Baumeister den Dom vom Fundament an neu errichten. Auch bei der Erneuerung der niedergebrannten Kirche der heiligen Afra versuchte Ulrich den Vorgängerbau an Würde und Schönheit zu übertreffen, indem er ihn weitreichenden Veränderungen unterzog. Die eingestürzten Mauern baute er »noch eine Elle höher als zuvor«. »Den Westteil der Kirche verschönerte er durch eine würdige Krypta.« Schließlich ließ Ulrich der Afrakirche ein neues Dach aufsetzten und ihren Innenraum mit einer Kassettendecke und einem großen neuen Fenster ausstatten. Im Dom bemühte er sich um die »Ausrüstung von Altären und Geistlichen«. So brachte er auch einen »nicht unbeträchtlichen Teil vom Leib des heiligen Mauritius«, der unter den ottonischen und salischen Kaisern zum höchsten Patron des gesamten Reiches wurde, nach Augsburg, wo er sich triumphal empfangen ließ und die Reliquien unter Lobpreis und würdigen Gesängen mit allem Ehrerweis in die Kirche der heiligen Gottesmutter Maria geleitete. Dort wurden sie in einem mit Gold und Silber bedeckten Schrein verwahrt.

Der Dom war das sicherste Gebäude der damaligen Stadt. Die Innenausstattung der Kirche St. Afra hatte Ulrich während der Lechfeldschlacht dort »in Sicherheit bringen« lassen. Als wehrhaftes Zentrum auf dem höchsten Punkt der mit niedrigen Mauern umgebenen Stadt war der Dom weithin sichtbar und das zentrale Charakteristikum der Stadtgestalt. Von Otto I. wurde Ulrich das Recht zur Prägung von Silberpfennigen verliehen. Wie die Münzen seiner Nachfolger zeigen sie auf einer Seite einen Kirchengiebel. Diese Münzen zirkulierten auf einem Marktbereich, dessen Existenz eine Urkunde Konrads II. aus dem Jahr 1030 bereits für das beginnende 11. Jahrhundert indirekt bezeugt. Ulrich hatte seine Karriere im Bistum Augsburg als bischöflicher Kämmerer begonnen. Der Kirchenbau setzte große Mengen an Münzgeld frei. Dies führt das Testament von Ulrichs Zeitgenossen Erzbischof Bruno von Köln eindrücklich vor Augen, der beinahe seinen gesamten Nachlass für den Bau und die Ausstattung von Kirchen bestimmte. Für den Bau eines Oratoriums zu

Ehren des heiligen Gregor im Kircheninnenraum hinterließ Bruno 100 Pfund Silberpfennige. Zur Vollendung des Benediktinerklosters (ad claustrum perficiendum) und zur Erweiterung der Kirche St. Pantaleon (ad ecclesiam ampliandam) hinterließ er 400 Pfund Silberpfennige, die nach seinem Tod in die Hände des Wirtschaftsverwalters (iconomo) der Kölner Kirche übertragen wurden. Hier wurde Bruno 965 auf seinen Wunsch hin beigesetzt.

Auch Ulrichs Kirchen wurden zur Grabstätte für ihn und seine Familie. 955 wurden sein Bruder Dietbald und Reginbald,

Ottonisch-romanisches Langhaus mit Westquerhaus und hochgotischer Ostchor

der Sohn seiner Schwester, im Dom vor dem Altar der heiligen Jungfrau Walburga beigesetzt. Den Leichnam seines Neffen Adalbero ließ er auf einem Pferdewagen »unter dem Geleit einer großen Volksmenge« und einer Prozession der Domherren »mit Kreuzen, Weihwasser, Lichtern und Weihrauch« zur Kirche St. Afra geleiten und direkt neben seinem eigenen Grab beisetzen. Wie Ulrich selbst waren diese über Dietbirg von Schwaben mit der Kaiserin Adelheid verwandt. Über die Bemühungen Ottos I. um sein Grab im Magdeburger Dom berichtet der Chronist Thietmar von Merseburg:

»Auch kostbaren Marmor, Gold und Edelsteine ließ der Caesar nach Magdeburg schaffen. In alle Säulenkapitelle befahl er sorgsam Heiligenreliquien einzuschließen. Die Leiber des bewährten Grafen Christin und anderer Vertrauter ließ er neben der Kirche bestatten, in der er sich selbst schon zu Lebzeiten die Grabstätte zu bereiten wünschte.« Sein eigenes Grab hatte Ulrich nahe dem der heiligen Afra in einer gemauerten Kammer errichten und mit einer »getäfelten Holzdecke« schützen lassen, »die auf lange Zeit nicht morsch werden würde«. An diesem Ort, wo er zu Lebzeiten wöchentlich das

Messopfer darbringen ließ, wurde er schließlich in einem »wachsgetränktem Hemd« beigesetzt. Ulrich hinterließ eine instand gesetzte Stadt mit zwei neu gestalteten Kirchen. Doch bereits Ulrichs Nachfolger Heinrich, der Otto II. zunächst die Gefolgschaft verweigerte und daher stark umstritten war, ließ dem Dom in demjenigen Moment ein neues Dach aufsetzen, als er versuchte, sich mit dem christlichen Kaiser zu versöhnen (979/980). Diese Baumaßnahme sah Ulrichs Chronist Gerhard in engem Zusammenhang mit dem Versuch Heinrichs, seinen Frieden mit Gott doch noch zu finden (*cum Deo se pacificare conatus est, et matricem aecclesiam novo tecto cooperire praecepit*).

Dennoch starb Heinrich 982 an unbekanntem Ort in der Schlacht am Kap Collona, in die er Kaiser Otto II. nach seiner Begnadigung mit 100 Panzerreitern aus dem Bistum Augsburg gefolgt war, ohne ein Grab als Gedächtnisort zu hinterlassen. Dies schien Ulrichs Chronist die »äußerst gefährliche« Konsequenz der Missachtung göttlichen Willens.

2. *a fundamento construxit*: Der zweite ottonische Dombau unter Liutold (988–996), Gebehard (996–1000) und Siegfried (1000–1006)

Nur 15 Jahre später musste die gesamte Domkirche einem vollständigen Neubau weichen, der von Bischof Liutold (988–996) begonnen und unter seinen Nachfolgern Gebehard (996–1000) und Siegfried (1000–1006) vollendet wurde. Genau wie der Dombau Bischof Ulrichs entstand er in wenigen Jahren. Zwei Jahre bevor der Neubau begonnen wurde, war Liutold gemeinsam mit Erzbischof Willigis von Mainz, der zu jener Zeit bereits an einer neuen Kathedrale baute, nach Sachsen gereist, um in Halberstadt unter Anwesenheit Ottos III., der Kaiserwitwe Adelheid und »aller sächsischen Großen« einen neuen Dombau zu weihen. Dieser Dom war errichtet worden, nachdem der karolingische Vorgängerbau 965 vollständig eingestürzt war. Liutold weihte einen Altar zu Ehren mehrerer Heiliger, unter denen sich sein Vorgänger Ulrich und die heilige Afra befanden. Unter den anwesenden Bischöfen befand sich auch Rethar von Paderborn († 1009), der seinen Dom aufgrund eines Brandes etwa zur selben Zeit neu errichten ließ. Die Vita seines Nachfolgers Bischof Meinwerk (1009–1036) berichtet, dass dieser den zum Zeitpunkt seiner Bistumsübernahme bereits bis zu den Fenstern vollendeten Neubau wieder abreißen und neu beginnen ließ, weil er ihm nicht prächtig genug erschien.

Als der Augsburger Dom im Jahr 994 in sich zusammenstürzte, befand sich Liutold wieder im Beisein der Kaiserin. Auch diesmal wurde der Einsturz durch göttliche Vorhersage angekündigt, von der die in der ersten Hälfte des 11. Jahrhun-

derts verfassten *Miracula Adelheidis* berichten. Demnach informierte die Kaiserin den an ihrem Hof weilenden Bischof, dass eine Wand im Westen seiner Domkirche (*paries vestrae occidentalis matrinae ecclesiae*) »durch göttliche Vorhersehung« (*divina dispositione*) eingestürzt sei. Der bestürzte Bischof vermerkte den genannten Zeitpunkt des Einsturzes genau (*tempus praefatae ruinae diligenter notavit*) und sandte einen Boten nach Augsburg, um sich von der Wahrheit der Vision zu überzeugen. Sie war zutreffend. Die Augsburger Annalen berichten, dass die Domkirche in sich zusammenfiel (*Augustae templum corruit a se ipso*) und Liutold diese mit finanzieller Unterstützung der Kaiserin vom Fundament an neu errichten ließ (*Liutoldus episcopus templum a fundamento construxit, Adelheida imperatrice cooperante*). Das Wunder der Vision und ihre Hilfeleistungen wurden zur Grundlage der Heiligsprechung und Verehrung Adelheids.

Die Strukturen der schriftlichen Berichterstattung über den Dombau Ulrichs und den Dombau Liutolds sind vergleichbar. Ein Einsturz war die Voraussetzung umfänglicher Erneuerung, die zur Grundlage nachträglicher Verehrung wurde. Ein Jahr vor Beginn des Neubaus hatte Liutold in Rom um die Heiligsprechung Ulrichs ersucht. Die päpstliche Kanonisationsbulle vom 3. Februar 993 berichtet, dass Liutold dem Papst und den anwesenden Bischöfen einen Codex mit der Vita Ulrichs vorlegen ließ, deren Inhalt ihm gut bekannt gewesen sein muss. Mit seiner Abwesenheit am kaiserlichen Hof zum Zeitpunkt des Einsturzes und dem Beginn eines Neubaus der Domkirche mit göttlicher Hilfe stellte er sich sichtbar in die Nachfolge seines heiliggesprochenen Vorgängers. Liutold war der erste Augsburger Bischof, der im Dom bestattet wurde. Auf ihn folgten seine beiden Nachfolger Gebehard und Siegfried, die im selben Grab beigesetzt wurden. Dieses Grab ist heute verloren, war jedoch noch im 16. Jahrhundert vorhanden. Der Humanist Kaspar Brusch berichtet in seinem *Magnum opus de omnibus Germaniae episcopatibus* von seiner Lage in unmittelbarer Nähe des Westchors (*prope veterem chorum*) und teilt dort auch die Grabinschrift mit. In ihr werden Liutold, Gebehard und Siegfried direkt nacheinander aufgeführt. Die Inschrift kann damit frühestens nach dem Tod Bischof Siegfrieds im Jahr 1006 entstanden sein. Dazu passt, dass die Umsetzung der inneren Organe Kaiser Ottos III., die Herzog Heinrich der Zänker 1002 beim Grab des Bischofs Ulrich beisetzen ließ, früh in die Domkirche transferiert wurden (Kluge 2012). Auch ihr Grab befand sich der Überlieferung des 16. Jahrhunderts nach *iuxta chorum veterem*. Es ist nicht unwahrscheinlich, dass Siegfried die Umsetzung des Kaisergrabs in unmittelbare Nähe einer neu gestalteten Bischofsgrablege veranlasste.

3. *ut ex veteri novam putares*: Erneuerung der Portale und Malereien unter Brun (1006–1029) und Eberhard (1029–1047)

Nach dem Tod Bischof Siegfrieds wurde mit seinem Nachfolger Brun (1006–1029) der Bruder des mittlerweile zum Kaiser gekrönten Heinrich II. zum Augsburger Bischof. Dieser machtbewusste Bischof konzentrierte sich auf die weitere Ausstattung der eben neu erbauten Domkirche und setzte mit St. Moritz den Neubau einer dritten, exklusiven Grabeskirche um, in welche die Reliquien des heiligen Moritz transferiert wurden. Dort wurde Brun unter Anwesenheit der Kaiserin Gisela und ihres Sohns Heinrich III. beigesetzt. Die breite Verbindungsstraße, an der der Neubau mitten zwischen Dom- und Ulrichskirche Platz fand, diente bischöflichen Prozessionen, bildete aber auch die wirtschaftliche Achse der Stadt. Im Laufe der ersten Hälfte des 11. Jahrhunderts entwickelte sich zwischen dem Dom und dem von Brun gegründeten Moritzstift eine neue Kaufmannssiedlung. In den *Augsburger Annalen* wird Brun rückblickend als Förderer bezeichnet, der den Besitz von Domkirche und Domkanoniker erheblich vermehrt habe. Wie kürzlich dargelegt wurde, ließ offenbar Brun den Augsburger Dom mit den monumentalen Bronzeportalen ausstatten, die heute im Diözesanmuseum aufbewahrt werden. Ähnliche Türen hatten sowohl Erzbischof Willigis von Mainz als auch Bischof Bernward von Hildesheim für ihre neu erbauten Domkirchen herstellen lassen. Noch unter Bischof Brun oder seinem Nachfolger Bischof Eberhard (1029–1047) wird die oben erwähnte Erneuerung der Wandmalerei (Phase 2) erfolgt sein, welche zumindest teilweise durch Feuchtigkeit nötig geworden war. Die nachvollziehbaren Schäden beschränken sich dabei »vor allem auf den Bereich des Mäanders«. Partiell überarbeitet wurde aber auch das darunter anschließende figürliche Programm. Die Vita des Bischofs Bernward von Hildesheim berichtet, dass frische Wandmalereien für den zeitgenössischen Beobachter eine gefühlte Erneuerung des Kircheninnenraums ausstrahlten: Die Domkirche in wunderbarer Weise zu verschönern war sein unablässiges Ziel. Ihre Wände und Decken schmückte er mit wundervollen, leuchtenden Gemälden, sodass man das Gefühl hatte, in einer völlig neuen Kirche zu sein *(ut ex veteri novam putares)*. In einem Atemzug betont Bernwards Biograph die optische Wirkung, die von den kostbaren Gegenständen aus Edelmetall ausging, um die Bernward seine Domkirche bereicherte: »Für die Festprozessionen ließ er Evangelienbücher anfertigen, die von Gold und Edelsteinen prangten [...] Auch einen Kronleuchter von staunenswerter Größe, der von Gold und Silber funkelte, hängte er vorne in der Domkirche auf.« Eine vergleichbare Wirkung mögen die damals noch wie Gold glänzenden Bronzeportale entfaltet

haben, mit denen die Domkirchen in Hildesheim, Mainz und Augsburg geschmückt wurden. Das kürzlich erstmals konsequent entschlüsselte Bildprogramm der Augsburger Bronzetüren mit Sternzeichen und Jahreslauf gehört ikonologisch zum Reservoir der christlichen Herrschaftssymbolik. In Bamberg gelangte der Sternenmantel Kaiser Heinrichs II. in den Schatz der von ihm neu errichteten Domkirche, in deren Zentrum er sein Grab hatte anlegen lassen.

4. *novam fecit*: Vom Umbau der Domkirche Heinrichs II. (1047–1063) bis zum Ausgang der Romanik

Auch der über die Bautätigkeit Bischof Heinrichs II. berichtende Abtkatalog hebt den Aspekt der Erneuerung hervor *(novam fecit ecclesiam Dei genitricis Marie cum porticibus et atrio et palatio)*. Als von der Bauforschung bisher unberücksichtigte Quelle macht es die Motivik der bischöflichen Münzen wahrscheinlich, dass die Erhöhung der Türme zum Programm einer von Bischof Heinrich initiierten Umgestaltung des östlichen Teils der Kirche gerechnet werden kann. Das Spektrum der Motivik des auf den bischöflichen Pfennigen dargestellten Kirchengebäudes weitet sich unter Heinrich II. erstmals um die Ansicht eines zweitürmigen Baus. Aus Heinrichs Pontifikatszeit ist erstmals eine kaiserliche Erneuerung des bischöflichen Münzrechtes erhalten. Darin wird der Dombau erwähnt, »zu dessen Gunsten die Münzvergünstigung wohl vor allem gegeben worden ist« (Steinhilber 1954/55). Der Abtkatalog berichtet zudem, dass Heinrich auch die Kirche der heiligen Afra von Grund auf erneuern ließ, wobei man bei Bauarbeiten am Fundament auf den Sarkophag der Heiligen stieß.

Volkert vermutet, dass unter Bischof Heinrich nachweisbare Eingriffe in die Mittel des Klosters St. Ulrichs und Afra und in das Vermögen des Domkapitels dazu dienten, die hohen Kosten dieser bischöflichen Bauprojekte zu tilgen. Heinrich II. war durch Kaiser Heinrich III. zum Bischof von Augsburg ernannt worden. Nach dessen Tod war er von 1057 bis 1062 der »einflussreichste Berater der Kaiserinwitwe Agnes, die für ihren unmündigen Sohn Heinrich IV. die Regentschaft führte«. Aus der engen Verbindung der Augsburger Bischöfe mit den salischen Königen resultierten zahlreiche Aufenthalte des königlichen Hofes, die der Stadt hohe Aufwendungen abverlangten, zugleich jedoch deren Attraktivität als Marktort steigerten. Während dieser Phase wurde in Augsburg über bedeutende Angelegenheiten des christlichen Reiches entschieden: Zu Pfingsten des Jahres 1058 fand ein Hoftag statt, der den Bischof Gerhard von Florenz (Nikolaus II., 1058–1061) zum Papst designierte (Kreuzer 1984). Es wäre durchaus möglich, dass die Neugestaltung des Doms bei diesem Anlass in weiten Teilen abgeschlossen war. Der Nekrolog der Domkirche berichtet, dass Bischof Heinrich II. im Ostchor *(in choro orientali)* beigesetzt wurde. Wie seine Vorgänger hatte auch er für eine exklusive Grabstätte in neu errichteter Bausubstanz Sorge getragen. Bischof Embriko, der die Bauarbeiten mit der Neuweihe des Hauptaltars von 1065 endgültig abschloss, war vor seiner Ernennung zum Bischof von Augsburg als Dompropst Leiter der Mainzer Bauhütte gewesen. Die *Augsburger Annalen* vermerken, dass er bis zu seinem Tod die meisten der bedeutenden Kirchen Augsburgs vom Fundament an neu errichten (St. Ulrich und Afra, St. Stephan, St. Martin, St. Gertrud), andere Kirchen und Klöster neu Instand habe setzen lassen.

Es ist nicht eindeutig zu klären, ob die Übertünchung der figürlichen Malerei und die Installation der bis heute erhaltenen Prophetenfenster im Zuge dieser Baumaßnahme erfolgte oder eine Folge von Kampfhandlungen im Kontext der Rivalität um das Königtum war, die 1132 während eines Aufenthalts Lothars III. (1125–1137) ausbrachen. Ausgangspunkt war ein Streit zwischen Händlern und königlichen Bewaffneten in der neuen Kaufmannssiedlung zwischen Dom und St. Moritz. Als sich daraufhin eine bischöfliche Wache versammelte und die Bürger unter Geläut einer nun erstmals bezeugten Marktglocke zusammenströmten, vermutete der König einen gegen ihn gerichteten Aufstand. In einem bis heute erhaltenen Brief berichtet der damals amtierende Bischof Hermann von heftigen Kämpfen im Dominnenraum. An der Bausubstanz konnten jedoch keine sichtbaren Spuren dieser Kampfhandlungen identifiziert werden, was vor dem Hintergrund der bisherigen Ausführungen eher dafür spricht, dass auch in der Installation der Prophetenfenster keine rein pragmatische Reaktion auf Zerstörung, sondern eine aktive Gestaltungsmaßnahme zu sehen ist. Mit Bischof Hermann, in dessen Pontifikat ein königliches Privileg entstand, das zur Grundlage des ersten Augsburger Stadtrechts wurde, endete die Hochzeit der konstitutiven Bedeutung der Bischöfe für das Königtum. Unter den neuen Vorzeichen einer wachsenden Bedeutung des Geldes und einer allmählichen Entsakralisierung der Reichspolitik begann sie allmählich auf das solvente und mit wachsender politischer Präsenz agierende Bürgertum der deutschen Städte überzugehen.

Nach der Erneuerung des Daches in den Jahren um 1178 und den für Bischof Siboto von Seefeld 1229 bezeugten Arbeiten an der Westapsis ruhte der Dombau bis zum Beginn der Gotik.

Zusammenfassung

Als zentrale Anforderung an die geweihte Elite von Bischöfen und Königen im Kontext ihrer Aufgabe als christliche Erneuerer des Antiken Reiches wurde der aktive Kirchenbau zum Ideal des Hochmittelalters. Er war eine derjenigen Handlungsformen, mit denen die Bischöfe in gemeinsamer Verantwortung für das christliche Volk mit dem Königtum interagierten.

Sowohl in der hagiographischen Biographie der bischöflichen Bauherren als auch in der politischen Ereignisgeschichte im unmittelbaren Kontext der Bauarbeiten am Augsburger Dom der Romanik zeigten sich daher mit Regelmäßigkeit Verbindungen zum direkten Umfeld des christlichen Königtums. Der aktive Kirchenbau war als Voraussetzung des Seelenheils eng mit der Lebensleistung der Einzelperson verbunden. Die Zeitgenossen nahmen den Kirchenbau daher nicht als generationsübergreifendes Großprojekt war. Das Bauen am Augsburger Dom war aktive Gestaltungsmöglichkeit der irdischen Gegenwart und jenseitigen Zukunft des Einzelnen. Dies kommt nicht zuletzt in der regelmäßig nachweisbaren Wahl des Begräbnisortes der Bauherren in der von ihnen erneuerten Bausubstanz zum Ausdruck, die zum Gedächtnisort von persönlicher Lebensleistung wurde. Die Zerstörung von Bausubstanz war eine konstitutive Voraussetzung dieser idealisierten Erneuerung. Schriftquellen und die Untersuchung der baulichen Überlieferung lassen mehrere Eingriffe in intakte Bausubstanz hervortreten, die Erneuerungen unterzogen wurde, ohne dass konkret nachweisbare Schäden die Ursache dafür bildeten. Im Zeitraum vom 10. bis zum beginnenden 13. Jahrhundert war die dauerhafte Präsenz oft auch mehrerer Großbaustellen ein zentraler Faktor der Stadtgeschichte. Zwischen ihnen entwickelte sich eine aktive Kaufmannssiedlung, die bis 1200 in eine Gesamtmauer einbezogen wurde, die auch die neuen Kirchenbauten umschloss. Dass die ständigen Erneuerungen dieser Kirchen auch im weitreichenden Umfang eines von Fundament an begonnenen Neubaus rasch und flexibel erfolgen konnten, wurde durch die technischen Strukturen der romanischen Architektur begünstigt. Demgegenüber sollte die deutlich aufwendigere Bauweise der Gotik langfristigere Kontinuität in der Gestaltung erzwingen.

Die romanischen Wandmalereien

Blickt man sich heute im Innenraum des Doms um, so zeigen sich die Wände der älteren romanischen Bauteile – verglichen mit der ursprünglichen Ausmalung – schlicht: Die Wände sind weiß getüncht und wurden im Stil einer Scheinarchitektur als gemalte Steinquader mit roten Fugenstrichen gestaltet. Dies gibt die Farbigkeit wieder, welche die Bischofskirche bereits im 14. Jahrhundert nach dem gotischen Umbau schmückte. Entdeckt wurde diese Wandfassung im Zuge der Innenrestaurierung des Jahres 1934: damals wurden insgesamt sieben Schichten freigelegt. Dem damaligen Zeitgeist entsprechend, demzufolge die Gotik als »deutscher Bau- und Kunststil« schlechthin galt, stand hierbei das Ziel im Vordergrund, »die ursprünglichste« gotische Fassung wiederherzustellen. Bei den Arbeiten wurden jedoch auch Schichten entdeckt, die aus früheren, vorgotischen Bauphasen stammen. So stieß man unter anderem zwischen der Arkadenzone und den Obergadenfenstern auf einen bunten Fries, der sich über die kompletten Hochwände des Lang- sowie Querhauses zieht. Dieses Band wurde trotz des ursprünglich einheitlich geplanten Restaurierungskonzeptes freigelegt, retuschiert und ergänzt, als man dachte, sich über dessen kunsthistorische Bedeutung bereits komplett im Klaren zu sein. Man war sich sicher, dass es sich hier um Fresken handelte, die in der frühromanischen Epoche zur Zeit der Domweihe um 1065 entstanden seien. Bei erneuten Restaurierungsarbeiten von 1983 bis 1984 wurden diese Freilegungen verfeinert. Sichtbar sind sie heute im Mittelschiff und im Westquerschiff unterhalb der Obergaden sowie in den Seitenschiffen oberhalb der Arkaden. Die auffälligsten Farbbänder entdeckte man dabei im Langhaus. Das damals beliebte Motiv perspektivischer gelb-rotbrauner Swastikakreuze wurde hier malerisch ineinandergeschlungen und dabei mit rotbraunen Rechtecken unterbrochen, die mit Medaillons ausgestaltet sind, die wiederum Köpfe von Königen oder Tierdarstellungen zieren. An den östlichen Wänden des Querhauses lassen sich noch zwei freigelegte szenische Darstellungen erkennen

beziehungsweise eher erahnen, von denen die südliche etwas anschaulicher erhalten geblieben ist. Leider hat der Bestand für die Forschung bislang nicht ausgereicht, um eine inhaltliche Deutung vornehmen zu können.

Einen besseren Eindruck von der wahren Pracht der romanischen Ausmalung erhält man jedoch erst, wenn man die Stufen unter das Dachwerk des Doms erklimmt. Beim Einbau der gotischen Gewölbe im Querhaus sowie im Langhaus der ehemals flachgedeckten Kirche zwischen den Jahren 1335 und 1343 blieben einige Fresken oberhalb der Gewölbekappen ohne Übertünchung besser erhalten. Diese konnten bei Instandsetzungs- und statischen Sicherungsarbeiten unter dem Dachwerk, die von 2003 bis 2009 durchgeführt wurden, bauhistorisch und restauratorisch untersucht werden. Hierbei kam man aufgrund der neuen technischen Möglichkeiten zur Datierung der Bauabschnitte und zur Auswertung der Malereien zu spannenden Ergebnissen: Dachte man bei den ersten Restaurierungsarbeiten 1934 und 1983 bis 1984 noch an eine Entstehungszeit der Fresken um 1065, so lassen sich diese nach den jüngsten Erkenntnissen um einige Jahrzehnte weiter zurückdatieren. Es wurden zudem drei Phasen der romanischen Ausmalung nachgewiesen.

Die erste Bau- und Ausstattungsphase reichte von 995 bis etwa 1006. Nachdem die erste ottonische Kirche – wie in den *Augsburger Annalen* beschrieben – von selbst eingestürzt sei, begann man mit dem Neubau einer Pfeilerbasilika. Aus dieser Zeit haben sich Fragmente eines bunten, räumlich wirkenden Mäanderfrieses aus blau-roten Swastikakreuzen im Langhaus und eines mehrreihigen flächenfüllenden Musters aus roten und blauen Halbkreisen im Querhaus erhalten. Es handelt sich hierbei um Standardelemente für gemalte Dekorationen des 10. und 11. Jahrhunderts, welche die massiven Wandflächen untergliedern, verbinden und in ein harmonisches Ganzes bringen sollten. Dabei wurden die Mäander schablonenhaft auf der Grundlage von mathematischen Berechnungen gezeichnet und wirken auf das heutige Auge mit einer stark

Freigelegte Wandmalereien der ottonischen bzw. romanischen Domausstattung im südlichen Querschiff (Szene bislang nicht gedeutet)

Detail der ottonisch-romanischen Mäandermalerei,
heute im Dachraum über den später eingezogenen Gewölben

perspektivischen Tiefe. Die Friese standen dabei nicht alleine, denn sie rahmten Malereien in gemalten Nischen, die an ihren Seiten von Turmarchitekturen begrenzt wurden. Im Querhaus sind dies heute nicht mehr genauer bestimmbare szenische Darstellungen, im Langhaus monumentale Figuren, von denen sich seit der späteren Übermalung lediglich Nimben erhalten haben, die darauf hinweisen, dass es sich um die Darstellung von Heiligen handelt.

In einer zweiten Ausstattungsphase wurden Ausbesserungsarbeiten an den Wandmalereien durchgeführt, die nicht näher datiert werden können. Große Veränderungen an den ottonischen figürlichen und szenischen Malereien, sind jedoch hier offenbar nicht anzunehmen. Der Mäanderfries wurde allerdings erstmals verändert, wobei sich die Arbeit bislang nur an einer begrenzten Stelle im Langhaus nachweisen lässt: die perspektivischen, nun in gelb-rot gemalten Swastikakreuze werden von mehrfarbig und ineinandergeschachtelten, perspektivischen Würfelmotiven unterbrochen. Es ist möglich, dass diese Arbeiten notwendig wurden, als eine reichgeschmückte Felderdecke eingezogen wurde, wobei auch in Betracht gezogen werden muss, dass der Dachstuhl bereits während des ersten Bauabschnitts mit einer Flachdecke verschlossen wurde.

Die größten Veränderungen an der Innenraumgestaltung des Doms wurden vermutlich während der dritten Bauphase ab 1132 durchgeführt. Ein Missverständnis zwischen den

Truppen des Kaisers Lothar III. von Supplinburg (1075–1137), der sich gerade auf dem Wege zu seiner Kaiserkrönung nach Rom befand, und den Augsburgern im Jahr 1132 führte nach Aussage des damaligen Bischofs zu gewaltsamen Kämpfen, die nicht nur am, sondern auch im Dom ausgefochten wurden. Wie weitreichend die Zerstörungen an dem Bauwerk tatsächlich waren, lässt sich heute nicht mehr mit Sicherheit sagen. Dass Augsburg völlig ruiniert und zunichte gemacht wurde, wie Bischof Hermann (1096–1133) in seinem Brief weiter beschreibt, wird in der Forschung jedoch als wenig wahrscheinlich angesehen, und auch der Dom scheint die Angriffe mit verhältnismäßig wenigen Schäden überstanden zu haben, weshalb der Bericht anscheinend mit dramatischen Elementen ausgeschmückt wurde. Da die heftigen Auseinandersetzungen in jenem bedeutenden Gotteshaus jedoch einer faktischen Entehrung gleichkamen, wurde der Dom vermutlich aber gänzlich renoviert, um dessen alte Würde wiederherzustellen. Nach den neusten Erkenntnissen wurde in diesen Jahrzehnten auch der figürliche Wandschmuck mit einer dicken weißen Kalkschicht übertüncht und nur die Mäanderfriese in veränderter Form als Dekormotiv beibehalten. Eng angeknüpft an die zweite Ausstattungsphase sind nun Swastikakreuze, abwechselnd mit neuen, noch plastischer wirkenden Würfelmotiven.

Was führte nun im Zuge der Renovierungsarbeiten zu diesen einschneidenden gestalterischen Maßnahmen? Auch dies lässt sich nicht mehr mit absoluter Gewissheit sagen. Vieles spricht jedoch dafür, dass der berühmte Fensterzyklus während der Umgestaltung in den Obergaden eingefügt wurde, von dem sich heute noch die Glasgemälde von fünf Propheten erhalten haben. Da die Wandmalereien mit einer gewissen Wahrscheinlichkeit Gestalten wie Propheten oder die Apostel zeigten, ist es durchaus möglich, dass die damaligen Bauherren die Übertünchung der Fresken veranlassten, um eine Verdoppelung der Motive mit den neu geschaffenen Glasgemälden zu vermeiden.

Eine weitere Möglichkeit, die als Grund für die Aufgabe der Wandgemälde in Betracht zu ziehen ist, hängt mit dem Bau eines steileren Dachstuhls zusammen, dessen Alter anhand der Jahresringe seiner Hölzer dendrochronologisch genauer bestimmt werden konnte: da diese demnach um 1177/78 gefällt wurden, ist davon auszugehen, dass der Dachstuhl um 1178 oder kurze Zeit danach auf das Langhaus aufgesetzt wurde, was zweifellos erneute Restaurierungsarbeiten am Mauerwerk erforderlich machte.

Eine eindrucksvolle Vorstellung davon, wie sich der damalige Augsburger Dom den Zeitgenossen präsentierte, gibt uns heute die Kirche St. Georg in Oberzell auf der Insel Reichenau. Es handelt sich auch hier um eine flachgedeckte

Malereien in der vorderen Krypta aus zwei Zeitebenen (thronender Christus aus der Spätromanik und darüberliegend Kreuzigung aus der Hochgotik)

Basilika, die in der Kunstgeschichte als eine der wichtigsten erhaltenen ottonischen Kirchen bezeichnet wird. Die Wände des Langhauses von St. Georg wurden wohl zur Blütezeit der Reichenauer Malerschule unter Abt Witigowo (985–997) mit aufwendigen Bildszenen versehen, die von perspektivischen Mäanderfriesen gerahmt werden, die sich in ähnlich komplexen Formen auch in Augsburg finden lassen. Dieses Meisterwerk ottonischer Malereien nördlich der Alpen entstand zu einer Zeit, als die Reichenau einen wirtschaftlichen und kulturellen Aufschwung erlebte. Die Äbte des Klosters pflegten gute Beziehungen zum Herrscherhaus, wodurch die Abtei in ihrem Ansehen an die Spitze der Reichsklöster gelangte, was eine rege Bau- und Kunsttätigkeit zur Folge hatte, die dem Wunsch nach Darstellung des eigenen Status nachkam.

Ebenso spielten die Augsburger Bischöfe bereits seit Bischof Simpert (778–807) eine immer größere Rolle in der Reichspolitik, wobei die Verbindungen vor allem seit der erfolgreichen Schlacht auf dem Lechfeld unter Bischof Ulrich (923–973) gestärkt wurden. Vor allem die Unterstützung durch Kaiserin Adelheid (932–999) nach dem Einsturz der ersten ottonischen Kirche hatte vermutlich einen immensen Einfluss auf das Selbstverständnis von Klerus und Stadt, das sich auch in der reichen Ausmalung ihrer Bischofskirche zeigte. Typisch für die ottonischen beziehungsweise romanischen Sakralbauten war, dass sie ihre Ausdruckskraft in der reichen Gestaltung der Wandfläche durch Malereien fanden, wobei die Anbindung an das Herrscherhaus das Repräsentationsbedürfnis in Augsburg enorm steigerte.

Die Prophetenfenster

Im ersten Moment werden die kleinen rundbogigen Obergadenfenster der Südwand von den immensen gotischen Fenstern überstrahlt – in ihrer Bedeutung jedoch sind sie unerreicht: Die fünf Augsburger Prophetenfenster sind das älteste erhaltene Überbleibsel eines Zyklus monumentaler Glasmalereien in ganz Europa. Die überlebensgroßen romanischen Glasgemälde bestehen jeweils aus zwei Bildfeldern, die insgesamt 225 Zentimeter hoch und 53 Zentimeter breit sind. Zu sehen sind – von Ost nach West – die alttestamentarischen Propheten Jonas, Daniel, Hoseas, David und Mose. Es handelt sich um streng axial ausgerichtete Standfiguren, die den Betrachter frontal anblicken. Die Körper und die Gewänder sind flächig gestaltet, teilweise wurde die Kleidung aber mit bunten Applikationen verziert, was zu einer abwechslungsreichen Farbigkeit der Fenster führt. In ihren Händen halten die Figuren jeweils ein Spruchband mit entsprechenden Bibelstellen oder Psalmen sowie Attribute. Die ausgewählten Sprüche beziehen sich überwiegend auf die besondere Würde des Gotteshauses. Besonders bemerkenswert sind die Gesichtszüge, die trotz der monumentalen Stilisierung individuelle Merkmale aufweisen. Ihre Kopfbedeckungen charakterisieren sie als die Verkünder des alten Glaubens: sie tragen jüdische Filzhüte, ausgenommen König David, der standesgemäß als Ahnherr Mariae und Christi eine Bügelkrone auf dem Kopf trägt – die Kronenform, die christliche Herrscher kennzeichnete und somit im Mittelalter auch für die Reichskrone gewählt wurde.

Die Füße des Jonas stehen im Unterschied zu den anderen Figuren in dem weit geöffneten Maul eines Wales, der ihn dem Alten Testament zufolge auf hoher See verschluckte und – nachdem Jonas drei Tage und Nächte lang in dessen Bauch gebetet hatte – wieder an Land spie. Die vier übrigen Figuren standen ursprünglich wohl auf Erdhügeln, die allerdings durch die Reste von Ornamentrahmen ersetzt wurden, welche vermutlich einmal komplett die Bildfelder umfassten, aber im Zuge der Barockisierung um 1655/58 entfernt und durch farblose Gläser ersetzt wurden. Offenbar wollte man die durch Umwelteinflüsse verbräunten Scheiben nach damaligen Vorstellungen aufhellen, wobei jedoch ein Fries aus großen Palmettenblättern verloren ging, der in seiner Farbigkeit einst perfekt mit den Farbtönen der Gewänder harmonierte und das Aussehen der Fenster maßgeblich beeinflusste. Die farblosen Rahmen wurden im oberen Bogenfeld mit den Namen der Propheten versehen. Zeitgleich ersetzte man wahrscheinlich auch die originalen, bunten Grundflächen, mit denen die Propheten einst hinterlegt waren, durch Blankglas. Reste der bunten Verglasung sind noch bei Hosea in Blau, bei Mose in Rot und bei Jonas in Purpur zu finden.

Eine weitere Besonderheit ist, dass sich die Fenster an ihrem ursprünglichen Standort befinden. Das Mittelschiff des romanischen Langhauses wurde bereits seit der ersten Bauphase ab 995 im Obergaden von jeweils elf rundbogigen Fenstern beleuchtet. Es ist davon auszugehen, dass von Anfang an farbige Glasfenster in hölzernen Rahmen in die Fensternischen eingebaut waren, auch wenn es für die Erstverglasung keine Zeugnisse mehr gibt. In einer der ursprünglichen, heute vermauerten Fensteröffnungen wurden bei Untersuchungen im Jahr 1970 Reste eines Holzrahmens gefunden, der vermutlich auch eines der Prophetenfenster aufnahm. Auf Basis des Rahmens konnte unter anderem die originale Größe der Fenster mit den früheren ornamentalen Rahmungen ermittelt werden: sie waren demnach etwas kleiner als die heutigen. Seit dem Einbau der gotischen Gewölbe im 14. Jahrhundert sind die alten Fenster ebenso wie die Malereien in den Gewölbekappen nur noch sichtbar, wenn man sich unter das Dachwerk begibt. Die damaligen Bauherren ließen nach der Einwölbung erneut rundbogige Fensteröffnungen in die Mauern der Obergadenzone brechen, damit die Prophetenfenster weiterhin hier gezeigt werden konnten, was die besondere Wertschätzung für die Glasgemälde verdeutlicht.

Nach den *Annales Augustani* wurden die heute fehlenden Fenster des Zyklus der Nordwand im Jahr 1311 durch ein

Moses (um 1550 großenteils erneuert)

Jonas (um 1135/40)

verheerendes Unwetter mit Hagel unwiederbringlich zerstört. Sehr wahrscheinlich ist, dass auf den vernichteten Fenstern Apostel abgebildet waren, im Sinne der typologischen Gegenüberstellung von Personen und Szenen aus dem Alten sowie dem Neuen Testament. Die Typologie war als gängige Auslegungsweise des Alten Testaments sehr beliebt für künstlerische Darstellungen des Mittelalters: man wollte zeigen, dass die alttestamentarischen Propheten bereits auf Christus verwiesen, der durch sein Wirken im Neuen Testament deren Verheißungen erfüllte. Die Darstellung der Geschichte des Jonas deutet dementsprechend auf die Heilsgeschichte und auf die Auferstehung Christi hin, der drei Tage lang im Grabe lag, genauso lange, wie Jonas sich im Bauch des Walfisches befand (Mt 12,40). Möglich ist auch, dass im West- sowie im Ostchor weitere Glasgemälde mit den zwei Schutzpatronen

des Doms zu finden waren: Christus und Maria. Ein vergleichbares Bildprogramm ließe sich unter anderem auch für das Langhaus des Straßburger Münsters rekonstruieren, das nach einem Brand 1176 neu geschaffen wurde, oder auch für den Speyerer Dom, dessen Obergaden vermutlich bereits in der Mitte des 11. Jahrhunderts mit einem ähnlichen Glaszyklus geschmückt wurde.

Zweifellos handelt es sich bei vier der fünf Augsburger Propheten um die originalen Fenster, die in romanischer Zeit für das Langhaus geschaffen wurden und die die bereits erwähnten Änderungen erfuhren. Zudem wurden Schäden über die Jahrhunderte hinweg immer wieder gewissenhaft ausgebessert. So ist durchaus anzunehmen, dass die Tunika des Hosea in späterer Zeit repariert und ergänzt wurde, da das schwarzgrundige Rautenmuster mit seinen vierblättrigen Blüten nicht

Daniel (um 1135/40)

Hosea (um 1135/40)

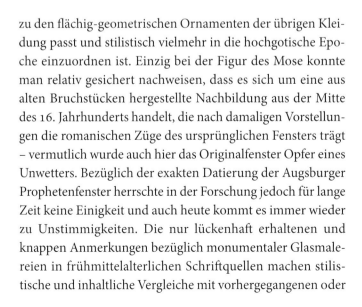

zu den flächig-geometrischen Ornamenten der übrigen Kleidung passt und stilistisch vielmehr in die hochgotische Epoche einzuordnen ist. Einzig bei der Figur des Mose konnte man relativ gesichert nachweisen, dass es sich um eine aus alten Bruchstücken hergestellte Nachbildung aus der Mitte des 16. Jahrhunderts handelt, die nach damaligen Vorstellungen die romanischen Züge des ursprünglichen Fensters trägt – vermutlich wurde auch hier das Originalfenster Opfer eines Unwetters. Bezüglich der exakten Datierung der Augsburger Prophetenfenster herrschte in der Forschung jedoch für lange Zeit keine Einigkeit und auch heute kommt es immer wieder zu Unstimmigkeiten. Die nur lückenhaft erhaltenen und knappen Anmerkungen bezüglich monumentaler Glasmalereien in frühmittelalterlichen Schriftquellen machen stilistische und inhaltliche Vergleiche mit vorhergegangenen oder

zeitgleich entstandenen Bildprogrammen ebenso mühsam – teilweise sogar unmöglich – wie der Umstand, dass die entsprechenden Vergleichsfenster selbst nur bruchstückhaft oder gar nicht erhalten sind. Die Augsburger Prophetenfenster stehen also einzigartig in ihrer Überlieferungssituation.

Dass die Glasmalerei in Augsburg schon eine weit zurückreichende Tradition aufweist, lässt sich vermuten, wenn man einen kurzen Blick auf die Geschichte der Glasmalerei in der Region wirft: Der Mönch Werinher von Tegernsee beschreibt, dass der im Augsburger Kloster St. Ulrich und Afra erzogene Abt des Klosters Tegernsee Gozbert um das Jahr 1000 eine Danksagung verfasste, da ihm Glasfenster als Geschenk überreicht sowie kundige Handwerker geschickt worden waren. Verbunden war dies mit der Bitte, dass sich all diejenigen, die sich in der »neuen Kunst« ausbilden ließen, auch prüfen sollten, ob sie die technischen Neuerungen beherrschten. Was verstand man aber unter der sogenannten »neuen Kunst«? Vermutlich meinte Gozbert hier die Kunst, aus farbigem Glas, Schwarzlot und Blei große Farbverglasungen herzustellen: Man erstellte zunächst Schablonen auf Basis eines Musters und schnitt Glas in die entsprechenden Formen. Die Bemalung der einzelnen Scheiben erfolgte durch das sogenannte Schwarzlot, ein schmelzbarer Glasfluss, der mit Farbsubstanzen vermischt und dann aufgetragen wurde, bevor man die Gläser brannte. Anschließend fügte man die einzelnen Teile zusammen und verband sie mit Bleiruten zu dem gewünschten Bild. Wo die Fenster für das Kloster Tegernsee ursprünglich hergestellt wurden und woher die Handwerker kamen, lässt sich nicht mehr feststellen. Wenn auch schon seit Längerem nicht mehr die alte Auffassung geteilt wird, dass die Augsburger Prophetenfenster aus dem Kloster Tegernsee stammen, so sind dennoch aufgrund der regen Tätigkeit der Augsburger Domschule reiche Verbindungen mit den Kunstzentren in St. Gallen und Tegernsee anzunehmen, wobei durchaus denkbar ist, dass in Zusammenarbeit die Glasmalerei gefördert und weiterentwickelt wurde.

Wie bereits erwähnt, bereitet die zeitliche Einordnung der Fenster ausschließlich auf der Basis stilistischer Merkmale einige Probleme und soll im Folgenden nur kurz in ihren Grundzügen skizziert werden: Datierungsversuche, denen zufolge die Herstellung der Fenster aufgrund der Ähnlichkeit der figürlichen Darstellungen zu den Abbildungen byzantinischer Kaiser im 10. Jahrhundert erfolgte, sind nach heutigen Untersuchungsergebnissen nicht mehr haltbar. Auch die Annahmen des 19. Jahrhunderts, die Glasmalereien würden sich mit den Miniaturen der um die Jahrtausendwende gestalteten Evangeliare des Bischofs Egbert von Trier und einem Evangeliar der Staatsbibliothek München decken, kann man weitgehend ausschließen. Vergleiche mit den Darstellungen auf Glasscherben, die um 1090 hergestellt und bei archäologischen Ausgrabungen im Kloster Lorsch gefunden wurden, lassen eine Entstehungszeit kurz nach Weihe des Doms am Ende des 11. Jahrhunderts ebenso als unwahrscheinlich gelten. Vielmehr weisen die stilistischen Formen auf einen zeitlichen Zusammenhang mit den Miniaturen des Stuttgarter Passionales hin, das vermutlich in dem heute im Landkreis Reutlingen liegenden Kloster Zwiefalten hergestellt wurde. Auch wenn nicht davon auszugehen ist, dass der Stil der Augsburger Propheten direkt von diesen Miniaturen übernommen wurde, so kann man über die Verbreitung der speziellen künstlerischen Formensprache in der Region auch die zeitliche Herstellung der Glasfenster eventuell auf die Entstehungsjahre der Handschrift eingrenzen, die sich zwischen 1120 und 1140 bewegen. Betrachtet man zudem einmal die

Gewänder der Propheten, so kann man hier die für das 12. Jahrhundert typischen Kleider adeliger Personen erkennen: sie tragen wadenlange Tuniken, darüber Mäntel, die auf Höhe ihrer rechten Schulter beziehungsweise oberhalb ihrer Brustmitte mit Rundfibeln geschlossen werden, Strümpfe und Stulpenschuhe.

Nähert man sich der Frage nach der Datierung über die Ereignisgeschichte sowie die Ergebnisse der bauhistorischen Untersuchungen der Jahr 2003 bis 2009 am Dom, so erscheint es mehr als wahrscheinlich, dass die Prophetenfenster tatsächlich im zweiten Viertel des 12. Jahrhunderts hergestellt wurden: Vermutlich kam es nach den dramatischen und einschneidenden Ereignissen während der Kämpfe zwischen den Truppen König Lothars III. von Supplinburg (1075–1137) und den Augsburgern im Jahr 1132 zu umfangreichen Renovierungsarbeiten am Augsburger Dom. Nachdem man die alte Würde der Bischofskirche nach der ausgefochtenen Feindschaft wiederherstellte, entschied man sich wohl auch für die Neuverglasung des Langhauses mit dem monumentalen Glasgemäldezyklus. Dieser führte wohl gleichzeitig eine Übertünchung der alten szenischen Wandgemälde herbei, was typisch für die dritte Ausgestaltungsphase des Doms ist, um die gemalten Motive einzigartig in ihrer Darstellung zu belassen und eine Verdopplung zu vermeiden.

Wo die Fenster hergestellt wurden, lässt sich nicht mehr sagen, wenn auch Augsburg durchaus denkbar ist. Der Stil, in dem die Propheten hergestellt wurden, fand hier noch Jahrzehnte später weiterhin Beachtung. Im Jahr 1187 gravierte man eine Deckplatte für den Sarg des heiligen Ulrich mit einem Bild des Bischofs, dessen Gesichtszüge stark an die Darstellung des Jonas angelehnt wurden. Der erhaltene Fensterzyklus wird zudem nicht nur heute als etwas Einzigartiges erachtet, sondern wurde bereits von mittelalterlichen Zeitgenossen als besonders angesehen und dementsprechend geschützt sowie über die Jahrhunderte hinweg immer wieder neu in Szene gesetzt, was einerseits materielle, andererseits – und dieser Aspekt scheint hier zu überwiegen – ideelle und repräsentative Gründe hatte. Das zur Zeit der Herstellung noch vergleichsweise neue Medium der Glasmalerei wurde zusammen mit der traditionellen Gestaltung der Kirchenräume – der komplexen Bemalung der Wandflächen mit monumentalen Bildern – zu neuen repräsentativen Formen gebracht. Die Art und Weise, wie die Augsburger Prophetenfenster ausgeführt wurden, erfüllte die hohen künstlerischen und technischen Anforderungen der damaligen Zeit, Fenster herzustellen, die Lichtquellen und Bildträger in einem waren.

König David aus der Reihe der Prophetenfenster (um 1135/40)

Das Bronzeportal

Das Bronzeportal des Augsburger Doms gehört zu den herausragenden Kunstwerken des Mittelalters. Seit 160 Jahren ist es Gegenstand wissenschaftlicher Forschungen, die die Rekonstruktion seines ursprünglichen Standorts, die zeitliche Einordnung, vor allem aber die Entschlüsselung der rätselhaften Bilder in ihren Fokus nahmen. Zusammen mit dem Bronzeportal des Hildesheimer Doms gehört das Augsburger Stück zu den Raritäten der frühen Gießkunst in großem Format: Es ist das erste bekannte und auch erhaltene Bronzeportal des Mittelalters mit gegossenen figürlichen Reliefs. Sowohl die karolingischen Bronzetüren des Aachener Doms aus der Zeit um 800 als auch das ottonische Bronzeportal, das mutmaßlich für den 1009 geweihten Mainzer Dom geschaffen wurde, sind einfache Türen mit Rahmen und Füllungen und separat montierten Türziehern. Im Unterschied zur Hildesheimer Bronzetür, die durch eine Inschrift in das Jahr 1015 zu datieren ist und mit ihren alttestamentlichen Genesis-Darstellungen und neutestamentlichen Szenen aus der Kindheits- und Passionsgeschichte Jesu auch eine eindeutige Ikonographie besitzt, bleibt bei der Augsburger Domtür mangels Inschriften und eindeutiger Schriftquellen manches bis heute unklar. Dank der in jüngster Zeit wieder aufgenommenen Forschungen zum Baubefund und zur Ikonographie – mit wegweisenden neuen Erkenntnissen – sind bisherige Thesen zum Teil überholt, zum Teil auf einem erneuten Prüfstand.

Die Bauzeit des ottonischen Doms wurde bislang mehrheitlich zwischen 995, dem Beginn des Wiederaufbaus durch die finanzielle Unterstützung der Kaiserin Adelheid, und 1065 angeben; aus diesem Jahr stammt ein datiertes Reliquienverzeichnis, das dem Sepulchrum des Westchoraltars beigelegt war. Nur wenige Gelehrte störten sich an der ungewöhnlich langen Bauphase von 70 Jahren. Bauforschungen, die zwischen 2003 und 2009 durchgeführt wurden, führten nun anhand des dendrochronologischen Befundes von drei Gerüsthölzern zu neuen Einsichten zur Datierung und Bauabfolge:

Der Bau wurde demnach vom Westen ausgehend nach Osten fortgeführt sowie von Norden nach Süden. Holztrocknungszeiten berücksichtigend dürfte der Bau im ersten Jahrzehnt des 11. Jahrhunderts vollendet gewesen sein und nicht erst im Jahr 1065, für das die Weihe des Hauptaltars im Westchor verbürgt ist. Möglicherweise lässt sich das Bauende noch exakter fassen, denn angeblich wurde Liutold (988–996) als erster Bischof zusammen mit seinen Nachfolgern Gebhard (996–1000) und Siegfried I. (1000–1006) in einem gemeinsamen Grab im Augsburger Dom bestattet, worunter vielleicht eine größere Grablege zu verstehen ist. Mit einiger Wahrscheinlichkeit war der Dombau 996, nur ein Jahr nach dem Baubeginn, noch nicht so weit fortgeschritten, dass man eine Bischofsgrablege einrichten konnte. Die Bestattung der drei Bischöfe geschah vermutlich erst mit dem Tod von Siegfried I. im Jahr 1006, vielleicht anlässlich des nunmehr abgeschlossenen Domneubaus. Wenn der Dom also 1006 errichtet war, was recht plausibel erscheint, kann man auch davon ausgehen, dass er Türen hatte. Damit rückt die Augsburger Tür in die unmittelbare zeitliche Nähe der Mainzer Bronzetür, deren Inschrift Erzbischof Willigis (975–1011) als Ersten rühmt, der nach Karl dem Großen Türflügel aus Metall habe fertigen lassen. Augsburg, das zum Metropolitanverband von Mainz gehörte, reagierte auf die neue Mainzer Tür also postwendend, wenn nicht sogar zeitgleich, bediente sich aber einer anderen künstlerischen Tradition: Die Augsburger Tür besitzt ein figürliches Programm und ist nicht nur eine einfache Bronzeplatte mit Rahmen, und außerdem wurden einzelne Platten auf einen Holzträger aufgenagelt und nicht die gesamte Tür in einem Guss hergestellt.

Archivalisch und archäologisch gesichert ist die doppelchörige Anlage des ottonischen Doms mit einem großen Westchor als Hauptchor der Kirche und einer kleineren Apsis im Osten. Diese Baustruktur verlangt zwei Eingänge, die nur links und rechts dieser Apsis als Zugänge vom Osten aus in die Seitenschiffe rekonstruierbar sind und die als mögliche

Löwe reißt ein Beutetier

ausgedehntere Siedlungskerne in der südlichen Vorstadt gebildet haben und sich nach und nach eine Bürgerstadt mit Marktrecht – dieses wird in einer Urkunde von 1030 erwähnt – herausgebildet haben. Mit dem Anbau des gotischen Ostchors, der im Jahr 1356 begann, muss die Bronzetür versetzt worden sein. Wohin, wissen wir nicht. Archivalische Kunde vom Standort der bronzenen Bilderwand am Dom hat man erst wieder aus dem Jahr 1863, als sie in das eigens dafür errichtete Brautportal an der Südseite eingesetzt wurde. Nach mehreren Standortwechseln gehört die Tür heute zu einem der bedeutendsten Kunstwerke des im Jahr 2000 neu eröffneten Diözesanmuseums St. Afra.

Die stattliche, über vier Meter hohe Bronzetür ist aus zwei Türflügeln zusammengesetzt. Während auf dem linken Flügel 21 Bronzeplatten in drei Bahnen angeordnet sind, besitzt der rechte Türflügel nur 14 Darstellungen, verteilt auf zwei Bahnen. Die Bildtafeln des mittleren Streifens des linken Flügels sind deutlich schmäler als die restlichen. Die 33 figürlichen Platten – zwei weitere sind mit Löwenkopf-Türziehern besetzt – sind in Massivguss hergestellt und auf eine Holztür aufgenagelt worden. Diese gehört zusammen mit den schmiedeeisernen Beschlägen dem ausgehenden 16. Jahrhundert an. Rahmenstücke mit profilierten Rändern verkleiden vorderseitig die Anschlussstellen der Platten. Maskaronen, maskenhafte männliche Köpfe, bedecken die Kreuzungspunkte der Rahmung innen, Lilien außen. Von den 33 Bildtafeln kommen zehn doppelt vor, das heißt sie entstammen ein- und demselben Gussmodell. Die Zwillinge sind dabei auf dem linken und rechten Türflügel verteilt. Aufgrund ihrer völlig willkürlichen Anordnung ist davon auszugehen, dass sie bei ihrer Montage auf einen neuen Holzträger im Jahr 1593 oder zu einem anderen unbekannten Zeitpunkt vertauscht worden sind. Die sieben Platten der Schmalreihe sind ebenso singulär wie ein Löwe, der ein Beutetier reißt, zwei verschiedene Kriegertypen, ein Baum mit zwei Schlangen und einem menschlichen Gesicht, ein stehender Mann, der seinen rechten Arm nach oben hält, und ein weiterer Mann, in dessen Hand der Rest einer Lanze erkennbar ist, die im Guss sonst nicht ausgebildet ist. Derselbe Gussfehler findet sich bei einem weiteren Paar von in etwa gleich aussehenden Männern, die demnach alle auf dasselbe Urmodell zurückgehen müssen, in dem die Lanze bis auf diesen Rest abgearbeitet war. Im Unterschied zum singulären Typ besitzt das Pärchen allerdings einen Schild. Die Doubletten zeigen Kentauren, Löwen, sich an Bäumen aufrichtende Bären, Gefäße hochhaltende, Trauben essende, mit Löwen oder Menschen kämpfende, Schilde haltende oder vor Schlangen zurückweichende Männer sowie Hühner fütternde Frauen. Die einzigen eindeutig benennbaren Szenen befinden sich in der Schmalreihe ganz unten und

Standorte der Bronzetür in Frage kommen. Dem Dom sind im Osten neben den inneren Seitenschiffen aus dem frühen 11. Jahrhundert zwei, vermutlich im ottonischen Baukonzept geplante, Türme angebaut. In der Zeit vor 1000 fügte sich der Westseite des Nordturms der spätestens seit der Ulrichszeit bestehende Kreuzgang an, dessen Nordflügel bei der gotischen Erweiterung des Doms im äußeren Seitenschiff aufgegangen ist. Somit ist es nicht möglich, sich Türen an der Nordflanke vorzustellen. Die Annahme eines Standortes auf der prominenteren, da der Stadt zugewandten, Südseite ist ebenfalls abzulehnen, da dort die heute noch in Relikten erhaltene und von Bischof Ulrich (923–973) errichtete Johanneskirche stand, welche die Sicht auf den mutmaßlichen Standort des ehernen Portals versperrt hätte. Die Hypothese geht außerdem von falschen Voraussetzungen aus, denn in der Zeit um 1000 gab es noch keine im Süden gelegene Bürgerstadt, von der kommend man die große und würdevolle Bronzetür hätte wahrnehmen können. In dieser Zeit war Augsburg hauptsächlich eine von einer Mauer umgebene Bischofsstadt, die im Süden vom Hafnerberg zum Obstmarkt verlief. Erst mit dem Bau von St. Moritz und St. Peter am Perlach dürften sich

Moses Stab verwandelt sich in eine Schlange   Aaron mit den Schlangen vor dem Pharao   Aaron mit dem blühenden Stab

zeigen die Erschaffung Evas aus Adams Rippe und die Beseelung Evas. Es steht also ein durcheinandergeratenes, merkwürdiges Bildprogramm vor uns, dessen Entschlüsselung mehr Fragen aufwirft, als sie Antworten bietet.

Im Wesentlichen haben sich zwei Deutungsansätze herauskristallisiert: Die meisten Wissenschaftler schlugen eine biblische beziehungsweise christlich-allegorische Deutung der Bildtafeln vor und benannten etwa den Mann, der einem Löwen das Maul aufreißt und den Menschen erschlagenden Mann als Samson im Kampf gegen den Löwen (Ri 14,5–6) beziehungsweise gegen die Philister (Ri 15,15–17). Samson wurde stets als alttestamentliche Präfiguration von Christus verstanden, dem Sieger über das Böse, die Sünde und den Tod. Den vor einer Schlange zurückweichenden Mann interpretierte man als Mose, der vor der Schlange flieht (Ex 4,3). Jener Mann der Schmalreihe, der eine Schlange in den Händen hält, soll ebenfalls Mose sein, der auf den Befehl Gottes hin, die Schlange mit der Hand packt, die daraufhin zum Stab

wurde (Ex 4,4). Eine weitere männliche Figur der Schmalreihe deutet auf seine Hand; sie wurde ebenfalls als Mose gedeutet, der auf Geheiß Gottes seine Hand zweimal in seinen Gewandbausch steckte, woraufhin sie zunächst aussätzig, dann aber geheilt wurde (Ex 4,6). Diese Zeichen sandte Jahwe, um dem Volk der Israeliten den Auserwählten vorzuführen, der sie aus der Knechtschaft Ägyptens führen sollte. Bei dem Mann, der auf eine Schlange schlägt, soll es sich um Aaron handeln, der seinen Stab vor dem Pharao auf den Boden warf, woraufhin der Stab in diesem Moment zur Schlange mutierte und all die anderen Schlangen verschlang, die aus den Stäben der Wahrsager und Weisen Ägyptens entstanden waren (Ex 7,8–13). Analog dazu wurde jener Mann, der einen Stab mit Pflanzenblättern in Händen hält, als Aaron mit dem blühenden Stab gedeutet (Num 17,16–26): Aaron legte als Stammesführer einer der zwölf Stämme Israels seinen Stab gemeinsam mit den elf anderen auf die Bundeslade. Sein Stab grünte als einziger, was man als Zeichen seiner Erwählung deutete. Die

Mann mit Trinkgefäß

Beseelung Evas

übrigen Darstellungen wurden in einen christlich-allegorischen Kontext gestellt, ohne dass es dafür konkrete ikonographische Vorbilder gegeben hätte: So benannte man etwa die Hühner fütternde Frau als Ecclesia, die die Seele der Gläubigen nährt, den Mann, der mit verhüllten Händen ein Gefäß nach oben hält, als einen Geistlichen, der eine sakrale Handlung durchführt, den Mann mit einer Schriftrolle beziehungsweise jenen, der nach oben weist als Nathan, der den als Krieger dargestellten David ermahnt. Die Kentauren, die auf Löwen schießen, wurden ebenso als Kampf gegen die Sünde, den Teufel oder das Böse beziehungsweise den Sieg über das Böse interpretiert wie der Löwe, der ein Beutetier reißt, der Bär, der sich an einem Baum aufrichtet, der Baum mit den zwei Schlangen sowie der Traubenesser, der durch die Speise der Trauben und den damit angedeuteten eucharistischen Bezug die Sünde überwindet. Unbenannt blieben der Mann mit Schild und jener mit einem runden Gegenstand in der Hand. Singulär blieb ein davon leicht abweichender Interpretationsansatz, bei dem der Mann mit Schild als Frühling, jener mit Trinkgefäß als Sommer, der Traubenesser als Herbst und die Hühner fütternde Frau als Winter und ferner der

Mann mit dem blühenden Stab beziehungsweise jener mit rundem Gegenstand als weitere Frühjahrs- und Herbstpersonifikation angesprochen sind. Gründe für diese thematische Doppelung wurden hierbei nicht angeführt.

Kürzlich wurde diese Jahreszeitendeutung von der Forschung wieder aufgegriffen. Eine jüngere Publikation wies durch die Veröffentlichung von zahlreichen Vergleichsbeispielen nach, dass Handschriften mit astronomischen Inhalten und Kalendarien mit Monatspersonifikationen aus karolingischer und ottonischer Zeit, die sich wiederum an der Spätantike orientieren, für einzelne Bilder der Augsburger Bronzetür Pate standen. Der Mann mit dem Trinkgefäß lässt sich somit als Sternbild des Wassermanns benennen, der Kentaur stellt den Schützen und der Löwe das Sternbild des Löwen dar. Im nach oben weisenden Mann könnte vielleicht das Sternbild der Waage erblickt werden, das seines Attributes beraubt ist. Der »Mann« mit dem blühenden Stab stellt nach diesem Ansatz statt Aaron eher das Sternbild der Jungfrau dar. Offenbar sind auch Sternbilder außerhalb des sogenannten ›Zodiakus‹, also des Tierkreises, enthalten – wie der Bootes genannte Schlangenträger, der sich im Bild des Schlangen

Baum mit einem Bären

Baum mit zwei Schlangen

haltenden Mannes wiederfindet. Bootes holt in den bekannten Planisphären, das sind zweidimensionale Darstellungen der Himmelssphäre, zum Schlag aus. Da sich in seiner Nähe das Sternbild der großen Schlange befindet, könnte es sein, dass auf der Bronzetür zwei Sternbilder durch ein Missverständnis der Ikonographie, das sich über zeitlich vom Original immer weiter entfernte Überlieferungsstränge erklären ließe, zu einem Bild verballhornt wurden. Ob hingegen der Bär das missverstandene Löwenfell des Herkules zeigt, der selbst nicht dargestellt wäre und in den Vögeln im Baum das Sternbild des Schwans erkannt werden kann, der in den Planisphären immer nur als einzelner Vogel gezeigt wird, bleibt ebenso fraglich wie die Interpretation des Baumes mit den zwei Schlangen und dem Menschenkopf als weitere Herkulesdarstellung, die zudem mit dem Sternbild des Perseus verquickt sein soll. Nicht ganz plausibel ist auch die Deutung des Löwen, der ein Beutetier reißt, als Sternbilder des Großen Hundes und des Hasen. Das Tier ist eindeutig ein Löwe und kein Hund, das Beutetier auf jeden Fall kein Hase. Ob die beiden Krieger richtig als Zwilling und Orion angesprochen sind, erscheint ebenfalls zweifelhaft. Warum sollte nur ein Zwilling

dargestellt sein? Wahrscheinlicher ist, in den beiden Kriegern die Dioskuren zu vermuten, aus deren Sternenbekrönung hier eine Krone wurde.

Als Monatspersonifikationen wurden folgende Darstellungen angesehen: Der Mann auf dem Hügel mit Schild und nur ansatzweise ausgebildeter Lanze als Mars oder März, der Traubenesser als Oktober, die Hühner fütternde Frau als Januar. Naheliegender ist jedoch, in der Frau, die eindeutig den Handgestus des Aussäens macht, eine Monatsarbeit zu vermuten, und zwar den März. Der Mann, der vor der Schlange flieht, wurde im Zusammenhang mit der kosmologischen Ausdeutung der Bronzetür nun nicht mehr als Mose angesprochen, sondern neben dem Mann mit Schild und rudimentärer Lanze als weitere Personifikation des März, woraus sich die Frage ergibt, weshalb der März oder der Frühling zwei oder gar dreimal vorkommen sollte, während der Sommer ganz fehlen würde. Zudem besitzt der Mann, der vor der Schlange flieht, in einer Nachzeichnung eines verlorenengegangenen Wandbildes in St. Paul vor den Mauern in Rom aus dem 5. Jahrhundert eine eindeutige Bildvorlage und ist dort eindeutig ein Mose. Auch an der Deutung des Mannes mit

Kriegern als Samson im Kampf gegen die Philister regte sich niemals Widerspruch. Folglich wird man auch im Mann, der einem Löwen den Rachen aufreißt, ebenfalls Samson und nicht etwa das Sternbild des Herkules vermuten dürfen. Ungedeutet bleiben bei der neuesten Interpretation jener Mann der Schmalreihe, der auf seine Hand weist und jener, der eine Kugel präsentiert. Ohne Ausnahme hat die Forschung die beiden unteren Felder der Schmalreihe als Erschaffungsszenen gedeutet. Die Erschaffung Evas aus der Rippe Adams ist dabei ikonografisch auch ganz und gar unzweifelhaft. Die Szene, bei der Gottvater ein Menschengeschöpf am Oberarm berührt und mit der anderen Hand einen Segensgestus ausführt, ist jedoch keine Erschaffung Adams, sondern eine Beseelung Evas, wie sie ein byzantinisches Mosaik des frühen 13. Jahrhunderts in der Vorhalle von San Marco in Venedig vorstellt, das eine entsprechende Darstellung in einer großteils verbrannten östlichen Handschrift im ehemaligen Besitz des Sir Robert Cotton aus dem 5. oder 6. Jahrhundert kopiert.

Geht man von den sicher benennbaren Szenen aus, so zeigt sich, dass dem Hersteller der Gussmodelle verschiedene Vorlagen unterschiedlicher Bildtraditionen zur Verfügung standen. Dabei ist die Kenntnis von östlichen Bildtraditionen ebenso nachzuweisen wie die von stadtrömischen. Beide Überlieferungsstränge reichen bis in das 5. oder 6. Jahrhundert zurück. Wenngleich die Gewänder der Figuren noch in antiker Tradition stehen, ist es jedoch unzweifelhaft, dass die Weitergabe des spätantik-frühchristlichen Formenmaterials über viele Zwischenschritte geschehen sein muss. Dies belegen die vielen missverstandenen Handbewegungen, Attribute, Gewandanordnungen, generellen Verballhornungen und Weglassungen. Über die Jahrhunderte entfernte man sich immer weiter vom Original und es schlichen sich nach und nach immer mehr formale und damit auch inhaltliche Irrtümer ein. Es ist vorstellbar, dass gerade die astronomisch gedeuteten Darstellungen ihren motivischen Ursprung im Orient haben, da dort das kosmologische Wissen der Antike weitaus lückenloser bewahrt blieb als im Okzident. Angereichert durch weitere Beobachtungen der Himmelsvorgänge wurden die alten und neuen Erkenntnisse schließlich in Bildern dargestellt und über Kopien im Kontext der Ausbreitung des Islam in Byzanz, Südspanien und Süditalien wieder dem Abendland zurückvermittelt.

Trotz der Versuche, die Markierungen auf den Rückseiten der Bronzeplatten als Hinweise auf die Position auf der Holztür zu betrachten, ergab sich bis heute kein eindeutiges Bildprogramm. Natürlich ist aus Gründen der Symmetrie davon auszugehen, dass sich die Doubletten spiegelbildlich auf den Türflügeln gegenüberstanden, wie das ja auch bei den Bronzetüren des 11. und 12. Jahrhunderts in Süditalien der Fall ist.

Was aber ist mit den singulären Darstellungen? Waren sie von jeher als Einzelgänger geplant? Das ist nur sehr schwer vorstellbar. Vielmehr scheint es ursprünglich noch weitere Darstellungen gegeben zu haben, wofür ja auch die fehlenden Monatsarbeiten, die für den Sommer und Winter stehen müssten, ein Indiz sind. Hat es also ursprünglich eine zweite Tür gegeben? Nach dem eingangs skizzierten Aussehen des ottonischen Doms kann man annehmen, dass sich in der Tat links und rechts der östlichen Apsis Zugänge – und damit auch Portale mit Türen – in die Seitenschiffe befunden haben. Ist die heutige Anordnung der Platten auf der Holztür vielleicht tatsächlich nur ein willkürlich zusammengewürfelter Rest von ehemals zwei Türen? Diese These wurde schon früh von der Forschung ins Feld geführt, aber mit dem Argument entkräftet, dass die Schriftquellen nichts von einer zweiten Tür verlauten lassen. Nun, es existiert überhaupt nur eine einzige Nachricht und diese stammt erst aus der Zeit um 1230. Der Wortlaut des entsprechenden Zitats ist sehr unklar. Die Übersetzung der Sequenz »ecclesiam Dei genitricis Mariae cum porticibus« als ›Marienkirche mit Türen‹ sagt erstens nichts über das Material aus und zweitens dürfte mit »porticus« eher ein Säulengang und keine Tür gemeint sein. Dafür hätte man eher das Wort »porta«, »ianua« oder »ostium« verwendet.

Bezüglich des Bildprogramms bleibt Folgendes festzuhalten: Nach wie vor ergibt sich keine befriedigende Gesamtdeutung der Tür. Die letzte Restaurierung zeigte außerdem, dass die schmalen Platten von jeher in diesem Format angelegt waren und nicht etwa vormals breite und beschnittene Bronzetafeln gewesen sind. Ferner gibt es keine Nachgüsse von Bronzeplatten. Die schmalen Platten weisen trotz stilistischer Nähe zu den breiten Platten ein höheres Relief auf, und der Gewandstil der Figuren ist voluminöser. Diese Beobachtungen sowie der höhere Zinkgehalt der schmalen Platten lassen einen eigenen Herstellungsvorgang vermuten. Für einen separaten Guss im Anschluss an den Großteil der breiten, noch massiv gegossenen Platten spricht auch die rückseitige Aushöhlung, die die schmalen Platten aufweisen. Als Bindeglied dazwischen könnten vier breite Tafeln stehen, bei denen die rückseitige Höhlung schon verwirklicht ist. Durch die Abweichung in den Maßen dürften die schmalen Platten ursprünglich nicht zum Erstkonzept gehört haben. Möglicherweise war ein breiter geratenes Portal ausschlaggebend für diese durchaus zeitnahe Erweiterung, bei der auch ein bei den breiten Platten benutzter Model wiederverwendet wurde. Aus Gründen der Symmetrie und des kompositorischen Bezugs einzelner Bildplatten zueinander, etwa der Kentaur und der Löwe, wird man sich die Schmalreihe ursprünglich wohl eher in der Portalmitte vorstellen dürfen.

Bei den breiten Platten finden sich mit Mose und Samson die alttestamentlichen Typen, die den siegreichen Christus des Neuen Testaments vorankündigen, daneben Sternbilder und Monatsarbeiten. Das Gesamtprogramm ist vielleicht der Schöpfung der Welt durch Gottvater gewidmet: die Entstehung von Himmel und Erde, von Sonne, Mond und Sternen, Tieren und schließlich dem Menschen. Vielleicht sind in diesem Kontext Bär, Vögel und der Löwe, der ein Beutetier reißt, besser als Darstellungen des fünften und sechsten Schöpfungstags deutbar. Die nun etwas später hinzugekommene Schmalreihe bringt dann ergänzend die Entstehung und Beseelung Evas sowie die Fortsetzung der Geschichte Mose. Sollte es tatsächlich eine zweite Tür gegeben haben, wie soll man sich diese dann vorstellen? Diese Fragestellung ist sehr hypothetisch, allerdings bräuchte das Alte Testament eine Entsprechung im Neuen Testament, in dem sich die Ankündigungen des Alten Testaments erfüllt haben. So stehen Mose und Samson für Jesus Christus. Ferner fällt die Überbetonung Evas auf, die auf der Bronzetür ja dreimal nachgewiesen werden kann, während Adam fehlt: Sie ist der alttestamentliche Antitypus für Maria, die neue Eva, welcher der Dom ja auch geweiht ist.

Unter den westlichen Bronzetüren ist das Augsburger Beispiel ein Novum: Sowohl die karolingischen Türen im Dom zu Aachen als auch die ottonischen in Mainz und Hildesheim sind in einem Stück gegossen. Auch die später entstandenen Türen in Novgorod und Gnesen folgen diesem Prinzip. Einzelne Bildplatten auf einem Holzträger zu befestigen, wie in Augsburg geschehen, folgt demnach einer anderen Tradition. Seit langem wurde hierbei auf byzantinische Bronzetüren in Italien hingewiesen, die ebenfalls aus einzeln gegossenen Bildtafeln zusammengesetzt sind, ein ähnlich kleinteiliges Gliederungssystem mit einem filigranen Gitternetz aus Rahmenleisten aufweisen und bei denen zudem auch eine Doppelung der Bildmotive in symmetrischer Verteilung vorkommt. Allerdings sind die Türen allesamt erst in der zweiten Hälfte des 11. Jahrhunderts und später entstanden. Das früheste Beispiel befindet sich am Dom von Amalfi, wurde 1056/57 gestiftet und scheidet demnach als Vorbild für die Augsburger ebenso aus wie seine Nachfolger. Das aus der römischen Antike bekannte konstruktive System des Türaufbaus hat im Westen keine direkten Nachahmer gefunden, wohl aber in Konstantinopel, wie die noch erhaltenen Bronzetüren an der Hagia Sophia aus der Zeit des Kaisers Justinian I. (527–565) belegen. In der Zeit des sehr frühen 11. Jahrhunderts entstand für das Kloster Megisti Lavra auf dem Berg Athos ebenfalls eine Bronzetür, von der man annimmt, dass sie in Byzanz entstanden sei. Es steht außer Frage, dass die Augsburger Tür die Kenntnis solcher byzantinischen Türen voraussetzt; über welche Wege diese vermittelt ist, bleibt jedoch unklar. Immerhin war Bischof Bruno, der als Auftraggeber der Augsburger Tür in Frage kommt, entfernt mit der byzantinischen Prinzessin Theophanu verwandt, die 972 Kaiser Otto II. ehelichte. Bruno und sein Bruder Heinrich II. waren Großcousins von Otto II.; Adelheid, die Ehefrau Ottos I., Stifterin des Domneubaus. Die Vermittlung von formalen und inhaltlichen Motiven des Orients kann also über diese Ebene im Westen situiert worden, aber auch ganz allgemein über Handelsbeziehungen erfolgt sein, was die Einfuhr vieler Materialien wie Seide, Gold, Purpur, bestimmte Edelsteine, Elfenbein belegt. Ferner kann bei einigen Figuren auf der Augsburger Tür, wie beispielsweise bei der Beseelung Evas, eindeutig nachgewiesen werden, dass die Darstellungsweisen östlichen Handschriften entlehnt sind. Mit einiger Wahrscheinlichkeit sind auch die Sternbilder über Handschriften vom Osten in den Westen gewandert.

Stilistisch ist die Augsburger Tür hingegen nicht mit der Kunst des Ostens verwandt. Hinsichtlich der Fältelung der Gewänder, der mit Parallelschraffuren angelegten Haartracht, den übergroßen Augen, der geraden und sich unten stark verbreiternden Nasen sowie der ebenfalls breit auslaufenden Zehenpartien ist der Stil durchaus mit jenem der Hildesheimer Tür verwandt und damit durch und durch ottonisch. Es ist auch offenkundig, dass die sogenannte karolingische Renaissance, ein Wiederaufleben und eine Rückbesinnung auf die klassische Antike, die vom Hof Karls des Großen ausging, im Augsburger Bronzeportal nachlebt, was sich vor allem an der antikischen Gewandung, den Standmotiven mit deutlichem Stand- und Spielbein und der eleganten Beweglichkeit der Figuren ablesen lässt. Bei der Suche nach den konkreten zeichnerischen Vorlagen wird man oft bei karolingischen Beispielen fündig, der künstlerische Stil der einzelnen Darstellungen wurde hingegen erst in der ottonischen Zeit geprägt. In dieser Zeit dürften auch die direkten Formvorlagen für den Guss entstanden sein. Die vielen missverstandenen Gewandmotive oder Attribute zeigen überdeutlich die große zeitliche Entfernung zur Antike. Die Übertragung der Motive muss über viele nachahmende Zwischenschritte erfolgt sein, wodurch sich nach und nach Übertragungsfehler einschlichen. Jedenfalls konnten der oder die Meister des Bronzeportals beziehungsweise der Hersteller der Model offenbar mit den Vorlagen nichts mehr anfangen, was sich an vielen Beispielen belegen lässt.

Um einen Bronzeguss herzustellen, muss zunächst ein Modell aus Wachs angefertigt werden. Dieses umhüllt man mit Lehm, trocknet und brennt es, wodurch das Wachs durch ein zuvor angelegtes Kanalsystem ausgeschmolzen wird. In den Hohlraum des Tons, der das Negativrelief des Wachses abbildet, kann nun die Bronze eingefüllt werden. Nach dem Erkalten des Materials wird der Tonmantel zerschlagen. Übrig bleibt das fertige Gussstück, das abschließend durch Feilen, Ziselieren, Punzieren und Gravieren nachbearbeitet wird. Um Kopien von ein- und demselben Motiv anzufertigen, wie bei der Augsburger Tür mannigfach geschehen, ist ein weiterer Schritt notwendig, da durch das Wachsausschmelzverfahren ja die Urform verloren geht. Man benötigt einen Model, also eine weitere Negativform, die aus Holz, Metall, Ton oder Gips bestehen kann. In diese wird im bekannten Verfahren das Wachs eingefüllt und wieder entnommen. In diesem Stadium kann das weiche, formbare Material noch nachbearbeitet werden. Die Augsburger Doubletten weisen trotz derselben Modelvorlage beträchtliche Unterschiede auf. So ist der als Mars gedeutete Mann dreimal von derselben Vorlage abgeformt, jedoch fehlen ihm einmal ein abstehender Gewandzipfel und der Schild, und seine Rechte ist unorganisch unter dem Gewand verschwunden, einmal hat er einen Bart und einen Schild in der Rechten und einmal zwar einen Schild, aber keinen Bart. Da bei allen dreien in der Linken nur der Rest einer Lanze vorhanden ist, die nach oben und unten plattgedrückt ist und sonst fehlt, kann man davon ausgehen, dass der Handwerker nicht etwa eine Malerei oder Zeichnung vor sich hatte, die er nachgestaltete, sondern einen Model, bei dem die Lanze schon fehlte. Wie aber kann es zu den drei Varianten kommen? Entweder wurden aus dem Model von vornherein drei Wachsmodelle hergestellt und entsprechend verändert oder aber es wurden Abgüsse der fertiggestellten Bronze angefertigt und das Wachsmodell im Zwischenstadium entsprechend umgearbeitet. Genau gleiche Doubletten könnten im Zustand des Wachsmodells auch gleich mehrmals in Ton abgeformt worden sein.

Für die Augsburger Bronzetür ist weder ein Modelleur noch ein Gießer überliefert. Die generelle Abweichung von Figurengrößen untereinander und die leicht unterschiedlichen Auffassungen der Gewand- und Gesichtsbehandlung wollte die Forschung bislang mit unterschiedlichen Meisterhänden erklären und führte einen Moses- und einen Samsonmeister ein. Wenngleich man von einem Werkstattbetrieb mit mehreren Mitarbeitern auszugehen hat, ist der stilistische Unterschied nicht groß genug, um einzelne Künstler zu fassen. Vielmehr scheinen mehrere Modelserien nebeneinander benutzt worden zu sein, womit sich die abweichenden Figurengrößen ebenso erklären wie kleinere stilistische und qualitative Unterschiede. Um aus ein- und derselben Vorlage ikonographisch unterscheidbare Figuren mit abweichenden Attributen herzustellen, musste der Meister der Bronzetür im Wachsmodell eingreifen, und hier zeigt sich sehr deutlich seine Unsicherheit, inhaltlich und gestalterisch adäquat mit dem überlieferten Mustervorrat umzugehen. In diesem Arbeitsschritt kommt es dann zu missverstandenen Handhaltungen und Gewandverläufen oder unorganisch gestalteten Körperteilen.

Wo der Künstler ansässig war, muss offen bleiben. Da eine Bronzeplatte nur ein Gewicht zwischen fünf und fünfzehn Kilogramm besitzt, kann sie überall hergestellt und von überall her transportiert worden sein. Dasselbe gilt für die Model. Bei einer Tür aus einem Guss, der zwischen ein und zwei Tonnen wiegt, muss dieser zwangsläufig vor Ort ausgeführt sein. Man verwendete bei der Augsburger Tür offenbar ganz willkürlich, was da war, gefiel und zum vorgegeben Thema passte. Dabei wurden nur Figurenmodel verwendet und nicht etwa ein Model mit der Gesamtform der Platte samt planem Hintergrund, denn die Konturen der Figuren wurden nachträglich mit einem Werkzeug umzogen, was bei einer Gesamtherstellung von Untergrund und Relief nicht notwendig gewesen wäre.

Mit der weithin berühmten Bronzetür des Augsburger Doms steht uns eines der bedeutendsten Kunstwerke der Zeit um 1000 vor Augen. Die rätselhafte Bilderwand dürfte aus Bildern des Alten Testaments, Sternbildern und Monatspersonifikationen zusammengesetzt sein und die Darstellung der kosmischen, göttlichen Schöpferkraft mit Himmel und Erde, Tieren und Menschen zum Thema haben. Die alttestamentlichen Figuren verweisen auf den siegreichen Jesus, dessen Lebensgeschichte möglicherweise auf einer nicht erhaltenen zweiten Tür wiedergegeben war. Mit dieser Gegenüberstellung würde sich der Heilskosmos, mit dem sich Gott den Menschen direkt offenbart hat, schließen. Die Zugänge zum ottonischen Dom dürften sich links und rechts der Ostapsis befunden haben. Dies wäre ein weiteres Argument für die Annahme einer zweiten Tür. Die ursprünglichen Motivvorlagen finden sich in spätantik-frühchristlichen Handschriften, sind jedoch nicht direkt, sondern über viele kopierende Zwischenschritte überliefert, wodurch sich Missverständnisse und Fehler einschlichen, die die Szenen für uns heute schwer verständlich machen.

Theophilus-Glocken

Die wohl in der zweiten Hälfte des 11. Jahrhunderts gegossenen romanischen Theophilus-Glocken des Nordturms gehören zur erhaltenen Erstausstattung der um 1065/70 mit ihrer Erhöhung vollendeten Domtürme. Bei der ersten Erwähnung des Augsburger Domgeläuts im Jahr 1009 dürften sie noch nicht existiert haben; die vergleichbare Lullusglocke in Bad Hersfeld – die älteste datierbare gegossene Glocke Deutschlands – stammt erst aus dem zweiten Drittel des 11. Jahrhunderts. Die Theophilus-Glocken überstanden die Einschmelzungsaktionen beider Weltkriege unbeschadet, während das eigentliche Geläut der Kathedrale im Südturm nicht mehr ursprünglich ist.

Der Name ›Theophilus‹ leitet sich aus der um 1100 verfassten Beschreibung zur Glockenherstellung und -aufhängung des Theophilus Presbyter (Pseudonym eines Benediktinermönchs) her. Die beiden nur leicht voneinander abweichenden Glocken weisen in der sogenannten ›Bienenkorbform‹ einen Durchmesser von 91,5 beziehungsweise 92 Zentimetern und eine Höhe von 91 beziehungsweise 90 Zentimetern auf. Die besonders altertümliche Gestalt zeichnet sich durch eine fast zylindrisch gerade Wand aus, die oben von einer gerundeten Haube abgeschlossen wird. Am Übergang zur Kronenplatte zeigen sich drei beziehungsweise zwei wulstartige Stege, die durch Vertiefungen in der Gussform entstanden sind. Direkt unterhalb dieser Verzierung sind vier kleine dreieckige Öffnungen, die sogenannten ›Foramina‹ eingebohrt, denen man eine den Klang verbessernde Wirkung oder schellende Nebentöne zusprach. In der Krone befindet sich eine breite Mittelöse mit großem Durchbruch, die auf beiden Seiten durch drei Bügel gestützt wird. Unten endet die durch vier beziehungsweise drei Stege abgegrenzte Flanke in einem nur wenig ausladenden Schlagring.

Die mit drei eisernen Bändern am hölzernen Joch befestigten Glocken hängen an Balken, die in der Wand verankert sind. Als ›Silberglocken‹ läuteten sie nicht nur zum Chorgebet, sondern bis zur Säkularisation auch zum Empfang der sogenannten Präsenzgelder, welche die Domherren für die Anwesenheit beim Chorgebet und bei den Kapitelversammlungen im vierzehntägigen Rhythmus ausgeschüttet bekamen. Aufgrund ihres herb blechernen Klangs werden sie heutzutage nur noch in der Silvesternacht geläutet.

GOTIK

Architektur und Baugeschichte der Gotik

Nähert man sich dem Dom über die ehemalige römische Staatsstraße, die *Via Claudia Augusta*, von Norden oder Süden, so fällt der Blick sofort auf den monumentalen, weiß-getünchten Ostchor. Es handelt sich um die umfangreichste der zwischen 1325 und 1431 ausgeführten Baumaßnahmen am Dom, die das Aussehen der Bischofskirche heute klar dominiert. Ziel war es, mit einem imposanten hochgotischen Sakralbau in der Konkurrenz mit den wichtigen deutschen Städten bestehen zu können.

Seit Mitte des 12. Jahrhunderts entwickelte sich im Herzen Frankreichs als revolutionärer neuer Baustil die Gotik, die mit etwa einem Jahrhundert Verspätung auch im damaligen Deutschen Reich aufgenommen und bis ins 15. Jahrhundert in verschiedenen Facetten zur Blüte gebracht wurde. Prägend wurde die Vereinigung zahlreicher Einzelelemente – wie Spitzbogen, Strebepfeiler, Kreuzrippengewölbe und mächtige Maßwerkfenster mit Glasmalerei –, die man zu einem einheitlichen Ganzen zusammenfügte, um einen himmelstrebenden Raum möglichst filigran und lichtdurchflutet zu gestalten. Anders als im Fall vieler anderer Kirchen dieser Zeit, eines der prominentesten Beispiele ist der Kölner Dom, wurde die alte Bischofskirche in Augsburg nicht komplett abgetragen und neu errichtet, sondern zunächst lediglich modernisiert. Die Umbauten begannen im ersten Drittel des 14. Jahrhunderts. Nachdem die Andreas- und die Hilariakapelle zwischen 1325 und 1329 an der Südwestwand des Querhauses übereinander neu errichtet wurden, begann man 1331 mit dem weitgehenden Neubau des Westchors, der damals als Hauptchor genutzt wurde. Die Westapsis wurde nun polygonal – als Teil eines Sechsecks – gestaltet, ebenso wurde der Chor bis 1334 eingewölbt. Bezahlt wurden diese aufwendigen Umbaumaßnahmen in erheblichem Umfang vom damaligen Auftraggeber und Domkustos Konrad von Randegg. Mit einem großen, heute teilweise wieder sichtbaren Schriftband im Vierungsbereich setzte er den lesekundigen Dombesucher davon stolz in Kenntnis. Vor allem der anschließende Einbau der großen Maßwerkfenster in der Westapsis sowie des majestätischen Salomofensters in der Front des Südquerhauses veränderten den Raumeindruck grundlegend, da das Innere des Doms nun viel stärker von Licht durchflutet wurde, als dies noch beim romanischen Bau der Fall war. Zwischen 1335 und 1343 wurden anstelle der romanischen flachen Holzdecken des Lang- und Querhauses gotische Kreuzrippengewölbe eingezogen, geschmückt von prächtigen Schlusssteinen. Da es die Gewölbe nun erforderlich machten, dass man sie über Wandvorlagen stützt, wurde im Bereich des Langhauses die Zahl der Arkaden von neun auf acht reduziert und der alte Rhythmus der Fenster im Obergaden von elf auf acht angepasst. Dabei verschwand das gewohnte Erscheinungsbild – sprich, dass Arkaden und Fenster, wie in ottonischer Zeit verbreitet, nicht in einer Achse übereinander lagen. Im Obergaden befanden sich die Rundbogenfenster, die von dem kostbaren Zyklus romanischer Glasmalereien geziert wurden, von dem sich heute noch die berühmten Prophetenfenster erhalten haben. Dass die aus der Mode gekommenen einfachen, ottonisch-romanischen Formen auch im Neubau wieder aufgenommen und nicht in Spitzbogen abgeändert wurden, ist als Zeichen der Wertschätzung der damaligen Bauherren für die prachtvollen Glasgemälde zu deuten. Die beiden Seitenschiffe wurden zudem durch zwei weitere ergänzt und bekamen, indem man die Außenmauern der Seitenschiffe bis auf Höhe der Querschiffmauern nach außen versetzte, den Charakter zweischiffiger Hallenräume verliehen. Um keinen Platz für Lichtöffnungen im Obergaden einzubüßen, wählte man für die neuen Anbauten axial versetzte Quersatteldächer statt der baulich einfacheren, aber platzraubenden Pultdach-Form. Die baukünstlerischen Probleme von Pultdächern lassen sich dagegen am Hochchor selbst ablesen, wo die Obergadenfenster dadurch in ihrer Größe extrem eingeschränkt wurden.

Das nördlichste Seitenschiff wurde aus Rücksicht auf die Grundmauern und die Bestattungsplätze im Kreuzgang schmaler als die anderen erbaut, weshalb die Wölbung dieses

Hilariakapelle (um 1325 an der Westseite des Südquerhauses angebaut)

Schiffs aus statischen Gründen auch steiler ausfallen musste. Seitdem ist der Kreuzgang jedoch nur noch an drei Seiten vorhanden. Gleichzeitig begann man wohl auch mit der Übermalung der romanischen Wandfresken, die bis zu diesem Zeitpunkt das Aussehen des Innenraums bestimmten. Nach der Einwölbung der Westteile wurden diese vermutlich erst mit einer grauen Scheinquaderbemalung mit weißen Fugenstrichen versehen, die noch unter der Umrisszeichnung des Schmerzensmanns am südlichen Pfeiler des ersten westlichen Langhausjochs sichtbar ist. Nachdem die Umbaumaßnahmen des Langhauses abgeschlossen waren, begann man anscheinend den Innenraum komplett weiß zu tünchen und als Quaderung mit roten Fugen zu gestalten – dies ist auch jene Bemalung, die man im Zuge der Innenraumrestaurierung im Jahr 1934 für die alten romanischen Bauteile wiederherstellte – wobei die graue Fassung bereits wieder übermalt wurde, um ein homogenes Bild zu erhalten. Jedoch ist anzunehmen, dass sie bereits wenige Jahrzehnte nach Fertigstellung des Ostchors

ab 1483 unter einer einheitlichen weißen Tünchung verschwand. Einhergingen diese Arbeiten mit der Aufwertung des Innenraums durch monumentale Malereien, wobei die eindrucksvollste Figur sicher der 1491 auf der Westwand des südlichen Querhausarms geschaffene Christophorus ist. Heute nicht mehr sichtbar ist die mehrfarbige Hervorhebung der Kapitelle, Säulenschäfte oder auch Wandvorlagen, da sich die Farbe auf den Steinen nicht so hielt wie die Wandfassung auf dem Putz. Somit kann man sich auch in der Gotik den Innenraum viel farbenprächtiger vorstellen, als es uns die heutige Rekonstruktion der vergleichsweise dezenten Fassung vorzugeben vermag, die dem Verständnis der damaligen Zeit von einer schlichten gotischen Ausmalung entspricht.

Noch während der ersten gotischen Umbaumaßnahmen muss ein neuer Chor geplant worden sein, der den bisherigen Ostabschluss der Kirche – eine einfache halbrunde Apsis – eindrucksvoll ersetzen sollte. Die älteste schriftliche Überlieferung, die den östlichen Bereich der Kirche betrifft, ist eine

Inschrift am Nordportal, das demnach 1343 vollendet wurde. Dieses war allerdings nur Teil eines größeren und ehrgeizigeren Projektes: Im Jahr 1356 begann man mit der Errichtung des Südportals, im selben Jahr wurde nach den Stadtchroniken der Grundstein für den Ostchor gelegt. Der Bau ging nur langsam voran, und mehrmalige Unterbrechungen führten dazu, dass er erst zwischen 1410 und 1413 eingewölbt wurde. Die Schlussweihe des Chors erfolgte im Jahr 1431 durch Bischof Peter von Schaumburg (1424–1469). Handelte es sich beim Umbau der romanischen Basilika noch um eine Modernisierungsmaßnahme, so wurde der Ostchor komplett im neuen gotischen Stil geplant und an das Bauwerk angefügt, was dem Dom heute sein markantes Aussehen verleiht. Der Chor wurde wie das Langhaus basilikal angelegt, das heißt, sein Innenraum ist in fünf Schiffe untergliedert, wobei das höhere Mittelschiff einen Obergaden als Lichtzone erhielt. Die Fünfschiffigkeit wurde bereits durch den Umbau des Langhauses vorbereitet, ein weiterer Hinweis darauf, dass damals bereits konkrete Vorstellungen bezüglich des Aussehens des Chors bestanden. Zudem fügte man an den charakteristischen Chorumgang einen Kapellenkranz an. Die hohen und kräftigen Rundpfeiler werden von Kapitellen geschmückt, welche aus zwei Laubwerk-Ranken bestehen. Große gotische Maßwerkfenster mit bunten Glasgemälden lenken im Inneren des Doms den Blick nun nach Osten zum Hochchor, welcher gegen den Umgang mit hohen Abmauerungen abgesperrt wird: hierher wurde auch der Hauptaltar aus dem Westen verlegt. Betont wurde in der Literatur immer die Besonderheit des Chorschlusses: das östliche Joch des Hochchors ist im Grundriss einem einfachen Drei-Sechstel-Schluss angenähert und zugleich das Joch des Chorumgangs. Beide Joche sind durch Arkadenbögen zueinander geöffnet, auf ein inneres Chorumgangsgewölbe wurde verzichtete. Dadurch konnte man sich auch die sonst erforderlichen Dachschrägen sparen,

wodurch es erst möglich wurde, das monumentale Hauptfenster in seiner auffallenden Größe zu errichten.

Die Gründe für die Umbaumaßnahmen am Augsburger Dom wurden uns nicht eindeutig überliefert. In der Forschung wird unter anderem die Konkurrenz mit anderen Reichsstädten als mögliches Motiv genannt: Das 14. Jahrhundert gilt als Umbruchphase und gleichzeitig als Blütezeit der Gotik in Deutschland. In einem Jahrhundert, das durch große Krisen, wie eine massive Wetterverschlechterung mit Ernteausfällen, Pestepidemien und angehende Judenpogrome, geprägt war, begannen Städte, Klöster und Adel um den prächtigsten Bau zu konkurrieren. Ebenso spielte die innerstädtische Konkurrenz zwischen dem Augsburger Bischof, dem Domkapitel und der Bürgerschaft eine wichtige Rolle. Wirft man einen Blick auf die historischen Ereignisse der Zeit, so kann man sagen, dass die Neugestaltung des Doms in eine konfliktreiche Epoche fiel: Der Umbau wurde in erster Linie nicht vom Bischof selbst, sondern von seinem Domkapitel in Auftrag gegeben. Die Domherren stammten aus dem Adel, waren Ritter, Ministeriale oder Grafen, sowie aus dem Hochadel, wobei sich auch Herzöge aus Bayern und Sachsen sowie ein badischer Markgraf unter ihnen befanden, und konnten sich dadurch eine unabhängige und einflussreiche Position sichern. Jenes Kapitel befand sich damals im Streit mit den Bürgern, dessen Wurzeln allerdings schon weiter zurückliegen: Nachdem die Geistlichen 1251 von direkten Steuern auf Grundbesitz in der Stadt befreit wurden, durfte ihnen nach Beschluss des Rates ab 1315 kein städtischer Boden mehr verkauft werden. Dies traf vor allem die Domherren, die ihrerseits mit dem Abschluss des Domkapitels reagierten und 1322 ein Verbot zur Aufnahme von Bürgersöhnen erließen. Dass nur wenige Jahre später der Umbau des Doms beschlossen wurde, erscheint nicht zufällig, da damals wie heute durch Architektur und Kunst reale Aussagen getroffen werden: die

Ausschnitt aus der großen Weiheinschrift des Ostchors von 1431

Blick in den gotisch umgebauten Westchor mit Pfeilerinschrift von Domcustos Konrad von Randegg

Demonstration der eigenen Position und Vorrangstellung durch die monumentalen Umbauten an der Bischofskirche scheint hier ein wichtiger Aspekt zu sein.

Genaue Beobachtungen zeigen an verschiedenen, nicht immer stimmigen Details, dass die ersten Baupläne für den Ostchor offenkundig nach Baubeginn mehrmals abgeändert wurden. Früher nahm man sogar an, dass zunächst ein flacher Chorschluss oder gar eine Hallenform geplant gewesen sein könnten, was man jedoch heute für weniger wahrscheinlich hält. Betrachtet man die hohen Fenster des Kapellenkranzes, so ist anzunehmen, dass ursprünglich auch die Fenster im Obergaden nach deren Vorbild geplant, jedoch nur noch andeutungsweise ausgeführt wurden, weshalb der Chor in seinem Ergebnis viel niedriger ausfiel. Wie erwähnt forderten die breiten Pultdächer über den Chorseitenschiffen ihren Tribut und raubten dem Obergaden wichtigen Platz für die Fensteröffnungen. Auch die Pfeilerpaare des Hochchors sowie

die Pfeilervorlagen der Kranzkapellen wurden nicht einheitlich errichtet, die Außenwand der Südseite auf Höhe des Portals wurde verglichen mit den Freipfeilern viel kleinteiliger und kontrastreicher gestaltet. Sehr wahrscheinlich, dass es durch die damals herrschende Streitigkeiten zwischen Bischof, Domkapitel und Bürgerschaft zu finanziellen Engpässen kam, die zu den baulichen Abstrichen führten. Zudem wurde die Augsburger Kirche wohl auch stark durch Abgaben belastet, welche die Päpste zur Zeit des Abendländischen Schismas zwischen 1378 und 1414 von ihren Anhängern kassierten. Durch die Wahl von zwei, später drei Päpsten spaltete sich die Kirche in mehrere Parteien, wobei die Kirchenoberhäupter horrende Geldsummen für die Bekämpfung der gegnerischen Lager einforderten.

Das Aussehen der möglichen Vorbilder für den gotischen Bau in Augsburg wurde somit wohl nicht ganz erreicht. Ein prominentes Leitmotiv wäre der Kölner Dom, dessen im Jahr

Blick in den südlichen Chorumgang mit Spuren von Planänderungen am rechten Kapellen-Rundpfeiler

1248 begonnener Chor große Übereinstimmungen mit dem Grundriss des Augsburger Umgangschors und seinem Kapellenkranz zeigt. Auch Details, wie die Lage der Treppentürme, wurden aufgenommen, ebenso lassen sich die fünf Schiffe in der rheinischen Stadt wiederfinden. Obwohl der Augsburger Baumeister heute nicht namentlich bekannt ist, so kann man zunächst einmal davon ausgehen, dass er Beziehungen zu Köln pflegte, möglicherweise auch selbst aus der damals größten Stadt im Reich stammte oder dort arbeitete. Die Komplexität der gotischen Architektur forderte die Fachkenntnisse und Kreativität der Handwerker, wobei sich nicht nur der Baubetrieb veränderte, sondern auch der neue Typus eines hochangesehenen Architekten herausbildete. Dieser entwarf in erster Linie Baupläne und erteilte Anweisungen, ohne selbst jedoch noch groß handwerklich tätig zu sein.

Aufgrund der Ähnlichkeiten in der Architektur und der Ausgestaltung wurde der Augsburger Dom in der älteren Literatur häufig als das Vorbild von Heilig Kreuz in Schwäbisch Gmünd beschrieben. Die Pfarrkirche wurde 1318 vom ursprünglichen Patronatsherrn Kloster Lorch an das Augsburger Domkapitel übertragen, das allerdings Probleme hatte, seine Patronatsrechte durchzusetzen. Möglicherweise beschloss das Kapitel den Neubau der Gmünder Pfarrkirche, um seine Rechte und damit seine Präsenz symbolisch zum Ausdruck zu bringen. Dass hierbei der Augsburger Dom als Vorbild diente, ist nach den neueren Erkenntnissen jedoch nicht mehr haltbar, denn lediglich der große Gmünder Chorraum wurde im Jahr 1351 begonnen, nicht wie bislang angenommen der komplette Bau. Das Langhaus wurde offensichtlich schon 1341 fertiggestellt, bereits vor Beendigung des Umbaus in Augsburg, demnach ist es sehr unwahrscheinlich, dass die Pläne für die Bischofskirche auch als Entwürfe für die Gmünder Pfarrkirche dienten. Der Baumeister von Heilig Kreuz wäre uns jedoch bekannt: Heinrich Parler, der zunächst als

Parlier und damit zweiter Mann auf der Baustelle des Kölner Doms tätig war. Vermutlich kamen auch einige Werkleute aus dem Umkreis dieser bekannten Baumeisterfamilie um 1360/80 nach Augsburg, um hier an den Skulpturen des Südportals mitzuarbeiten. Das Wappen der Parler findet sich anscheinend noch heute sichtbar als Stifterwappen an der Konsole der Skulptur des Apostels Andreas am südlichen Domportal.

Die grundlegenden Vorstellungen für das Augsburger Bauprojekt könnten sich auf folgendem Weg entwickelt haben: Als der Chorbau begonnen wurde, war Markward von Randegg, Bischof von Augsburg (1348–1365), einer der wichtigsten Vertrauten von Karl IV. Als weiteres Vorbild neben dem Kölner Dom wird daher in der Forschung unter anderem der Prager Veitsdom angeführt, den Bischof Markward noch in unfertigem Zustand sah, als er zum Kaiser reiste. Zudem war auch Karl IV. selbst im Jahr 1355 Gast in Augsburg, als er sich auf dem Rückweg von seiner Kaiserkrönung in Rom befand und den traditionellen Weg über die Alpen und die Reichsstadt nahm. Vielleicht wurde hier auch bereits der Kontakt zu den Parlern hergestellt, wobei Heinrichs Sohn Peter zunächst vom Kaiser mit dem Bau der Frauenkirche in Nürnberg und anschließend dem Veitsdom in Prag beauftragt wurden.

Als man den Bau des Ostchors in Auftrag gab, wurde dieser so gewaltig geplant, dass man ihn direkt auf die alte Reichsstraße baute, die dem Verlauf der *Via Claudia Augusta* folgte. Aus diesem Grund musste die Straße verlegt werden, weshalb man heute noch die scharfe Kurve um den Ostchor gehen beziehungsweise fahren muss, wenn man von Norden oder Süden kommt und am Dom vorbei möchte. Das Stift St. Gertrudis befand sich bis dato auf Höhe des neuen Straßenzuges und wurde in Folge als Scheitelkapelle in den Chor integriert. Mit der Grundsteinlegung 1356 soll der Bischof auf Druck des Rates zugesichert haben, dass dieser am neuen Kirchenportal das Stadtwappen anbringen dürfe: einen Pinienzapfen als Erbe eines alten römischen Grabkultes, der aufgrund seiner Form auch als Beere beziehungsweise *statper* oder als *pyr*, was sich von dem griechischen Wort für Flamme ableiten lässt, bezeichnet wurde. Da das Wappen als Markierungsstein für städtische Räume und Wege verwendet wurde, wäre dessen Anbringung am Portal als Kennzeichnung des Verlaufs der ehemaligen Straße zu interpretieren. Zudem soll den Bürgern der Durchgang über den Chorumgang mit Handwagen erlaubt worden sein. Hierfür fehlen jedoch zeitgenössische Quellenbelege, und die Frage, ob das Recht tatsächlich existierte, wird heute unterschiedlich beantwortet. Falls die Bürger das Durchgangsrecht wirklich besaßen, sei dahingestellt, ob sie es wirklich in Anspruch nahmen. Denn äußerst umständlich wäre es allemal gewesen, die warenbeladenen Hand-

karren durch die schweren und engen Flügeltüren und weiter durch den Chorumgang auf die andere Seite zu manövrieren, weshalb die symbolische Bedeutung des Rechtes vermutlich weitaus höher einzuschätzen wäre als die praktische und die Überlieferung – egal ob Tatsache oder nicht – vor allem die politische Tragweite der Domerweiterung unterstreicht.

Zeitgleich zu den Bauarbeiten am Ostchor wurde ab 1385 in Augsburg auch das erste Rathaus aus Stein errichtet, was als Reaktion der Bürgerschaft auf den Umbau des Doms sowie als Zeichen der Festigung der neuen Ratsverfassung gesehen werden kann. Man begann mit dem Neubau nicht mal zwanzig Jahre nach der sogenannten ›Zunftrevolution‹ des Jahres 1368, als sich die Augsburger Handwerksmeister zusammenschlossen und bewaffnet zum Sitz des Stadtrates zogen. Sie forderten vor allem politisches Mitspracherecht, denn bis dahin war es nach dem im Jahr 1276 angelegten Stadtbuch nur denjenigen vorbehalten, in den Stadtrat gewählt zu werden, die auch »Bürger« der Stadt waren – und um dieses Bürgerrecht zu erlangen, war es notwendig, bereits von Geburt an der städtischen Oberschicht anzugehören oder Grund und Boden in der Stadt zu besitzen. Folglich formierte sich der Rat überwiegend aus dem Stadtadel und den reichen Kaufleuten, welche die finanziellen Mittel besaßen, um Grundbesitz zu erwerben. Der Aufstand war in soweit von Erfolg gekrönt, als dass die Handwerker das Recht erhielten, sich in politischen Zünften zu organisieren und je Zunft einen Vertreter in den Stadtrat zu wählen. Die Konflikte zwischen Bischof, Domkapitel und Bürgerschaft, die in die Zeit des erstarkten Selbstbewusstseins des neuen Rates aufflammten, waren somit eng mit der Sichtbarmachung der politischen Ordnung und den Ansprüche der Parteien verbunden. Diese wirkten sich nicht nur auf die Baumaßnahmen, sondern auch die symbolhafte Ausgestaltung des Stadtraums aus, wobei die Geschichte des Augsburger Doms unabdingbar mit der Geschichte der Reichsstadt verknüpft ist. Dass man sich bei der Erneuerung der Bischofskirche an einem der ambitioniertesten Bauprojekte damaliger Zeit, dem Kölner Dom, orientierte, ist Zeichen des Selbstverständnisses und der Weitsicht des Augsburger Bischofs und Domkapitels, sich in die Reihe der gotischen Bauwerke von europäischem Rang einzuordnen.

Die gotischen Domportale

Zwei monumentale Figurenportale prägen die Außenansicht am Hochchor des Augsburger Doms. Zusammen mit ihren Einfassungen bilden sie eigene Schaufassaden aus und markieren die Position, wo bei einer gotischen Kathedrale eigentlich das Querhaus zu erwarten wäre. Da der Augsburger Dom seit jeher zwei Chöre besitzt, gab es – im Gegensatz etwa zu Köln, Regensburg oder Straßburg – keine Möglichkeit, eine Hauptfassade mit einem großen zentralen Portal zu errichten. An der Augsburger Bischofskirche übernehmen daher das Nord- und das Südportal diese Funktion. Bedenkt man, wie stark die Kathedrale bis kurz nach 1800 noch fast allseitig umbaut war, bleiben ohnehin nur diese Bereiche für einen repräsentativen Zugang übrig. Auf der Südseite liegen außerdem noch ein viel benutzter, gestalterisch aber unscheinbarer kleiner Eingang am Querhaus und die 1863 neu angelegte Brautpforte, die ein gutes Jahrhundert lang das kostbare Bronzeportal aus dem 11. Jahrhundert barg und seit 2001 das neue Bronzeportal von Max Faller umschließt. Diese beiden kleineren Portale sollen jedoch hier außer Betracht bleiben.

Als der riesige gotische Ostchor angefügt wurde, musste die alte Reichsstraße von ihrer angestammten Trasse weichen und fortan einen großen Bogen schlagen. Die selbstbewusste Reichsstadt ließ sich im Gegenzug damals zusichern, dass der Dom auch während der Gottesdienste durch die beiden Portale durchquert werden dürfte.

Das Nordportal

Der Entstehungszeit nach muss eine Besichtigung zunächst mit dem Nordportal beginnen, mit dem es eine Besonderheit auf sich hat: Die wechselhafte Geschichte und die meist eher hilflosen Versuche, es dauerhaft zu erhalten, haben letztlich dazu geführt, dass das Portal heute einen etwas fragwürdigen Superlativ verbuchen kann: Es ist das einzige gotische Kathedralportal in Deutschland, das an seinem originalen Standort

vollkommen von einer Nachbildung verdrängt worden ist, die zudem nicht vollständig ist. Nicht ein einziger Stein ist hier am Außenbau mehr original. Nach ersten Konservierungsversuchen um 1913 stellte sich schon bald heraus, dass der Verfall von Portalarchitektur und Figurenschmuck im sauren Regen der Industriestadt Augsburg immer schneller fortschritt, weshalb man schon in den 1930er Jahren die meisten Einzelfiguren abnahm und ins Innere brachte. Die besser erhaltenen Figuren stehen heute in neu arrangierten Gruppen frei verteilt an den Wänden in der Nähe der beiden großen Portale. Viele besonders geschädigte Stücke lagerten dagegen zunächst in der Krypta, später dann im Kreuzgang und werden nun im Depot des Diözesanmuseums aufbewahrt.

In den 1960er Jahren wurde schließlich das komplette Portal durch den Bildhauer Rudo Göschel aus Grünwald bei München – so getreu wie möglich – in robustem Muschelkalk nachempfunden. In einigen Fällen musste er aber auf stark verwitterte Vorbilder zurückgreifen, die für die Nachschöpfung mehr oder minder stark interpretiert wurden. Neben den Einzelfiguren wurde zuletzt auch das Bogenfeld – im griechischen Fachbegriff »Tympanon« – in mehrere Streifen zerteilt abgenommen und in der alten Form an der Portalinnenwand wieder angebracht, wo es im fahlen Licht heute kaum wahrgenommen wird. Der Originalbestand im Inneren lohnt dennoch eine Betrachtung, und die Kopie am Außenbau hilft, sich den architektonischen Gesamtkontext vorzustellen.

Die Grundkomposition der Portalanlage ist recht charakteristisch für die hochgotische Zeit: Profilierte Bogengewände überfangen das Tympanon, das ein Mittelpfeiler mit einer Skulptur der Madonna am »Trumeau« (franz. Spezialbegriff für diesen Portalpfeiler) stützt. Auch an den profilierten Gewänden finden sich je zwei ähnlich große Heiligenfiguren, die von Konsolen und Baldachinen eingefasst werden. Auf diesen Kernbereich des Portals bezieht sich die Inschrift zu Füßen der Madonna, die bis in die Laibung des angrenzenden

Tympanon vom Nordportal mit Szenen aus dem Marienleben am originalen Standort (Kopie um 1965)

Trumeaupfeilers reicht: ANNO DNI MCCCXLIII CHUNRADUS DE RANDEGG CUSTOS AUG CONSTRUX HANC IANUAM ET OMNES TESTUDINES HUIUS ECCLESIE ORATE PRO EO. Der langjährige Domkustos Konrad von Randegg, der als kleine betende Figur zwischen Engeln an der Figurenkonsole dargestellt ist, lässt mitteilen, dass er im Jahr 1343 diese Pforte und alle Gewölbe der Kirche bauen ließ, und bittet den Besucher, für ihn zu beten. Am originalen Stein (heute im Depot) sind die Köpfe von Konrad und den begleitenden Engeln völlig abgewittert, während die Inschrift erstaunlich gut erhalten geblieben ist. Diese exakte Datierung ist an sich ein besonderer Glücksfall, da sonst nur wenige deutsche Portalanlagen so genau dokumentiert sind. Aufgrund der hohen Verluste beim Originalbestand hat das Augsburger Nordpor-

tal jedoch in den letzten Jahrzehnten nur mehr eingeschränkte Aufmerksamkeit erfahren.

Etwas überraschend ist, dass man in der Abfolge der biblischen Geschichte bei den Reliefs am Tympanon rechts unten beginnen muss. Der Engel des Herrn tritt an Maria heran und verheißt ihr mit seinem Spruchband die frohe Botschaft der baldigen Niederkunft. Die Jungfrau nimmt diese Kunde demütig auf. Sie wendet der nächsten Figur den Rücken zu und markiert den Übergang zur nächsten Szene, der Geburt Christi. Maria liegt – wie in der damaligen Bildtradition üblich – in einem langen Kleid auf der Bettstatt, welche mit kunstvoll drapierten Tüchern überdeckt ist. Durch ein hohes Kopfkissen ist sie halb aufgerichtet und kann somit ihr Kind in Händen vor sich halten. Der greise Nährvater Josef steht seitab als Betrachter. Besonders originell erscheint die Darstellung von Ochs und Esel, die ihre Köpfe neugierig über einen Flechtzaun der Krippe recken. Mit dem Ende der Bettstatt wechselt wieder die Leserichtung, und Maria erscheint würdevoll thronend vor den drei Weisen aus dem Morgenland. Diese Könige waren dem Stern von Bethlehem gefolgt, der neben dem Christkind erkennbar ist, und bringen nun demütig ihre Gaben dar. Der erste der weisen Könige kniet vor dem Kind, während die anderen beiden wie im Gespräch wirken. Ihre Gaben sind jedoch schon längst der Witterung anheimgefallen. Besonders der mittlere König ist ein Musterbeispiel für den damals in der Kathedralgotik verbreiteten eleganten Bildhauerstil des früheren 14. Jahrhunderts, zu dem ein sehr charakteristischer Schnitt der Augen mit geradem unterem Lid ebenso gehört wie die stark wellige Haartracht und die einem »C« ähnliche leichte Biegung in der Haltung der meisten Gestalten.

Das gesamte zweite Register des Tympanons wird von der Szene des Marientodes eingenommen. Der Leichnam der Gottesmutter erscheint abermals auf einer drapierten Bettstatt. In einer Reihe hinter ihr sieht man die trauernden Apostel, die durch ihre Gestik mal im Gebet erscheinen, mal ergriffen und ein andermal tief betrübt wirken. In ihrer Mitte eingereiht steht Christus und nimmt die Seele seiner Mutter in Gestalt eines Kindes in den Himmel auf. Besonders beachtlich ist, wie der unbekannte Bildhauer eine große Einheitlichkeit in der Gesamterscheinung mit einigen belebenden Variationen in Details verbindet. Dazu gehört auch, dass eine Leserichtung in der Komposition vorgegeben wird: Durch die stärkere Neigung eines der Apostel aus der Laibung der sogenannten ›Archivolten‹ heraus wird deutlich, dass man die Szene von links her betrachten soll.

Zuoberst sieht man die bei Kathedralportalen besonders beliebte Szene der Marienkrönung. Die Gottesmutter ist hier bereits im Himmel aufgenommen und sitzt gemeinsam mit ihrem Sohn auf einer Thronbank. Christus krönt sie mit seiner Rechten. Vier musizierende Engel wohnen dem Geschehen in den verbleibenden Zwickelfeldern bei.

Nicht nur bei großen Kirchen, die der Gottesmutter geweiht sind, trifft man in der Gotik häufig auf eine Madonna am mittleren Portalpfeiler. Die Augsburger Originalskulptur steht heute im Innern und hat die Zeiten leidlich überstanden. Etwas schlechter sind dagegen die seitlichen Standfiguren erhalten. Von links aus gesehen erscheint zunächst eine adelige weibliche Heilige, die man in der Kopie mit den Attributen der heiligen Elisabeth von Thüringen versehen hat, Brot und Krug als Zeichen ihrer Mildtätigkeit. Bereits vor 1900 war jedoch an der originalen Statue nichts Eindeutiges mehr erkennbar, das eine sichere Identifizierung der Heiligen zuge-

Sockel der Stifterfigur des Konrad von Randegg mit Engeln am Mittelpfeiler des Nordportals (Kopie um 1965)

lassen hätte. Besser verhält es sich mit der zweiten adeligen Heiligen, die sich anschließt. Hier hat sich ein Kirchenmodell in ihrer linken Hand erhalten. Gestützt von der lokalen Tradition lässt sie sich damit als Kaiserin Adelheid benennen, die Gemahlin Ottos I., die als besonders fromme Frau galt und schon im 12. Jahrhundert heiliggesprochen wurde. Mit dem Augsburger Dom verbindet sie ihre großzügige Förderung des ottonischen Neubaus.

Am rechten Gewände sieht man außen zunächst einen heiligen Bischof, dessen Attribute trotz Witterungsschäden eine Benennung als Augsburger Bistumspatron Ulrich erlauben. Die angrenzende weibliche Heilige ist im Original besonders beschädigt. Jedoch bietet die benachbarte Aufstellung neben Bischof Ulrich ein starkes Indiz für ihre Identifizierung als Bistumspatronin Afra.

Bevor man die weiteren Bereiche betrachtet, die architektonisch in einer Schauwand mit Maßwerkgliederung oberhalb zusammengefasst werden, lohnt noch ein Exkurs zum Stil der Figuren im Kernbereich des Portals. Nur auf die gerade beschriebenen Bestandteile darf man die Stifterinschrift von Konrad von Randegg beziehen und annehmen, dass sie – nach mehrjähriger Arbeit – 1343 weitgehend vollendet waren. Die unbekannten Bildhauer dürften in den Jahren

Ulm, Münster, nördliches Seitenportal von 1356 mit Anbetungsszene nach Augsburger Vorbild

Architektonische Klarheit und eine gewisse Strenge in der Gliederung der Anlage zeichnen das Nordportal aus. Seine Figuren sind einprägsame, in ihrem leichten C-förmigen Körper-Schwung und der feinen Fältelung der Gewänder vornehm wirkende Erscheinungen. Auch die szenischen Darstellungen im Tympanon lassen sich auf Anhieb erfassen und leicht ablesen. Sie füllen das Bogenfeld recht gleichmäßig aus und überfüllen es an keiner Stelle.

Die Wurzeln dieses Figurenstils liegen – wie schon vor längerer Zeit erkannt wurde – letztlich am Oberrhein und bei der berühmtesten Münsterbauhütte im oberdeutschen Raum, jener von Straßburg. Hier wurden die aufwendigen Portalanlagen der Westfassade in den Jahren um 1280 geschaffen, deren Figurenstil für mehrere Jahrzehnte überregional vorbildlich wirken sollte. Hochrangige Nachfolger dieser Straßburger Skulpturen zeigt insbesondere das Freiburger Münster. Das dortige Hauptportal konnte – wenngleich mehrfach restauriert und teilweise erneuert – seine Farbfassung im Wesentlichen bis heute bewahren. Eine durchgängige Farbigkeit muss man sich auch für die Augsburger Portale denken. Aus dem Jahr 1604 wissen wir beispielsweise noch von größeren Renovierungsarbeiten, bei denen Hans Kastner die Farbfassung auffrischte.

zuvor auch schon manchen der künstlerisch hochwertigen Gewölbeschlusssteine gemeißelt haben. Alles andere muss in Verbindung mit dem Baufortschritt des Hochchors gesehen werden, dessen Grundsteinlegung bekanntlich erst 1356 erfolgen sollte.

Originales Tympanon des Nordportals und Originalfiguren am heutigen Standort im Inneren

Eine ganze Reihe von Portalen im südwestdeutschen Raum zeigt denselben Themenkreis wie unser Dom-Nordportal und darüber hinaus sogar eine so ähnliche Gestaltung in Komposition und Figurenstil, dass man von einer zusammenhängenden schwäbischen Gruppe sprechen darf. Die exakte Reihenfolge ihrer Entstehung und Vorbildlichkeit untereinander lässt sich aber nicht bestimmen, da der größere Teil der besagten Kirchen nur ungefähr datierbar ist. Meister der südwestdeutschen Bauhütten zogen offenbar nach Abschluss eines Projekts weiter und verbreiteten dadurch ihren Stil und ihre Vorbilder. Eine Unterscheidung von einzelnen künstlerischen Handschriften ist aber in Augsburg nicht zuletzt bedingt durch den heutigen Zustand kaum mehr möglich.

Berühmte Nachfolger des Straßburger Stils finden sich in den Skulpturen am Kapellenturm der ehemaligen freien Reichsstadt Rottweil, der wohl ab den 1320er Jahren neben einer Wallfahrtskapelle entstand und zum Wahrzeichen der Stadt wurde. Die genaue Entstehungszeit ist mangels Urkunden oder eindeutiger Befunde strittig. Ein Rottweiler Neben-

portal zeigt die Darstellungen von Verkündigung und Anbetung der Könige in einem etwas bewegteren, in den Details auch raffinierteren Stil als in Augsburg.

Vermutlich aus den späten 1330er Jahren stammt ein prachtvolles Seitenportal der Frauenkirche in Esslingen am Neckar, das sich besonders gut zum Vergleich mit dem Augsburger Dom eignet. Hier finden sich als Szenen die Geburt Christi, die Anbetung der Könige sowie Marientod und Krönung. Wie in Rottweil ist auch in Esslingen die Gestaltung der Figuren noch etwas detailfreudiger und die Komposition bewegter als in Augsburg.

Am heutigen Ulmer Münster fanden zwei Portale Wiederverwendung, die Jahre zuvor für die damals noch bestehende alte Stadtpfarrkirche am Stadtrand geschaffen worden waren. Ein 1356 datiertes Portal an der Nordwestseite mit der Anbetung der Könige und der Geburt Christi zeigt auffallende Parallelen zu Augsburg, darunter auch einige charakteristische Details wie Ochs und Esel am Weidenzaun – ist aber dank der gesicherten Jahreszahlen eindeutig als ein Werk aus der

Madonna mit den Bistumsheiligen Ulrich und Afra, Originalskulpturen vom Nordportal im Innenraum

Nachfolge der Augsburger Kathedralskulptur zu identifizieren und kein möglicher Vorgänger.

Noch ergiebiger als Ulm ist ein anderes Münster für einen Vergleich, das historisch eng mit Augsburg verbunden war: Heilig Kreuz in Schwäbisch Gmünd. Bis zu einer Neuordnung im frühen 19. Jahrhundert gehörte die Stadt als einer der westlichsten Orte zum Augsburger Bistumssprengel und bis ins 16. Jahrhundert stand die dortige Kirche sogar direkt unter dem Patronat des Augsburger Domkapitels. Ab etwa 1320 entstand die großartige Hallenkirche mit ihren reichen Figurenportalen, wobei das Langhaus nach dem heutigen Kenntnisstand gegen 1341 als erster Bauteil vollendet gewesen sein dürfte. Genauere Baudaten sind nur für den imposanten Neubau des Umgangschors gesichert, zu dem 1351 der Grundstein gelegt wurde. Zwei der Langhausportale, die wohl unmittelbar vor dem Augsburger Nordportal um 1340 entstanden sind, bieten sich zum Vergleich an. Auf der Nordseite erscheinen Christi Geburt und die Anbetung der Könige, während das südliche Langhausportal Marientod und Marienkrönung zeigt. Viele Motive sind so ähnlich, dass man eine enge Verbindung nach Gmünd voraussetzen darf. Die Figuren vom Augsburger Portal wirken jedoch noch etwas strenger und würdevoller. Schwäbisch Gmünd sollte in den folgenden Jahrzehnten auch dank der anspruchsvollen Architektur des bedeutenden Heinrich Parler und seiner Bauhütte noch große überregionale Beachtung finden.

Auch am Figurenschmuck der oberen Schaufront auf der Nordseite und am großen Domportal im Süden des Augsburger Doms wirkten offenbar Werkleute aus dem Kreis der Parler mit. Über dem 1343 vollendeten Hauptteil des Nordportals entstand in den Jahren um 1360/70 eine Hochwand mit einem Maßwerk-Vorhang, in den verschiedene Figuren eingestellt sind. Die Idee wurde offenbar in deutlich vereinfachter Gestalt von Grundmotiven der berühmten Westfassade des Straßburger Münsters abgeleitet, wo ein filigraner, aber zugleich majestätischer Maßwerk-Vorhang der Mauer vorgesetzt ist. Das dortige Mittelportal wird von einem reichen Giebel überfangen, der mit seinem Figurenschmuck – wie in Augsburg – Maria in der Achse über König Salomo und dessen Löwenthron setzt. Die Löwen sind – ähnlich wie in Straßburg – spielerisch aufeinander bezogen und schmücken den großen Kielbogen über dem Portal. In der mittelalterlichen Tradition wurden die zwölf Löwen verschieden gedeutet, beispielsweise auch sinnbildlich auf die Apostel oder die Stämme Israels bezogen. Die Gottesmutter übertrifft in dieser Darstellung anschaulich noch den berühmten weisen König des Alten Testaments und steht zugleich für das Neue Testament. Unter dem lateinischen Namen »Sedes Sapientiae«, Sitz der Weisheit, ist diese komplexe Darstellung geläufig. Dasselbe

Thema hatte man bereits zwei Jahrzehnte zuvor im Fenster im südlichen Querhaus des Augsburger Doms dargestellt. Im 13. und 14. Jahrhundert erlebte die Sedes-Sapientiae-Darstellung ihre größte Blütezeit.

Propheten und weibliche Gestalten, die man meist als Personifizierungen von Tugenden, vereinzelt auch als Sybillen bezeichnet hat, begleiteten bis in die 1930er Jahre in zwei Reihen übereinander die Darstellung. Während die obere Reihe mit Konsolen klar im architektonischen Umfeld eingesetzt war beziehungsweise auch heute wieder ist, standen die unteren Figuren frei auf dem Gesims. Auch zwei weitere Könige lassen sich auf den alten Abbildungen noch gut erkennen, von denen einer – mit Harfe – eindeutig als David zu benennen war. Mit seiner Darstellung wurde die Abstammung Christi aus dem Geschlecht Davids thematisiert. Beim Kopieren in den 1960er Jahren hat man jedoch auf die Gestalten der unteren Reihe verzichtet und sowohl das inhaltliche als auch gestalterische Erscheinungsbild dadurch vereinfacht.

Der neue Figurenstil, der etwa ab den 1350er Jahren mit den Werkleuten aus dem Umkreis der Parler von Schwäbisch Gmünd nach Augsburg kam, ist allgemein weniger von einem melodisch-eleganten hochgotischen Ideal gekennzeichnet als jener der vorangehenden Generation. In den Figurentypen wirkt er etwas gedrungener, aber in seinen Köpfen und anderen Details dafür bisweilen lebensnaher.

Leider sind alle Originale von der Front über dem Nordportal besonders stark von langjähriger Verwitterung gezeichnet und verraten daher nicht mehr viel von ihrer ehemaligen Qualität. Auch ist eine genaue Benennung in den allermeisten Fällen schwierig bis unmöglich. Die Propheten waren ehemals durch Weissagungen auf Bändern identifizierbar, die sie in ihren Händen halten. Bereits seit geraumer Zeit sind jedoch die aufgemalten Sprüche bei den originalen Figuren verlorengegangen.

Insgesamt handelt es sich um Propheten, die im weiteren Sinn inhaltlich mit Maria oder Christus in Verbindung gebracht wurden. An gotischen Kathedralportalen in Mittel- oder Westeuropa gehörten sie fest zum Kanon.

Das Südportal

Auch das große Südportal ist offenbar in zwei Phasen entworfen und ausgeführt worden. Viel spricht dafür, dass der innere Kernbestand mit dem Tympanon schon sehr bald nach der 1356 erfolgten Grundsteinlegung zum neuen Ostchor vollendet war. Die vorgesetzte große Einfassung der Portalanlage schließt mit einer Fuge an und wurde – ähnlich wie beim Portal der Nordseite – erst Jahre später im Zuge des Baufortschritts gegen 1370/80 mit ihrem Figurenschmuck ausge-

Großes Südportal (um 1356/70, Teile um 1895 ersetzt)

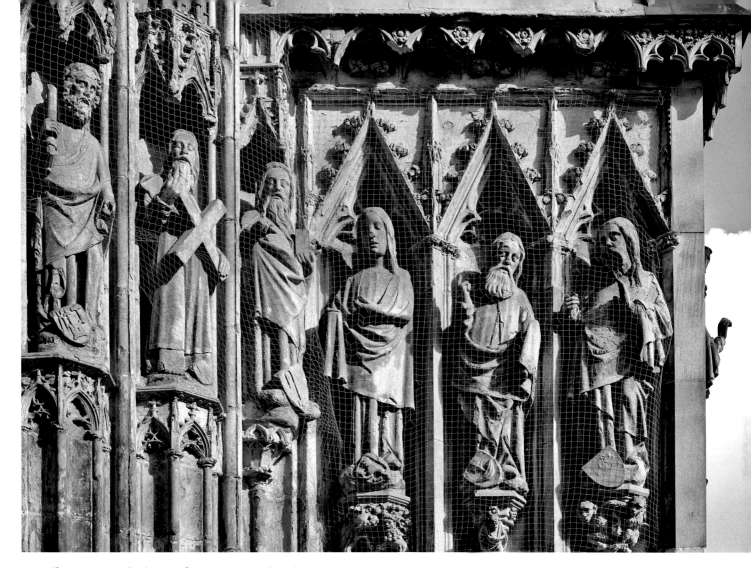

Apostelfiguren mit verschiedenen Stifterwappen am Südportal

führt. Man erkennt nicht zuletzt im Höhenversatz der seitlichen Apostel und in kleinen Details der Stabwerk-Gliederung die baulichen Unterschiede. Die Ausgestaltung der äußeren Rahmung ging einher mit der Errichtung der Strebepfeiler, in die das Ensemble harmonisch eingefügt ist.

Aus heutiger Sicht würde man wohl annehmen, dass der Fortschritt im Ganzen einem Bauherrn wichtiger gewesen sein dürfte als die Ausschmückung mit Bauskulptur. Jedoch gibt es zahlreiche Beispiele aus großen Kathedralbauhütten wie im französischen Reims, wo man schon unmittelbar nach Grundsteinlegung an einigen wichtigen Teilen des Figurenschmucks arbeitete, während das Bauwerk selbst noch viele Jahrzehnte lang nicht vollständig unter Dach war. Nicht selten wurden die ursprünglichen gestalterischen und inhaltlichen Vorstellungen im Laufe der Jahre mehr oder minder stark verändert.

Der Gesamteindruck des großen Augsburger Südportals ist zweifellos prachtvoll, im Figurenstil jedoch erscheint es weniger feierlich und letztlich »geerdeter« als das ältere Portal.

Nur manchmal helfen Architekturkulissen, die Motive abzugrenzen und den dichten Erzählstrom zu gliedern. Die große Fülle an Figuren und Themen verlangt dem Betrachter Konzentration ab. Zudem gibt es – auch bedingt durch den raschen Wechsel der Szenen, die mit unterschiedlicher Personalfülle teils in Innenräumen, teils im Freien angesiedelt sind – manche Sprünge im Figurenmaßstab. Vermutlich hatte die frühere Farbfassung den Eindruck ehemals zwar noch in der Pracht gesteigert, dabei jedoch nur bedingt zu einer besseren Ablesbarkeit beigetragen.

Es mutet eigenartig an, dass man sich bei mehreren Szenen im Bogenfeld eine thematische Überschneidung mit dem Nordportal erlaubte – bei Verkündigung, Geburt Christi, Anbetung der Könige, Marientod, Krönung Mariens – und nicht zuletzt deshalb die Darstellungen so dicht zusammendrängte. Andererseits sind diese Darstellungen so wichtig im Rahmen des Marienlebens, dass ein Verzicht noch befremdlicher gewesen wäre.

Am unteren linken Rand setzen die Szenen ein mit der Darstellung von Joachim im Tempel, gefolgt von der Verkündigung an Anna und Joachim und deren Begegnung an der Goldenen Pforte. Anschließend sieht man die Mariengeburt, den Tempelgang der jungen Maria und die Tempeljungfrauen. In der nächsten Szene erweist ein blühender Stab Josef als richtigen Bräutigam der Maria. Nach ihrer Vermählung schließen sich die Verkündigung an Maria, die Heimsuchung von Maria und Elisabeth, die seltene Szene ›Maria öffnet sich Josef‹, die Geburt Christi und die Beschneidung an. Im mittleren Register sieht man die Anbetung des Kindes, die Darstellung Jesu im Tempel, danach den Bethlehemitischen Kindermord, die Flucht nach Ägypten und den dabei stattfindenden Götzensturz in einem Tempel, die Eltern suchen den zwölfjährigen Jesus und finden ihn unter den Schriftgelehrten. Nach dem Tod des Josef folgt unmittelbar der Tod der Gottesmutter. Apostel tragen ihren Sarg und bestatten Maria. Im oberen Bereich folgen die Himmelfahrt und Krönung der Dompatronin.

Das eigentliche Patrozinium der Kathedrale – Mariae Heimsuchung – kommt nur an diesem Tympanon vor und bleibt eine ziemlich unscheinbare, anschaulich nur untergeordnete Szene unter vielen im Rahmen des Marienlebens.

In den Archivolten sieht man ganz innen Propheten, in der Mittelreihe und außen eine Vielzahl von biblischen Königen als Vorfahren Christi in strenger architektonischer Reihung unter Baldachinen. In der Untersicht des großen Überfangbogens erscheinen, abermals in drei Reihen, zahlreiche Propheten und Patriarchen. Ob im Einklang mit der ehemaligen farbigen Fassung im 14. Jahrhundert noch eine eindeutige Benennung einer jeden Figur möglich war, erscheint aber fraglich. Letztlich ging es sicher darum, die Bedeutung des heilsgeschichtlichen Panoramas mit möglichst vielen Zeugen aus dem Alten Testament in größter Eindringlichkeit und Feierlichkeit zu unterstreichen. Die individuelle Gestalt eines Propheten war in diesem Kontext wohl nachrangig.

Auch für diese reiche Art der Bogengestaltung findet man eine interessante Parallele am Südostportal des Münsters in Schwäbisch Gmünd, wo an der entsprechenden Stelle allerdings Schöpfungsszenen angebracht sind.

Die Tendenz zu dichten, in ihrer Erzählung abwechslungsreichen, aber nicht mehr architektonisch-klar aufgefassten Portalreliefs zeichnet sich im 14. Jahrhundert zunehmend ab. Beispielsweise zeugt das Ulmer Münster mit seinen jüngeren Portalen ganz eindeutig davon. Ein außergewöhnlich reiches Beispiel für die überbordende erzählerische Fülle, das ebenfalls erst nach Augsburg entstanden und wohl von hier inspiriert ist, findet sich am Theobaldsmünster im elsässischen Thann. Diese Figurenfülle entsprach einem neuen Zeitideal, das sich noch bis in die ersten Jahrzehnte des folgenden Jahrhunderts hinein findet.

Wie erwähnt gibt es einen Versatz in der Linie der Apostelfiguren, die teils an den Innenseiten der Strebepfeiler, teils im Portalgewände selbst angebracht sind. Die in sich recht einheitlichen Skulpturen gehören also eindeutig zur zweiten Phase beim Bau der Portalanlage gegen 1370/80. Dagegen ist die vornehme Trumeau-Madonna im Zentrum wohl schon während der ersten Phase entstanden. Alle Apostelfiguren werden von originellen Konsolen mit Wappen getragen, die nicht nur gestalterisch, sondern auch geschichtlich interessant sind: Waren der gotische Umbau und der Beginn des neuen Ostchors zunächst eindeutig bischöfliche Vorhaben oder zumindest des Summus Custos, engagierten sich nunmehr die Augsburger Bürgerschaft, ihre Patrizier und die Zünfte. 1368 war eine neue Zunftverfassung für die Stadt erlassen worden, die ihre Rolle deutlich stärkte. Man darf also davon ausgehen, dass jede Figur ihren individuellen Stifter hatte. Nur ein Teil der Wappen lässt sich heute jedoch zweifelsfrei bestimmen. Selbst bei einem besonders interessanten Wappen, dem Winkelhaken am heiligen Andreas (zweite Figur von innen im rechten Gewände), besteht keine absolute Sicherheit in der Identifikation. Überwiegend wird aber angenommen, dass es sich hier um das bekannte Zeichen der Parler handelt, die sich hier demnach selbst als Stifter einer Apostelfigur ausgewiesen hätten.

Zu den späteren Teilen der Portalanlage müssen natürlich auch diejenigen Figuren gerechnet werden, die auf der Stirnseite des großen Überfangbogens angebracht sind beziehungsweise waren. Manche der deutlich beschädigten Originale hatten im Laufe der zweiten Hälfte des 19. Jahrhunderts schon ihre Köpfe eingebüßt – besonders jene beim Jüngsten Gericht. Ansichten aus der Biedermeierzeit zeigen sie noch weitgehend intakt. Die Nachschöpfungen des Bildhauer-Restaurators Müller aus dem ausgehenden 19. Jahrhundert stimmen zwar in großen Zügen mit ihren fotografisch überlieferten Vorlagen überein, aber nicht genau in der künstlerischen Handschrift. Somit lassen sie sich im Rahmen des Portals hauptsächlich noch inhaltlich bewerten.

Das Jüngste Gericht gehört neben den Szenen des Marienlebens zu den wichtigsten Themen an gotischen Kathedralportalen. Mit der Wiederkunft Christi findet anschaulich alles seinen letzten Zielpunkt. Hier entscheidet sich, ob die Seelen von Engeln in den Himmel geleitet werden oder in den Schlund der Hölle. Thematisch eng verbunden ist stets das Motiv der sogenannten ›Deesis‹, die Fürbitte von Maria und Johannes dem Täufer – nicht der Evangelist und Lieblingsjünger Johannes, wie ihn der Bildhauer Müller bei der Erneuerung interpretiert hat – beim Weltenrichter.

Propheten und Könige des Alten Testaments im rechten Bogenlauf des Südportals

Nur einzelne weitere Figuren an der Portalanlage lassen sich heute noch genau deuten. Von der Reihe der heiligen Bischöfe fehlte im frühen 19. Jahrhundert bereits der äußerste links. Keiner trägt heute eindeutige Attribute, die eine Benennung zuließen.

Gut erkennbar ist die Darstellung der Schutzmantelmaria ganz links unten, die einer wenig älteren Figur in Schwäbisch Gmünd nachempfunden wurde und der Tradition gemäß Vertreter aller Stände beschirmt. Die vornehme adelige Heilige rechts ist dagegen schon wieder nicht mehr sicher benennbar. Bei beiden Skulpturen handelt es sich noch um Originale des 14. Jahrhunderts, deren weiterer Verfall wie auch bei den Aposteln durch moderne Konservierungstechnik Ende der 1970er Jahre gestoppt werden konnte.

Die Gruppe der Verkündigung an Maria auf der rechten Seite – als inhaltliche Wiederholung innerhalb desselben Portals – ist dagegen wiederum eine Nachempfindung aus der Zeit um 1895 und etwa gleichzeitig entstanden wie die Figuren an den angrenzenden Strebepfeilern.

Die Verbindung so unterschiedlicher Gestalten wie der Schutzmantelmadonna, einer weiteren Heiligen und der Verkündigungsgruppe in einer Ebene an der Portalstirnseite lässt aber auch erkennen, dass es hier offensichtlich kein durchgängiges inhaltliches Gesamtkonzept mehr gegeben haben kann.

Insgesamt gesehen macht gerade der große Reichtum an Darstellungen die Bedeutung des Augsburger Portals in seiner Zeit aus, obwohl auch hier Spuren der Verwitterung und einige Auswechselungen den Originalbestand geschmälert haben. Dennoch ist das Erscheinungsbild des Südportals auch heute noch ungleich erfreulicher als das der nach über 50 Jahren noch immer neuwertig wirkenden Nachempfindung seines Gegenstücks auf der Nordseite. Beide Portale sind komplexe, in (mindestens) zwei Planungsstufen und mit nachträglichen Änderungen im Konzept entstandene Anlagen, die trotz aller wechselhaften Geschehnisse noch immer zu den wichtigsten Bestandteilen des Augsburger Doms zu zählen sind.

Malerei und Plastik in den Gewölben

Es lohnt sich, durch den Dom zu gehen und auch ab und an »gen Himmel« zu blicken: Ein Operngucker oder Fernglas kann gute Dienste leisten, um die Schlusssteine und die umgebenden Gewölbemalereien genauer ins Auge zu fassen. Beides war im Augsburger Dom unter der barocken Tünche über die Jahrhunderte hinweg verborgen und geschützt, weil die Barockisierung auf eine Abschlagung der Rippen oder Überformung durch Stuckelemente verzichtet hatte. Unter den ergrauten weißen Farbschichten wurde bei der großen Domrenovierung 1934 die Farbigkeit von Rippen, Schlusssteinen und umgebenden Malereien erkannt und schließlich 1983/84 gänzlich freigelegt und durch vorsichtige Ergänzungen wiedergewonnen. Trotzdem wirkt die Farbigkeit heute zurückgenommen, die kraftvollen Reliefs der Schlusssteine lassen aber den Rückschluss auf das einst ebenfalls entsprechend kraftvolle Kolorit der Malereien zu.

Die Gewölbeverzierungen folgen keinem geschlossenen Gesamtkonzept, da sie in mehreren Abschnitten – parallel zur Einwölbung der verschiedenen Bauteile – entstanden sind. Allerdings ist die Entstehung auch nicht in unterschiedlichen, klar voneinander geschiedenen Stufen, sondern eher in einer sich folgerichtig auseinander entwickelnden Bauabfolge zu sehen. Im Endeffekt sind zeitlich drei große Gruppen auszumachen, worunter die ›Westgruppe‹ als geschlossenste klar zu erkennen ist. Sie ist auch die älteste und mit der Einwölbung des Westchors, des Querbaus und des ersten Langhausjoches, das Teil des Westchors ist, in die Jahre um und kurz nach 1334 zu datieren. Schlusssteine und Gewölbemalereien setzen deutliche Akzente über dem damals allein existenten Westchor, der folgerichtig Zielpunkt der Ausrichtung des Gesamtbaus war. Auch alle anderen Schlusssteine des Langhauses folgen dieser Ausrichtung, woraus abzuleiten ist, dass bei ihrer Entstehung an einen neuen Chor im Osten noch nicht gedacht war.

So zeigt der Schlussstein in der Apsis des Westchors in Halbfigur die Hauptpatronin des Doms sowie der gesamten Diözese, die Gottesmutter Maria. Auffällig sind die relativ langen, etwas unbeholfen angewinkelten Arme und die übergroßen Hände von Mutter und Kind. In der Vierung als Kreuzungspunkt von Lang- und Querhaus folgt – sozusagen als Höhepunkt der neutestamentlichen Frohbotschaft – die Halbfigur des Auferstandenen mit Kreuznimbus, der in der einen Hand das Siegesfähnchen hält, während die andere segnend erhoben ist. Im Langhausjoch davor steht als Übergang von Altem zu Neuem Bund der ›Vorläufer‹ Jesu, der Täufer Johannes, als letzter in der Reihe der Propheten; in den beiden Querhausarmen sind die Evangelisten durch ihre Symbole dargestellt: von Süden nach Norden der Engel für Matthäus, der Adler für Johannes, der Löwe für Markus und der Stier für Lukas. Eindrucksvoll sind auch die großen Blattmasken und sonstigen skurrilen Köpfe an den Ursprüngen der Rippen und Dienste, die an den Vierungsecken durch kleine Drolerie-Szenen ergänzt werden: Da finden sich ein Kentaur mit großem Messer, ein hockender und ein auf einem Streichinstrument spielender Mann sowie der Teufel als raubvogelgesichtiger Mönch an einem Lesepult.

Die die Schlusssteine je umgebenden Malereien – sehr symmetrisch und klar im Aufbau und ohne irgendwelche Überlappungen und Überschneidungen der einzelnen Blätter und Blüten – zeigen verschiedene stilisierte Pflanzen, deren Stengel aus dem Relief in alle Gewölbefelder hinein entspringen und sich an deren Scheitellinien ausrichten; sie sind zwar assoziativ auf die Reliefdarstellungen bezogen, aber doch mehr schmückend als exegetisch interpretierend gedacht. So finden sich Pflanzen mit großen gefiederten Blättern und jungen Dreiblatttrieben bei Maria, während Christus in einer Gloriole dargestellt ist, die aus Weinlaub mit feinen Korkenzieherspiralen gebildet wird, allerdings ohne Früchte. Johannes der Täufer wird von gefiederten, weinlaubähnlichen Blättern umzogen, wobei die jungen Blättchen einen herzfömigen Umriss zeigen. Matthäus findet sich in viel Grün mit kleinen Spiralchen und kalebassenförmigen Früchten, Johannes in

Schlussstein im Mittelschiff mit dem Propheten Jeremia

einem Gewölk aus stilisierten Lilienblüten und Lanzettblättern, Markus in dreiteiligen Blättern und kleinen grünen Traubenfrüchten und Lukas in fünfblättrigen Blüten – wohl Heckenrosenblüten, denn die Stengel sind mit Dornen versehen. Diese Schlusssteine sind alle weitgehend vergoldet und funkeln wie Sterne am Himmelszelt – ein Vergleich, der durchaus vom verantwortlichen Bauherrn, dem Domkustos Konrad von Randegg, beabsichtigt war, bemüht er ihn doch selbst in der lateinischen Inschrift, die sich im Dachraum über der Einwölbung findet. Um die Besonderheit des Gewölbes im Gegensatz zur vorher vorhandenen einfachen, flachen Kassettendecke des Doms herauszustellen, heißt es von ihm: »er wölbte nämlich den Chor der Himmelslaibung ähnlich […].« Die Vorstellung eines Kirchenbaus als Vorwegnahme des Himmlischen Jerusalems war eine zentrale Idee dieser Zeit. In dieses Bild fügen sich auch die Kostbarkeit der Vergoldung, die kräftige Farbigkeit der Malerei in Rot und Grün und entsprechenden Zwischentönen, die Betonung der Rippen durch abgrenzende Linien und ihre Farbfassung im Bereich der Schlusssteine sowie die benannte Symmetrie. Heute stellen wir immer wieder mit Erstaunen fest, wie sehr man sich beispielsweise im 14. Jahrhundert um solche Dinge wie die mit bloßem Auge kaum erkennbaren Schlusssteine und die umgebenden Malereien gemüht hat. Damals hatten die Menschen auch keine besseren Augen, aber eine Kirche als Abbild des Himmlischen Jerusalems wurde als Heimstätte für

den ewigen Gott errichtet, es kam zunächst *ad maiorem gloriam Dei*, auf die größere Ehre Gottes, und nicht auf die geistliche Erbauung des Menschen an. Erst in zweiter Linie galten nach Schnell die »kunst- und schmuckvollen Abbildungen« der Schlusssteine und Gewölbemalereien den Gläubigen »als Heilszeichen (= *Imago Pietatis*), denn sie fanden darin Heilung und Trost.«

Die zweite Gruppe der Schlusssteine ist dann in den weiteren Jochen des Langhauses zu finden, sie kann als weicher und eleganter im Stil bezeichnet werden. Es ist möglich, innerhalb dieser Gruppe drei verschiedene Hände zu unterscheiden, wobei besonders spannend die Gruppe erscheint, die mit dem Namen, wenn auch nur mit einem Notnamen, des »Rottweiler Prophetenmeisters« in Verbindung gebracht werden kann: Neben dem Schlussstein mit Ezechiel im Langhaus werden ihm auch im nördlichen Seitenschiff die drei Schlusssteine mit den Propheten und dem thronenden Christus sowie das Bogenfeld des Nordportals zugeschrieben; daran lässt sich erkennen, welcher örtlichen Flexibilität Steinmetze dieser Zeit sich zu unterziehen hatten.

Die Schlusssteine des Langhauses, die hauptsächlich Propheten in frontal wiedergegebenen Brustbildern mit Spruchbändern darstellen, zeigen von Westen nach Osten Jesaia, Jeremia, Daniel, Ezechiel und David als Propheten mit der Königskrone und Ahnherrn Jesu. Durchbrochen wird diese Reihe von dem Randegg'schen Wappen im ersten, unmittelbar an den Westchorraum anschließenden Joch, durch ein großes »Himmelsloch« im dritten Joch, durch das Lasten, aber auch eine in den Himmel auffahrende Christusstatue, die im liturgischen Vollzug nach oben gezogen werden konnte, und schließlich durch einen in das System nicht sinnvoll einzupassenden Wassermann im vierten Joch. Die umgebenden Malereien werden hier phantasiereicher, sind nicht mehr so klar strukturiert wie in den Westteilen: Hier finden sich das Wappen des Hochstifts und heraldisch gestaltete Tiere wie Greifen und Adler; es erscheinen klar auf die jeweiligen Propheten bezogene ›Erkennungsszenen‹ wie Samson im Kampf mit dem Löwen bei Jeremia, die geflügelten Evangelistensymbole mit Menschenköpfen als Vision des Ezechiel, die *Dextera Dei* bei David. Dazwischen gibt es Engel mit Posaunen und Weihrauchfässern, die Legende von den drei Lebenden und den drei Toten, die im Mittelalter große Popularität genoss, miteinander Ringende, aber auch das Opfer von Kain und Abel rund um die Gewölbeöffnung.

Alle weiteren Schlusssteine des Doms – im Ostchor und in den Seitenschiffen, die paarweise wie eigenständige Hallen mit Mittelsäulen an das Langhaus angegliedert wurden – kann man zu einer weiteren Gruppe zusammenfassen, die thematisch allerdings keinem erkennbaren Schema mehr

Kopfkonsole im Ostchor

Kopfkonsole im Ostchor

folgt. Da gibt es einerseits Doppelungen in sich wie das Lamm Gottes oder das Haupt Christi mit dem Kreuznimbus, andrerseits Doppelungen mit Themen bereits bestehender Schlusssteine wie die Madonna oder die Evangelistensymbole, aber auch Wappensteine und Reliefs, die offensichtlich nur der Schmuckfreude nachgeben wie Blattmasken, Blüten- und Blätterwirbel, Fabeltiere, Zitate aus Legenden wie das Einhorn oder aus der *Legenda aurea* wie die ihre Jungen wiederbelebenden Löwen oder Pelikane, aber auch den mit dem Löwen ringenden Samson, den thronenden Christus, verschiedene Propheten und Heilige. Die Schlusssteine der südlichen Seitenschiffe tragen dabei eine andere Handschrift als die der nördlichen, die eher mit der des Langhauses zu vergleichen ist. Bis zur Mitte des 14. Jahrhunderts waren alle Einwölbungen vorgenommen, alle Schlusssteine entstanden und gesetzt.

Gerade die umgebenden Malereien werden hier immer phantasievoller und lohnen eine nähere Betrachtung: Sie erfreuen mit solchen Spielereien wie zwei Hirschen, die gemeinsam nur einen Kopf und ein Geweih haben, oder die aus Pa-

derborn so berühmten drei vollständigen Hasen mit zusammen drei Ohren. Es gibt Pfauen, die prächtige Räder schlagen, Fische, Krebse, Drachen, Schwäne, Eichhörnchen, Affenpaare mit Spiegel sowie Elefanten mit drohenden Stoßzähnen und Turmaufbauten auf dem Rücken. Natürlich erscheinen auch Malereien mit eindeutig biblischem Bezug wie posauneblasende Engel, die klugen Jungfrauen mit Öllampen, Adam und Eva, Maria mit dem Jesuskind, König David mit der Harfe; aber auch Meerweibchen, die auf Aristoteles reitende Phyllis, Sonne, Mond und Sterne sowie der Löwe und der Pelikan mit ihren Jungen.

Und nicht nur die Schlusssteine lohnen die Betrachtung, sondern auch wieder die Kapitelle, die Konsolen und Auflager, auf denen es von weiterentwickelten Blattmasken, skurrilen Gesichtern und Köpfen von Mischwesen nur so wimmelt – alles in allem ein himmlisches Vergnügen.

Der heilige Christophorus

Der schwäbische Schriftsteller Arthur Maximilian Miller (1901–1992) erinnert sich 1939 an ein Erlebnis, das er als junger Mann bei einem Besuch in Augsburg 1928 hatte: »Weißt Du noch, wie wir […] in die Gassen an den Lechkanälen kamen, wo die mittelalterlichen Handwerkerquartiere gewesen sind, und dann die Szene mit dem Kind erlebten? Es musste ein Pfännlein aus einer der finsteren Küchen entwendet haben und war damit auf die Gasse gelaufen, die Mutter hinter ihm drein, um es ihm wieder abzunehmen. Aber sie konnte den blondzöpfigen Wildfang nicht erhaschen, hob drohend den Finger auf und rief ihm zu: Wart, wart, der große Christoph kommt und holt dich! Ich fragte das Weib, wer der große Christoph sei; aber sie wusste es nicht. Man sagt halt zu den Kindern so, wenn sie nicht folgen, erwiderte sie lächelnd. Und was tut er dann den Kindern? fragte ich. Er trägt sie auf den Schultern fort und wirft sie in den Lech.« Miller findet später die Lösung in dem bei der Renovierung des Doms 1934 wieder freigelegten Riesen-Fresko des heiligen Christophorus an der Westseite des südlichen Westquerhauses: »[…] als ich, durch die Pforte des südlichen Querschiffarmes eintretend, plötzlich über mir den riesigen, geisterhaften Mann sah, der bis ins Gewölbe hinaufreichte, da wusste ich, wer der große Christoph sei, und erstaunte zugleich darüber, dass sich im Volke eine Erinnerung an ihn erhalten hatte, der doch Jahrhunderte unter dem gelben Bahrtuch der Übertünchung geruht hatte.«

Ob es tatsächlich die Erinnerung an den Christophorus aus dem Dom war, die in dieser zur drohenden Mahnung gewordenen Redewendung ihren Niederschlag fand, ist nicht eindeutig zu belegen, hat es doch wohl in allen mittelalterlichen Kirchen ein derartiges Fresko in der Nähe eines der Ausgänge gegeben. Christophorus mit dem göttlichen Kind auf seinen Schultern galt den Menschen als Gewährsmann für einen von »bösem, schnellen Tod« befreiten Tag, wenn man am Morgen nach dem Kirchenbesuch zu ihm aufgeblickt hatte. Der theologische Unterbau ist wohl die im 12. und 13. Jahrhundert so gesehene Entsprechung der auf die Schulter des ›großen Christoph‹ erhobenen Gestalt des Gottessohnes Jesus zu der Elevatio der konsekrierten Hostie in jeder Eucharistiefeier. Damals hatte sich die Kommunionfreudigkeit der Gläubigen zu einer »Schaufreudigkeit« gewandelt: Man sah sich des Heils durch das gläubig verehrende Anschauen der gewandelten Hostie ebenso teilhaftig wie durch den Genuss derselben, was folgerichtig dann zu einer enormen Verbreitung der Christophorusdarstellungen führte.

Das über 14 Meter hohe Fresko im Augsburger Dom zeigt frontal einen vollbärtigen Mann mit geschürztem blauen Gewand und rotem bewegten Manteltuch in leichter Schrittstellung durch das Wasser schreiten. Er stützt sich auf einen diagonal gehaltenen, schlanken, ausgerissenen Baumstamm, dessen Gezweig vom Gewölbeansatz rechts überschnitten scheint; eher ihm »im Nacken« sitzt das göttliche Kind – in der Mittelachse des Joches – mit dem großen dreifachen Strahlenbündel hinter seinem Köpfchen, die Rechte segnend erhoben, in der Linken die mit einem Kreuz gekrönte Weltkugel. Über dem Kopf des Kindes sowie auf dem Gewandsaum des Heiligen findet sich die Jahreszahl 1491, wobei die gesamte Inschrift am Saum lautet: ST CRIST(OFORUS) WARD GEMALT IN DEN 1491 IAR UND DAS SCHAF(F) KORN GALT 4 GULDEN (RH).« Diese Inschrift mit dem aktuellen Kornpreis weist darauf hin, dass die Hilfe des heiligen Christophorus in Teuerung und Hungersnot gerade besonders in Anspruch genommen werden musste, war er doch Patron der Lastträger in ihrer Sorge um das tägliche Brot, Fürbitter für alle Hungernden unmittelbar vor seiner Enthauptung; vor allem aber hatte er der Legende nach – worauf auch das Fresko besonders anspielt – auf Geheiß des Jesuskindes nach der Durchquerung des Stromes seinen dürren Stab in den Erdboden gesteckt, der alsbald üppiges Laub und Früchte trug.

In der evangelischen Zeit des Doms, mit vorausgegangenem Bildersturm, litt auch Christophorus in den unteren Wandabschnitten, sodass es nach der Restitution des katho-

Christophorus-Wandgemälde von 1491 im Südwestquerhaus, links davon freigelegte Spuren eines Vorgängers von ca. 1290

Christophorus-Wandgemälde nach Freilegung um 1935
mit umgebender Quadermalerei

lischen Klerus zu einer Restaurierung des Bildes kommen musste, wovon noch die Rollwerkkartuschen mit den weitgehend verlorenen Inschriften sowie die Wappen in diesem Bereich zeugen. Und dann übertünchte die Barockzeit dieses nicht mehr zeitgemäße Bild …

Bei seiner Entdeckung 1934 wurde das Bild sogar einem Künstler unwidersprochen zugewiesen: Zwar sind aus dem Frühwerk des Malers Ulrich I. Apt keine Vergleichsbeispiele bekannt, aber eine andere plausible Urheberschaft findet sich auch nicht. Interessant ist die Tatsache, dass man vor Entdeckung der inschriftlichen Jahreszahl eine Datierung um 1470 für gegeben hielt – offensichtlich war der Malstil bereits zu seiner Entstehungszeit eigentlich überholt beziehungsweise versuchte man auch hier wieder wie an anderen Stellen des Doms, an Altes und Bewährtes durch Imitation eines altertümelnden Stils anzuknüpfen.

Und dass diese Stelle durchaus traditionell besetzt war, ist durch die Forschungsergebnisse des ersten Jahrzehnts unseres Jahrtausends hinreichend belegbar. Schon vorher kannte man den gemalten Monumental-Kopf, der im Zwickel zwischen den beiden Jochgewölbeansätzen im Dachraum des südlichen Westquerhauses zu sehen ist. Und es war klar, dass er zu einem Vorläufer des heute sichtbaren, also noch größeren Christophorus gehören muss, der an dieser Stelle bis zur Einwölbung des Querhauses in den Jahren um 1334 zu sehen gewesen ist. Die Untersuchungen haben nun ergeben, dass dort

oben sogar zwei übereinanderliegende Köpfe zu sehen sind: ein Christophorus wohl aus der zweiten Ausmalungsphase des Doms, die großzügig den Jahren um 1100 zugerechnet werden kann, und einer der darauffolgenden Phase, die in der zweiten Hälfte des 13. Jahrhunderts anzusetzen ist.

Der erste Christophorus steht vor blauem Grund und über seinem Scheitel ist unmittelbar der damalige Fries zu erkennen, der unter dem Dachstuhl beziehungsweise der Flachdecke entlanglief. Er war wie sein Nachfolger in die Mitte der Querhauswand gerückt und hatte einen in Stuckgips plastisch auf die Wand aufgetragenen Heiligenschein, der vermutlich vergoldet war und das einfallende Licht wirkungsvoll aufleuchten ließ. Dieser Stuckauftrag wurde ganz offensichtlich abgearbeitet, als die nächste Fassung entstand. Es ist davon auszugehen, dass dieser erste Christophorus noch nicht das seinem Namen entsprechende Faktum eines ›Christusträgers‹ erfüllte, sondern dass er als einsame und attributlose Riesenfigur stand, wie es aus dieser Zeit für den Raum nördlich der Alpen und noch bis nach der Mitte des 12. Jahrhunderts belegbar ist.

Nach dieser Zeit setzt sich mehr und mehr die Darstellung des Heiligen mit einer Christusgestalt durch; zunächst ist es ein verkleinerter erwachsener Christus, wie wir das auch von Madonnenbildern dieser Zeit kennen, später nimmt Christus dann die Gestalt eines Kindes an. Vermutlich ist diese neue ›Erwartungshaltung‹ der Gläubigen an die Darstellung des verehrten Heiligen auch der Grund gewesen, dass das noch gar nicht so alte Wandbild im Dom einer Neufassung weichen musste. Immerhin hat sich in der Kirche zu Altenstadt bei Schongau in der Diözese ein frühes Beispiel dieses neuen ikonographischen Typus erhalten, dem die Bischofskirche sicher nicht nachstehen wollte. Auch verschiedene andere stilistische Belege an der Kopfpartie, deren Oberhälfte im Dachraum noch gut zu erkennen ist, weisen für den zweiten Christophorus auf eine Entstehungszeit um 1290 hin, wozu vor allem die partiell erkennbare, umlaufende Efeuranke zu zählen ist.

Diesem zweiten Christophorus war allerdings eine noch kürzere Existenz beschieden als dem Vorgängerbild, kam es doch zur Einwölbung der Westteile des Doms um 1334. Damit wurde Christophorus ›geköpft‹ – und es ist kaum anzunehmen, dass das von den Gläubigen und den Bauherren einfach hingenommen wurde, sodass von der Existenz einer weiteren, dritten Christophorus-Figur zwischen 1335 und der heute sichtbaren von 1491 ausgegangen werden muss. Und dieses Bild war dann womöglich das, was der Maler Ulrich I. Apt 1491 mit seiner altertümelnden Malweise imitieren wollte.

»Dann bin ich noch im Dom gewesen. Und da war es vor allem der große Christoph, der mich lange Zeit gebannt gehalten hat. Ein rätselhaftes Bild!«, urteilt Arthur Maximilian Miller 1939.

Kopf einer Christophorus-Darstellung um 1290, heute im Dachraum über den später eingezogenen Gewölben

Meisterwerke der gotischen Glasmalerei

Neben dem erhaltenen Bestand der berühmten romanischen Prophetenfenster ist auch die Epoche der Gotik mit einigen kostbaren Zeugnissen der Glaskunst im Augsburger Dom vertreten. Abgesehen von den wenigen spätgotischen Einzelscheiben im südlichen Seitenschiff mit Darstellung der Anbetung der Könige und der heiligen Ursula mit einer Stifterin, die erst im 20. Jahrhundert aus dem Depotbestand von St. Ulrich und Afra für den Dom erworben wurden, zeigt der Dom noch drei weitere gotische Glasgemälde aus einem Zeitraum von etwa eineinhalb Jahrhunderten. Ganz unberührt haben jedoch auch diese nicht die Zeiten überdauert, weshalb im 19. und 20. Jahrhundert verschiedene Restaurierungen an Schadstellen vorgenommen werden mussten, zumindest aber im jeweils besten Bemühen um stilistische und technische Stimmigkeit bei den Ergänzungen.

Das größte und früheste unter den gotischen Augsburger Glasgemälden, das Salomofenster, befindet sich im südlichen Querhaus, das zweitälteste, das Passionsfenster, in der mittleren Kapelle des Chorumgangs und das jüngste, das Marienfenster, im nördlichen Seitenschiff.

Im Zuge der Um- und Teilneubauten verwandelte sich der Dom im Laufe des 14. Jahrhunderts von einer ottonischen Basilika zu einer weitgehend hochgotischen Kathedrale, wenngleich natürlich nicht mit den Möglichkeiten eines echten Neubaus. Überall dort, wo man – wie beim neu angefügten Chorumgang – nicht durch den Altbestand eingeschränkt wurde, boten sich nun ausgedehnte Fensterflächen an, die nach dem damaligen Ideal Glasmalerei erforderten.

Technisch gesehen handelt es sich bei allen Zeugnissen bis ins ausgehende Mittelalter eigentlich noch weitgehend um Glasmosaik, weil jedes einzelne, unterschiedlich farbige Glasstückchen mit Bleiruten aneinandergesetzt werden musste und kein malerischer Farbwechsel auf demselben Stück Glas möglich war. Eine Malerei im eigentlichen Sinn entwickelte sich erst allmählich an der Wende zur Neuzeit. Ein eindrucksvolles Beispiel im Augsburger Dom, wo diese neue Gestaltung nach dem Vorbild der gleichzeitigen Tafelmalerei gut ablesbar ist, findet sich im spätgotischen Marienfenster im nördlichen Seitenschiff. Aber selbst hier überwiegt technisch gesehen noch das Mosaik-Prinzip. Erst im 19. Jahrhundert wurden Fenster dann tatsächlich zu einem Gutteil mit den Mitteln der Malerei gestaltet.

Das Kunstschaffen des Mittelalters lag daher noch stärker in einer graphischen Gestaltung, abgesehen natürlich von der grundlegenden Komposition mithilfe der farbigen Glasteile. Durch die Verwendung des Schwarzlots, eines undurchsichtigen Überzugs, konnte man alle gewünschten Konturen auf das jeweilige Farbglas setzen und zusätzlich natürlich ornamentale Muster durch Ausschaben gewinnen. Trotz dieser technischen Besonderheiten ist es bis heute allgemein üblich, auch diese frühe Form der kunstvollen farbigen Verglasung unter dem Oberbegriff der »Glasmalerei« zu führen.

Wie umfangreich und kostbar man sich den Bestand allerdings in Augsburg für den Zeitpunkt bald nach Abschluss der gotischen Baumaßnahmen vorstellen darf, verraten die Quellen nicht. Vermutlich hatte man hier aber das Idealbild einer gotischen Kathedrale mit aufwendiger farbiger Verglasung nie umfassend verwirklichen können. Neben farbprächtigen Fenstern mit figürlichen Darstellungen dürfte es auch etliche schlichte Verglasungen in Grisaille gegeben haben.

Bereits um ein gutes Dreivierteljahrhundert früher als der Neubau des Ostchors waren die hochgotischen Umbauten des Westchors und die erweiterten Seitenschiffe fertig. Im Obergaden des Mittelschiffs wurden damals die noch vorhandenen romanischen Glasgemälde wieder eingesetzt, von denen zumindest ein wichtiger Kernbestand mit den berühmten fünf Prophetenfenstern bis heute überliefert ist. Über das Aussehen der damaligen Verglasung des Westchors ist leider nichts mehr bekannt. Hingegen blieb das größte aller Fenster im Dom mit Darstellung des Salomonischen Throns erhalten, das die Südwand des Querhauses zu einem Großteil ausfüllt. Von ihm soll später noch ausführlicher die Rede sein.

Salomofenster (um 1340) in Südquerhaus, untere Reihe mit Ergänzungen um 1837

Im Laufe des 17. Jahrhunderts waren etliche gotische Fenster im Dom durch farblose Scheiben ersetzt worden, da man die neu geschaffenen Barockaltäre mit ihren Gemälden nun in hellem, farblosem Licht sehen wollte. Verschiedene kleinere oder größere Schäden durch den Lauf der Zeiten mögen das Ihre dazu getan haben, dass man ohne große Skrupel die Verglasungen in vielen Bereichen erneuerte. Der Bildersturm von 1537, der in einer radikalisierten Phase der Reformation über den Dom hereingebrochen war, hatte dagegen sicher nicht zu einer konsequenten Zerschlagung von Glasmalerei geführt. Auch in anderen Städten mit einem reformatorisch motivierten Bildersturm, wie etwa Ulm, kann man nachweisen, dass ausgerechnet das fragile Glas in der Regel nicht davon betroffen war. Wahrscheinlich spielten damals auch pragmatische Gründe eine Rolle, hätte man doch sonst umgehend wieder für eine wetterdichte Verglasung sorgen müssen, was ein aufwendiges und kostspieliges Unterfangen gewesen wäre. Dass sich zumindest das Passionsfenster der Gertrudkapelle bis heute großenteils erhalten hat, ist einem relativ banalen Grund zu verdanken: Es wurde während der Barockzeit weitgehend von einem Altar verdeckt und war für den damaligen Wunsch nach mehr Licht daher nicht weiter relevant.

Zurück in die Bauzeit der Gotik: Im Laufe der 1330er Jahre wurde die ottonische Südwand des Querhauses unter Custos Konrad von Randegg großenteils erneuert. Anstelle von wenigen kleinen Fensteröffnungen wurde nun ein riesiges Maßwerkfenster im klassisch-geometrischen Stil der Kölner Dombauhütte eingefügt, das wohl umgehend darauf ein bedeutendes Meisterwerk der damaligen Glasmalerei aufnahm.

Obgleich umfangreiche Glasgemälde aus eben dieser Zeit beispielsweise auch in Esslingen am Neckar, Rothenburg ob der Tauber, Freiburg im Breisgau oder in den elsässischen Kunstzentren Colmar und Straßburg erhalten sind, steht das Augsburger Salomofenster künstlerisch weitgehend isoliert für sich. Wo die unbekannte Werkstatt ansässig war – vielleicht in Augsburg selbst – lässt sich mangels stilistisch gleichartiger Beispiele leider nicht näher bestimmen. Zumindest verraten die Glasgemälde an den genannten südwestdeutschen Vergleichsorten aber, dass man in dieser Zeit bevorzugt die figürlichen Darstellungen in ein großes architektonisches Gliederungssystem einbettete.

Beim Salomofenster bot sich jedoch schon allein aus inhaltlichen Gründen an, ein großes architektonisches Schaugerüst anzulegen, in dem alles stimmig aufeinander bezogen werden konnte und zudem die Rangordnungen anschaulich wurden. Jede Figur hat hier ihren festen Standort. In der mittleren Vertikalachse erkennt man die thronende Gottesmutter

Südquerhaus mit Salomofenster (um 1340) und Bruder-Konrad-Säule (1947)

Maria in ihrem gotischen Baldachin hoch über dem weisen König Salomo, womit wichtige inhaltliche Sinnbezüge veranschaulicht werden. Die zentrale Thematik dieses Fensters wird in Kurzform mit dem hierfür gebräuchlichen lateinischen Fachbegriff angesprochen: »sedes sapientiae« – ›Sitz der Weisheit‹. Seit dem 12. Jahrhundert wurde in gelehrigen theologischen Abhandlungen darüber doziert, wie sich aus den Wurzeln des Alten Bundes heraus die Heilsbotschaft des Neuen Bundes darstelle. Eine besondere Rolle nahm die Gottesmutter Maria ein, deren Tugenden man seinerzeit kaum genug rühmen konnte. Nach der argumentativen Kette in dieser Gegenüberstellung erfüllten sich also die Weissagungen verschiedener Propheten in Maria als Gottesgebärerin.

Eine gewisse Sonderstellung im Fenster nehmen allerdings die Darstellungen der untersten Reihe ein: Einerseits deshalb, weil sie – aufgrund beträchtlicher Lücken bei den Originalen – durch den Glasmaler Johann Walch 1836/37 zum Großteil neu geschaffen wurden, andererseits weil es sich hier um klassische szenische Darstellungen aus dem Marienleben handelt, während das übrige Programm des Fensters mit personifizierten Tugenden in einer deutlich abstrakteren gedanklichen Ebene konzipiert ist.

Die erhaltenen originalen Fragmente der unteren Reihe beweisen, dass von Anfang an dieselben Themen wie heute dargestellt waren, die Verkündigung an Maria und die Anbetung des Kindes durch die Könige. Im weiteren Sinne passen diese wiederum zu einigen Grundgedanken des Fensters: die Weissagungen der Propheten sind auch eine Art der »Verkündigung«, und zur königlichen Ahnenreihe Christi fügt sich auch die Anbetung der Könige thematisch sehr stimmig dazu.

An zentraler Stelle im zweiten Register erblickt man Salomo, den weisen König des Alten Bundes. Ihn begleiten weitere Könige aus dem Stammbaum Christi: David mit der Harfe und Josias. Neben weiteren Ahnenvätern wie Abraham und Moses finden sich etliche Propheten, die sich mehr oder minder eindeutig mit der Menschwerdung Gottes und seiner Weisheit in Verbindung bringen lassen. Auf Salomo wie auch auf Maria und ihren Sohn lassen sich die als weibliche Personen dargestellten Tugenden der Duldsamkeit, Gerechtigkeit, Mäßigung, Frömmigkeit, Keuschheit und Güte beziehen. Allerdings gibt es Schwerpunkte in der Zuordnung, welche besser zu Maria passen und welche zu Christus. So werden insbesondere Salomo und Christus durch die ausgewählten Tugenden in ihrer Eigenschaft als Richter hervorgehoben.

Das Salomofenster ist gewissermaßen Bild gewordene Scholastik, die hochgelehrige, aber vielfach nur über kunstvolle Umwege verständliche theologisch-philosophische Strömung im Mittelalter. Zugleich verkörpert es wie wenige andere Bestandteile des Doms perfekt, was man als Inbegriff einer hochgotischen Kathedrale ansehen kann: eine klare geometrische Ordnung und zugleich eine überirdische Prachtentfaltung, die sinnbildlich für die Herrlichkeit des Himmels steht, etwa den Schilderungen des Himmlischen Jerusalem aus der Apokalypse entsprechend.

Insgesamt darf man beim Motto der »sedes sapientia« auch an das Haus denken, das sich die Weisheit der biblischen Überlieferung gemäß baute. Entsprechend findet sich diese sinnfällige Darstellung gleich zweimal an einem wichtigen Eingang zum Dom, am Südquerhaus als Glasgemälde, und – etwas später entstanden – über dem Nordportal in Stein gehauen. Der Maria geweihte Dom wird dadurch gewissermaßen in seiner Gesamtheit anschaulich zu einem Haus der Weisheit.

Abgesehen vom großen Chorscheitelfenster, das auch schon zur Zeit der Gotik nachweislich Glasgemälde aufwies, wovon aber nur wenige Fragmente in Augsburger Museumsbesitz erhalten blieben, bot sich besonders der lichtdurchflutete Kapellenkranz für die Kunst der Glasmaler an. Aufgrund der wiederholten Unterbrechungen zog sich die Gesamtbauzeit des Ostchors seit der Grundsteinlegung von 1356 beträchtlich hin, bis endlich gegen 1415 nach Vollendung der Umgangsgewölbe auch hier Glasmalerei Einzug halten konnte. Im Scheitel der Gertrudkapelle gibt zumindest noch das Passionsfenster davon Zeugnis. Der unterste Teil musste 1862 allerdings komplett ergänzt werden. Die ausführende Scherer-Werkstatt arbeitete glücklicherweise sehr stilgetreu nach dem Vorbild des Bestands, wenngleich ganz reduziert auf Ornamentik. Darüber umfangen drei, zumindest in den wesentlichen Teilen noch original erhaltene Rundmedaillons mit einem Kranz von Engeln Darstellungen aus der Passion: die Kreuztragung, Geißelung und Dornenkrönung Christi. Charakteristisch ist ein in dieser Epoche öfter zu beobachtender Bedeutungsmaßstab bei den Figuren, da Christus spürbar größer dargestellt wurde als die umgebenden Personen. Eine Besonderheit des Fensters ist die Gestalt Gottvaters, die mit größter Aufmerksamkeit das Geschehen verfolgt und – wie bei der Dornenkrönung – regelrecht einzugreifen scheint.

Obwohl die Entstehungszeit des Passionsfensters zu Beginn des 15. Jahrhunderts unter dem sprechenden Begriff »Weicher Stil (der Gotik)« in der Kunstgeschichte bekannt ist, zeigen die Szenen eine gewisse Drastik, die mit den vorherrschenden schönlinigen Idealen der Epoche wenig gemein hat. Die vorgegebene Thematik hat allerdings zweifellos die gewählte Darstellungsweise begünstigt. Stärker als bei der mitteleuropäischen Malerei dieser Jahre lassen sich aber in manchen italienischen Werken gewisse Parallelen entdecken, wo man neben den Rahmensystemen nicht zuletzt die Dar-

Passionsfenster der Gertrudkapelle (um 1415), seitlich Fenster von Josef Oberberger (um 1962)

stellung eines anschaulich aktiv teilnehmenden, ja bisweilen fast eingreifenden Gottvaters besonders schätzte.

Im Gegensatz zum isoliert stehenden älteren Salomofenster zeigt dieses Glasgemälde die ganz unverwechselbare künstlerische Handschrift einer Münchner Werkstatt, die 1392 bereits ein ähnliches Beispiel ihres Könnens für die dortige Frauenkirche und 1412 ein weiteres für die Benediktuskirche am Kreuzgang des Freisinger Doms geschaffen hatte.

Die drei mittleren Chorkapellen bieten zugleich ein eindrucksvolles Beispiel, wie einfühlsam der Münchner Künstler Josef Oberberger in den frühen 1960er Jahren die bis dahin klar verglasten Seitenfenster neu gestaltet hat. Seinen Ausgangspunkt bildete das erhaltene Fenster aus der Zeit um 1415, das einerseits ein gewisses Farbspektrum, andererseits das Gliederungssystem mit großen Rundmedaillons vorgab. Oberberger griff beides in einem gewissen Maß auf, fand aber zugleich einen Spielraum für seine eigene Handschrift und eine künstlerische Abstraktion. In Summe gelang es Oberberger aber, eine gotisch anmutende Farblicht-Stimmung zu erzielen und zugleich der Kreuzgruppe von Henselmann im Hochchor einen würdigen Hintergrund zu verleihen.

Spürbar anders in seinem künstlerischen Charakter als das Passionsfenster ist das jüngste der gotischen Glasgemälde, das Marienfenster. Es befindet sich heute in einem Fenster des Nordschiffs, geringfügig nach Westen versetzt von seinem ursprünglichen Platz. Auch für dieses Fenster lässt sich auf Anhieb eine Werkstatt benennen, die im süddeutschen Raum etwa zwischen Straßburg, München und Nürnberg mit erstrangigen Meisterwerken der Glasmalerei vertreten ist, jene des Peter Hemmel von Andlau. Sein Augsburger Werk ist gegen 1490 entstanden und zeigt die beliebten Themen der Verkündigung an Maria, der Anbetung des Kindes und der Krönung der Gottesmutter Maria im Himmel. Im Gegensatz zu den älteren Darstellungen erkennt man zwar ebenfalls gliedernde Architektur-Elemente, doch sind diese sehr zurückhaltend und geben der szenischen Darstellung möglichst uneingeschränkten Platz. Ebenso gibt es – wie im Salomofenster – auch beim Marienfenster inhaltliche Brückenschläge zum Alten Testament und seinen Propheten, doch stehen diese der Hauptdarstellung klar untergeordnet und in deutlich kleinerem Maßstab im Bereich der Baldachinkonsolen. Dass es sich jedoch nicht nur um ein virtuoses Spiel der Malerei handelt, bezeugt ein wichtiges Detail: Die Propheten sind naturalistisch in Farbe dargestellt und erwecken daher nicht den Eindruck, als wenn es sich nur um einen Teil der umgebenden gemalten Steinmetz-Arbeit handeln würde.

Interessant ist ein Vergleich mit den etwa gleichzeitig entstandenen Tafelbildern von Hans Holbein dem Älteren, die heute an den Mittelschiffspfeilern des Doms zu bewundern sind. Tafel- wie Glasmalerei zeigen das Bestreben, Landschafts- und Architekturräume zu erschließen und mit ihrer detailfreudigen Darstellung ganz greifbar werden zu lassen. Die Verkündigung an Maria ist folgerichtig in einer Stube angesiedelt, wie man sie im späteren 15. Jahrhundert tatsächlich im süddeutschen Raum kannte. Inhaltlich wichtige Verweise wie die Vase mit der Lilie als Zeichen der Reinheit der Maria stehen wie ein natürlicher Raumschmuck auf dem Boden. Alles scheint in die Gegenwart der damaligen Menschen versetzt und hat dadurch eine große Unmittelbarkeit. Auch die Engelschöre, die freudig in allen Szenen jubilieren, wirken zwar festlich, aber doch nahbar. In diese Szene tritt Gottvater und sendet zum einen die Taube des Heiligen Geists aus, zum anderen auch den kleinen Christusknaben, der ihr im Lichtstrahl hinab zu Maria folgt. Bei der Anbetung der Hirten findet man – ähnlich wie bei den Holbein-Tafeln – eine zeitlich eigentlich etwas versetzte Nebenszene integriert. Während Maria und Josef ergriffen das Kind anbeten, sind schon die ersten Hirten angekommen. Gleichwohl erkennt man hinten rechts noch die Nebenszene, wie ein Engel einem Hirten die frohe Botschaft verkündet. Der Schrift zufolge müssten aber alle Hirten zugleich den Engel gesehen haben. Diese Details, zu denen sich manche weitere in der Marienkrönung gesellen wie die Musikinstrumente – Laute und Handorgel –, unterstreichen das große Interesse der damaligen Künstler an der Darstellung ihrer Lebenswirklichkeit.

Dennoch ist das Glasgemälde noch Zeugnis der ausgehenden Spätgotik, nicht der Renaissance, und weist – wie die älteren Beispiele – gewisse Eigenheiten in der Raumdarstellung oder in der gewählten Bedeutungsperspektive auf. Diese erkennt man, wenn man sich nach der Plausibilität fragt, warum die Hirten am Fenster des Stalls von Bethlehem so winzig erscheinen wie die Engel in der Höhe darüber.

Die feinlinige Eleganz, die Klarheit und Tiefenwirkung der dunkelfarbigen Partien und die harmonische Gesamtwirkung bezeugen, dass die Straßburger Hemmel-Werkstatt zu den bedeutendsten ihrer Zeit in Europa zählte.

Wenngleich spätestens seit dem 17. Jahrhundert ein Großteil vom ursprünglichen Bestand der gotischen Glasmalerei im Augsburger Dom verloren ist, bieten die erhaltenen Beispiele doch einen kostbaren Schatz, der in seiner Qualität exemplarisch für ganz verschiedene Entstehungszeiten und Werkstätten steht.

Marienfenster im Nordschiff (um 1490), Werkstatt des Peter Hemmel von Andlau

Ausgewählte Bischofsgrabmäler

Der Dom als Haus Gottes hatte auch für die Bischöfe die Funktion eines ›Hauses‹, woraus diese ihren Anspruch ableiteten, sich im Dom begraben zu lassen. Dies hatte zwei Vorteile: Der Verstorbene konnte weiterhin in der Gemeinde präsent sein, und im Gegenzug war die Bestattung in der Nähe des Altars eine Möglichkeit für den Bischof, näher bei den Reliquien und damit näher bei den Heiligen zu sein.

Das frühgotische Grabmal des Augsburger Bischofs Hartmann von Dillingen († 1286), das bei Grabungsarbeiten 1934 entdeckt wurde, lässt nur noch grobe Umrisse der aus Sandstein gefertigten Bischofsfigur erkennen. Einerseits liegt der Bischof auf ein Kissen gebettet, andererseits scheint er auf einem Sockel zu stehen – die rechte Hand hält den Bischofsstab, während die linke Hand ein Architekturmodell der Dillinger Burg in die Höhe hebt.

Auf ähnliche Weise wird Bischof Wolfhard von Roth († 1302) dargestellt. Die Grabplatte zeigt ihn im vollen bischöflichen Ornat. Die realistische Zeichnung der Gesichtszüge offenbart die Doppeldeutigkeit der Grabgestaltung: Wolfhard wird als großer Bischof seiner Zeit, aber gleichzeitig im Zustand des allmählichen Verfalls dargestellt. Diese Details zu erkennen ist nur möglich, da das Grab Wolfhards ein wichtiges und eindrucksvolles Zeugnis mittelalterlicher Erzgießerkunst ist. Besonders eindrucksvoll erscheint, dass sich die beiden Künstler – der Bildhauer Otto und der Gießer Konrad – auf der Grabplatte inschriftlich verewigt haben. Während Hartmann von Dillingen als großer lebendiger Bischof dargestellt wird, zeigt das Grabmal Wolfhard von Roths einen Bischof im Zustand des herannahenden Todes, der dennoch als Amtsträger mit Stab und Hut eine eindrucksvolle Figur repräsentiert.

Das spätgotische Grabmal Peter von Schaumbergs († 1469) ist eine Ausnahmeerscheinung im Augsburger Dom. Der Bischof selbst ist als Gestalt nicht mehr zu erkennen, denn es wird lediglich ein Skelett abgebildet, das den Prozess der Verwesung bereits durchlaufen hat. Der Leichnam ist von Würmern, Schlangen und Kröten umgeben, welche die Allgegenwärtigkeit des Todes drastisch verdeutlichen. Nicht die Darstellung der Überwindung des Todes scheint hier die Absicht gewesen zu sein, sondern die bewusste Betonung der Vergänglichkeit. Ihm gegenüber steht die Grabplatte seines Nachfolgers Johann von Werdenberg († 1486). Dieser wird hingegen als großer Bischof im vollen Ornat dargestellt, eingerahmt von zwei Engeln, die ein gerafftes Tuch um die Gestalt des Bischofs spannen, was dem Ganzen eine sakrale, übernatürliche Aura verleiht. Die Augen der Figur sind geöff-

Grabmal des Petrus von Schaumberg (gest. 1469)

Bronzegrabplatte für Wolfhard von Roth (gest. 1302)

Marmorgrabplatte für Johann von Werdenberg (gest. 1486)

net und die rechte Hand bewegt sich zum Herzen. Das Bild vermittelt Beweglichkeit und Lebendigkeit. Der Dualismus der beiden Gräber ist an der Gestaltung der Tumba zu erkennen, denn Werdenberg betont bewusst seine adelige Abkunft, indem er das Grab von den Wappen seiner Familie umgeben lässt. Die Grabgestaltung dient nicht nur der Betonung des Bischofsamts, sondern auch der Vergegenwärtigung seiner ruhmvollen Herkunft. Gerade die letzten beiden Beispiele verdeutlichen die beginnende Individualisierung der bischöflichen Grabmäler im ausgehenden Mittelalter und zeigen, dass jedes Grab seine eigene Geschichte erzählt und die Grabgestaltung jeweils anderen Zeiten, Einflüssen und Motiven un-

terliegt. Sichtbar ist diese Veränderung auch an den beiden sich gegenüberliegenden prachtvollen spätgotischen Rotmarmorgräbern des Bischofs Friedrich II. von Zollern († 1505) und seines Nachfolgers Heinrich IV. von Lichtenau († 1517) in der Gertrudkapelle. Bemerkenswert ist hierbei, dass beide Bischöfe szenisch in Passionsthemen eingebunden werden, aber dennoch in ehrwürdiger und feierlicher Haltung dem Gekreuzigten oder dem Ölbergchristus gegenüberstehen. Dem Augsburger Künstler Hans Beierlein (bzw. Hans Peurlin) gelangen hier zwei Kunstwerke, die sich neuer Themen und Abbildungsarten bedienten und dabei auf die besonders würdevolle Darstellung der verstorbenen Bischöfe zurückgriffen.

Vorhergehende Doppelseite links:
Rotmarmorgrabmal für Bischof Heinrich von Lichtenau
(gest. 1517, um 1505 von Hans II. Peurlin geschaffen),
Gertrudkapelle

Vorhergehende Doppelseite rechts:
Rotmarmorgrabmal für Bischof Friedrich von Zollern
(gest. 1505, um 1490/1500 von Hans II. Peurlin
geschaffen), Gertrudkapelle

Links:
Grabstein für Bischof Hartmann von Dillingen
(gest. 1286) mit Modell seiner Burg, Seitenwand
vor der Lukaskapelle

Rechts:
Grabmal für Bischof Johann Christoph von Freyberg
(gest. 1690; um 1713/14 in Füssen gefertigt nach
Entwurf von Johann Jakob Herkomer, Bildhauerwerkstatt
Anton Sturm), Wolfgangkapelle

SISTE . VIATOR .
CONDITUR . HIC .
REVERENDISSIMUS . ET . CELSISSIMUS . S . R . I . PRINCEPS .
JOANNES . CHRISTOPHORUS .
EX . ILLUSTRI . PROSAPIA . DD . BAR . DE FREIBERG .
PRIMO . PRÆPOSITUS . ELUACENSIS .
DEIN . ECCLESIÆ . AUGUSTANÆ . EPISCOPUS .
ORDINE . SUCCESSIONIS . LXII
GLORIA . MERITORUM . NULLI . SECUNDUS .
NATUS . Aº MDCXVI . XXVIII . SEPT .
DENATUS . Aº MDCXXC . I . APRIL .
IDEA . PRESULIS .
PATER . CLERI .
REFUGIUM . PAUPERUM .
AMOR . SUBDITORUM .
PRINCEPS OMNI . ELOQIO . SUPERIOR .
IN . QUO .
NIHIL . DESIDERARI . POTUIT
QUAM . IMMORTA-
LITA S .

Der Kreuzgang und seine Grabmäler

Es gibt ›Kreuzgang-Liebhaber‹, die den Augsburger Domkreuzgang mit seiner hohen Sprengung der Gewölbe, den zierlichen Stern- und Netzformen sowie der Lichtfülle zu den schönsten im deutschen Sprachraum zählen. Mit seinen weit über 400 Grabplatten und Epitaphien gehört er auf jeden Fall zu denjenigen, die ihre originäre Grabplastik über Jahrhunderte hinweg bewahren konnten. Dabei wissen wir beispielsweise aus einem Domkapiteleintrag von 1681, dass alte Grabsteine für andere Zwecke weiterverwendet wurden: Damals nahm man »die Jenige alte Grabstein in dem Creüzgang, woh weder Wappen noch nahmen der Jenigen, denen solche vor alters gemacht worden, mehr sichtbahr« und verwendete sie zu den seitlichen Stufen in den Chor. Hier wurden wohl ab dem 13. Jahrhundert Angehörige des Domkapitels, weitere geistliche Mitarbeiter und Familienangehörige bestattet – dafür ist die älteste, sehr abgetretene Grabplatte derer von Helfenstein mit einem ganz eigenen Elefanten als Wappentier vom Ende dieses Jahrhunderts ein Beleg, die heute in die Ostwand des Westflügels (4. Joch) eingelassen ist.

Es mag zunächst erstaunen, dass ein Dom einen Kreuzgang aufweist, fand doch hier kein monastisches Leben im engeren Sinne statt. Aber im Mittelalter war es durchaus üblich, dass Bischof und Domkapitel in einer »vita communis« beisammen lebten und dazu entsprechende, klosterähnliche Räumlichkeiten bezogen. Davon wird für den Augsburger Dom ganz konkret in der Vita des heiligen Ulrich erzählt, der mit den anderen Domgeistlichen nach den Regeln des Bischofs Chrodegang von Metz lebte. Daher kann man von Anbauten nach dem üblichen Klosterschema ausgehen – auch wenn in Augsburg der Plan natürlich wegen des ursprünglich nach Westen ausgerichteten Domchors gespiegelt war. Davon zeugt noch die Lage der Umbauungen im Norden der Kirche, die alle vom Kreuzgang aus zugänglich waren.

Die älteste erhaltene Bauplastik in diesem Bereich findet sich im Westflügel des Kreuzgangs am Alten Kapitelsaal, heute Teil des Diözesanmuseums, die in das frühe 12. Jahrhundert datiert wird: die massiven freistehenden Säulen im Saal selbst und ein in der Wand zum Kreuzgang stehendes zierliches Säulenpaar aus Kalkstein mit sorgfältig gearbeiteten Basen und Kapitellen. Letzteres markiert tatsächlich die Mitte des ursprünglich zum Kreuzgang hin offenen Kapitelsaals; die Entsprechung in der Einzelsäule aus Sandstein im gleichen Wandabschnitt des Kreuzgangs ist allerdings erst um 1220 anzusetzen und hat womöglich ein Pendant, das dann heute im Gurtbogenübergang zum Barockteil verborgen sein müsste. In einer Zeit, als sich das gemeinsame Leben am Dom in Auflösung befand, weil die Domherrn ihre Lebensweise eigenständiger gestalten wollten, hat also im frühen 13. Jahrhundert ein Umbau von Kreuzgang und Kapitelsaal stattgefunden, mit dem die Umwidmung des Kreuzgangs zur Grablege in Verbindung stehen könnte. In diese Zeit ist auch der westliche Zugang vom Kreuzgang zum Dom, ein zweistufiges, moderat spitzbogiges Portal mit denselben Schmuckformen wie Knospenkapitellen und Palmettenfriesen zu setzen.

Geprägt aber ist der Kreuzgang von einer späteren Epoche. Mittlerweile war vor der Mitte des 14. Jahrhunderts der vierte, südliche Kreuzgangflügel im Zuge der Dom-Erweiterung als Seitenschiff in den Bau integriert und das erwähnte Portal an die heutige Stelle versetzt worden.

Die nächste Baumaßnahme ist die noch heute sichtbare Einwölbung des Kreuzgangs, die sich nach Auskunft der noch vorhandenen Schlusssteine von 1479 bis 1510 hinzog und an der auch die Werkstatt Burkhard von Engelbergs nach Ausweis etlicher Steinmetzzeichen beteiligt war. Allerdings fehlen die ersten Joche im Westen, wo man mit dem Neubau begonnen hatte: Sie stürzten bei der Errichtung der Marienkapelle aufgrund falscher statischer Einschätzung ein, sodass Gabriel de Gabrieli sie aus eigenen Mitteln als korbbogenförmig gewölbten Barockteil neu aufführen musste. Darüber, wie die verloren gegangenen Joche ausgesehen und wie viel früher sie begonnen wurden, gibt es nicht einmal Mutmaßungen. Es fällt nämlich auf, dass die anderthalb Joche nach dem

Details aus dem Nordflügel des Kreuzgangs

Barockteil, also die ältesten noch erhaltenen, keinen quadratischen Grundriss, sondern ein deutlich gelängtes Maß aufweisen – ein Grund hierfür ist allerdings nicht erkennbar. Auffällig ist auch das unterschiedliche Bodenniveau im Kreuzgang: Dass er versucht, einen gewissen Ausgleich zwischen den umgebenden Bodenniveaus zu erreichen, liegt auf der Hand. Die Stufen innerhalb des Kreuzgangs im Westteil sind sicher durch Gabrieli an diese Stelle gesetzt worden, der seinen Neubau der Marienkapelle von beiden Seiten auf gleichem Niveau zugänglich machen wollte. Die Katharinenkapelle liegt dagegen auf Kreuzgangniveau. Eine solche zeitliche Abfolge würde sich auch mit den angrenzenden Räumen am besten vertragen.

Aus der Fülle der Grabmäler und Erinnerungssteine wurde bereits die älteste Platte derer von Helfenstein genannt. Das jüngste Epitaph ist das für den 1805 verstorbenen Chorvikar und Lektor Philipp Jakob Farnschon in der Nordwand des Nordflügels (6. Joch). Über ein Epitaph im Barockteil ist im Zusammenhang mit der Marienkapelle zu lesen, ein weiteres wird dort erwähnt. Generell kann kaum eine Platte mit einem Künstlernamen definitiv verbunden werden. Herausragend sowohl von ihrer Farbigkeit als auch von ihrer Erhaltung und ihrem künstlerischen Ausdruck her sind die Rotmarmorepitaphien, beginnend mit dem Wappenepitaph von Ursula und Heinrich Engelschalk in der Ostwand des Ostflügels (1. Joch),

nach 1432, bis zur Renaissance-Aedikula mit Solnhofer Plattenkalk-Einsätzen und Inschrift in klassischer Kapitalis in der Ostwand des Ostflügels (3. Joch) für die Geistlichen der Familie Stor von Ostrach, die wohl 1615 gesetzt wurde. Das Verhältnis von rotem zu weißem Stein dreht das ebenso vornehme Epitaph für den Truchsess Kaiser Karls V., Karl von Lyra († 1548), an der Ostseite des Ostflügels (5. Joch) um: Auf einem roten Rahmen sitzen 16 helle Wappensteine als »Ahnenprobe«, während unter dem harmonischen Muschelbogen ein Kreuzigungsrelief mit dem knienden Verstorbenen in Rüstung zu finden ist.

Das wohl auf den ersten Blick eindruckvollste Exemplar dieser Rotmarmorreihe ist die Gedenkplatte für Vitus Meler († 1517) im Ostflügel an der Ostseite (8. Joch), das einen annähernd lebensgroßen Jakobspilger in lebendiger Standpose zeigt: Auch wenn die Gestalt mit dem hochgeschürzten Gewand, dem Pilgerstab und -hut mit dem Pilgerzeichen vorne sowie dem Rosenkranz in der anderen Hand sicherlich eine getreue Wiedergabe eines Pilgers auf dem »Camino«, dem Jakobsweg, ist, steht er hier doch vor allem im übertragenen Sinn als Pilger auf der Lebensreise hin zum himmlischen Jerusalem, wie es der lateinische Sinnspruch über seinem Kopf zum Ausdruck bringt: »Tu qui es ego fui et qui ego sum tu eris« – ›Was du jetzt bist, bin ich gewesen, und was ich jetzt bin, wirst du sein.‹

Marmorepitaph für Vitus Meler im Ostflügel des Kreuzgangs

TV · QVI · ES · EGO · FVI · ET
QVI · EGO · SVM · TV · ERIS

ANNO 1684. den 27. May ist in Gott
Seeliglich entschlaffen die hoch Edl
gebohrne Frejlin Maria Regina Im
hoff von Vnder weitlingen, dero abge
leibten Seel gott gnädig vnd
Barmhertzig sein wolle.

Die Katharinenkapelle

In den Kreuzganggarten hinein sind mehrere kleine Gebäude geschoben, die vom Kreuzgang aus zugänglich sind. Das ursprünglichste ist die Katharinenkapelle am Westflügel: In diesem überschaubaren Raum mit den klaren Strukturen finden sich öfters Schulklassen, um etwas von den Grundlagen gotischer Kunst zu erfahren und zu erspüren.

Entstanden ist die Katharinenkapelle im Jahr 1300 an einer heute kaum noch in ihrer Bedeutung erkennbaren Stelle, nämlich in der Mittelachse des Alten Kapitelsaals: Der Kapellenraum war also direkt auf den ihm gegenüberliegenden, damals zum Kreuzgang hin offenen Saal bezogen. Die Gewichtung, die das Domkapitel der Kapelle zumaß, wird auch in der Wahl des Patroziniums erkennbar, denn das Fest der heiligen Katharina wurde damals im Dom als Fest zweiter Ordnung begangen, es gehörte nach den Christus- und Marienfeiertagen, die selbstverständlich Feste erster Ordnung waren, zu den wichtigsten Heiligenfesten und stand gleichrangig neben den Festen der beiden Johannes, Peter und Paul, Nikolaus oder des Erzengels Michael.

Die direkte Anbindung der Kapelle an den Kreuzgang war dem Umstand geschuldet, dass die Katharinenkapelle samt einer Vikarie vom damaligen Dompropst Konrad von Rechberg dem Dom gestiftet worden war, womit er gleichzeitig das Gedenken an seine Person und seine Familie während jeder dort gehaltenen Messfeier manifestierte. Die Sorge um das eigene und familiäre Seelenheil spiegelt sich bis heute in den erhaltenen Epitaphien der Grabkapelle der Familie von Rechberg zu Hohenrechberg wider: An den Kapellengründer Konrad I. († 1306/07) erinnert eine Sandsteinplatte an der Südseite der Kapelle aus dem Jahr 1495, die womöglich ein altes, abgegangenes Epitaph ersetzte, heute selbst aber nicht mehr lesbar ist. Gleichzeitig gereichte sie dem neuen Stifter, Chorvikar Johannes Emler, der einen Teil seines Erbes der Katharinenkapelle vermacht hatte, zum frommen Andenken; einer seiner Testamentsvollstrecker war übrigens der Domdekan Ulrich von Rechberg. Das Katharinenfest selbst wurde von anderen Stiftern noch im ersten Viertel des 14. Jahrhunderts unter anderem mit einer Prozession weiter ausgebaut.

Das einzige Joch der Kapelle wird mit einem 5/8-Chor geschlossen, die Wände sind durch graue Quaderung mit weißen Fugenstrichen der aufgefundenen Erstfassung entsprechend strukturiert. Wandgliederungen fehlen, die kräftigen, nur schwach gekehlten Rippen erwachsen unscheinbaren, hochliegenden Wandkonsolen. Während der des Jochs unauffällig bleibt, sticht der ausgeprägte Schlussstein im Chor mit der »Dextera Domini« besonders ins Auge: Er bestätigt die durch den Priester auf dem Altar darunter sich vollziehende Wandlung von Brot und Wein in Leib und Blut Christi und erinnert so gleichzeitig an ein Geschehen aus dem Leben des heiligen Bischofs Ulrich, als bei einer Messfeier den Teilnehmenden sichtbar die rechte Hand Gottes erschien. Die noch in Resten erhaltene Bemalung in den Gewölbekappen mit Engeln, die die »Arma Christi«, also an der Passion des Herrn beteiligten Gerätschaften, präsentieren, erscheint folgerichtig.

Die zweibahnigen Fenster verdichten sich in unterschiedlichem Maßwerk aus einfachen Zirkelschlagornamenten. Ursprünglich gab es nach Süden noch eine kleine Sakristei, die wohl beim Bau der benachbarten Marienkapelle aufgegeben wurde. Aus ihr hat sich ein in retrospektiver Formgebung entstandener Kelch aus der Zeit um 1615 erhalten, der heute im Diözesanmuseum zu sehen ist.

Eine Gedenkplatte an der Südwand der Kapelle, in Architekturmalerei gerahmt, weist auf ihr weiteres Geschick hin: Nach den Wirren und Zerstörungen der Reformationszeit wurde durch den Chorvikar Ulrich Sigmayr 1564 eine Restaurierung der Kapelle ermöglicht. In diesem Zusammenhang entstand auch die Rahmenmalerei um den Zugang sowie das seit der Restaurierung 400 Jahre später in die Wand eingelassene dreiteilige Retabel, wobei die beiden »Flügel« vertauscht wurden. Es handelt sich um einen Marienaltar aus Solnhofer Kalkstein, der wegen seiner Feinporigkeit gerne für Kleinplastiken verwendet wurde und aus nicht zu weiter Ferne herbei-

Anbetung der Könige, Renaissancerelief in der hochgotischen Katharinenkapelle

Szenen aus dem Marienleben, Renaissancereliefs in der Katharinenkapelle

zuschaffen war. Das große halbrund schließende Relief in der Mitte zeigt die Anbetung des neugeborenen Christkinds durch die Hirten, flankiert oben von der Verkündigung des Engels an Maria und der Heimsuchung, während unten die Anbetung durch die Könige und der Tod Mariens zu sehen sind. In den Seitenteilen finden sich noch vertiefte Leerstellen, die auf Steininkrustationen hinweisen, die heute wie auch der gesamte Rahmen verloren sind. Für den dreiteiligen Aufbau sowie die Gesamtform mögen die beiden in der Konrad-kapelle des Doms erhaltenen Epitaphaltäre für Christoph und Ursula Berg von 1576 und Johann Egolf von Knöringen von 1578 als Vergleichsbeispiele dienen; auch im Kreuzgang finden sich mehrere Epitaphien mit andersfarbigen Steineinlagen und ähnlichem Aufbau.

In älteren Druckwerken findet sich für diesen Altar, dessen Darstellungen von Verkündigung und Geburt Kupferstiche von Albrecht Dürer zugrunde liegen, die Zuschreibung an Georg Petel – eine Möglichkeit, die bereits von der Datierung her auf jeden Fall ausscheiden muss. Aber sie zeigt, dass man bereits immer die vornehme Qualität der Reliefs erkannt und sie zuzuordnen versucht hat. Später brachte man dann den

Namen Christoph Murmann ins Spiel, der zwar zeitlich passen würde, für den es aber sonst keine zwingenden Kriterien gibt; selbst eine frühere Datierung wurde erwogen. So muss die Frage bis zu einer Neubestimmung der Plastik in Augsburg für die Zeit von etwa 1550 bis 1650 weiterhin offen bleiben.

Auf zwei Dinge sei noch hingewiesen: An der Nordwand der Kapelle findet sich ein weiteres bedeutendes Epitaph der Familie Rechberg, und zwar für den 1471 verstorbenen Dom-herrn Albert II. Er selbst kniet auf einem isolierten Podest links unten im Bildrahmen, sein deutlich hervorgehobenes Wappen rechts bildet dazu das Pendant. Dazwischen erhebt sich – weit größer und plastischer – auf einem hohen, maß-werkverzierten Podest die thronende Muttergottes mit einem über dem Beter sehr eigenwillig zipfelnden Gewand und um-geben von einem schmalen langen, in Mäander gelegten Band mit der nötigen Inschrift.

Hingewiesen sei auch auf das harmonische Barockgitter des Eingangs, das um 1700 angesetzt wird. Laut Domkapitel-protokoll vom 20. April 1757 entschloss man sich, ein altes, im Mörtelgewölbe herumliegendes Gitter am Eingang der Ka-pelle anzubringen.

Der gotische Westchoraltar

Die meisten Altäre im Augsburger Dom haben eine bewegte Geschichte mit wechselnden Standorten und einer grundlegend veränderten Gestaltung erlebt. Auch der gotische Metallaltar im Westchor hat einmal seinen Platz im Dom gewechselt und erfuhr in manchen Details Änderungen, die heute nicht mehr auf Anhieb sichtbar sind. Seit 2012 prägt ein feiner gestalterischer Dialog von Spätmittelalter und Gegenwart sein Erscheinungsbild.

Schriftquellen aus dem 15. Jahrhundert bezeugen, dass der bronzene Altaraufsatz ab dem Jahr 1447 zunächst auf dem Hauptaltar des Ostchors stand. Man darf annehmen, dass er kurz zuvor modelliert und in Erz gegossen worden war. Welche Werkstatt ihn geschaffen hat, verschweigen uns die Quellen jedoch.

Altaraufsätze aus Metall sind zwar vereinzelt in Teilen Europas erhalten geblieben, allerdings fast immer als silberbeschlagene Holztafeln, die häufig vergoldet wurden und Email-Täfelchen enthalten konnten. Der Augsburger Bronzeguss-Altar steht dagegen in seiner Epoche und in seinem Typus weithin einzigartig da.

Sein Aufbau erinnert im Umriss an eine Kathedrale im Kleinen: Drei Spitzbogenarkaden zeichnen annähernd den Querschnitt durch die Schiffe einer gotischen Basilika nach. Bei dieser Lesart wären seine seitlichen Stützen die Strebepfeiler, die der Architektur Halt geben. Die aufwendigen Füllungen mit Maßwerk und seine trennenden Stäbe gehören zu den klassischen Bestandteilen hochgotischer Kirchenfenster. Fialtürmchen und Krabben sind als typische Elemente einer gotischen Kathedrale, aber auch an gotischen Kleinarchitekturen wie Reliquienschreinen, Monstranzen oder Altären zu finden. Im süddeutschen Raum hatte die später so beliebte Tradition der hölzernen Flügelaltäre um 1445 noch nicht ihre volle Blüte erreicht. Vermutlich war es aber nicht allein eine Frage der Zeitmode, warum der große Augsburger Domchor keinen hölzernen Schreinaltar erhielt. Ein Nachteil war ihre geringe optische Durchlässigkeit, was bei einer Aufstellung im vorde-

ren Chorbereich nahe beim Chorgestühl vermutlich auch damals schon als Nachteil empfunden wurde. Der filigrane Metallaltar ist dagegen in seiner Wirkung licht und durchlässig.

Im Laufe des 16. Jahrhunderts muss er aus dem Hauptchor im Osten in den weniger bedeutenden Westchor versetzt worden sein. Zwei unterschiedliche Erklärungen wurden hierfür vorgeschlagen: Nach der ersten These waren Neuanschaffungen um 1508/10 der Auslöser, als den Quellen zufolge eine Silbertafel mit Tafelgemälden von Hans Holbein dem Älteren am Hauptaltar aufgestellt wurde. Demnach wurde der bronzene Altaraufbau schon damals nicht mehr am ursprünglichen Ort benötigt. Die gegensätzliche These geht davon aus, dass die erwähnten Neuanschaffungen des frühen 16. Jahrhunderts an den bestehenden Bronzealtar angefügt wurden. Auch die 1554 von Christoph Amberger gemalten Altartafelbilder, die nach dem Verlust der Holbein-Gemälde im Bildersturm von 1537 als würdige Nachfolger angeschafft wurden, müssten nach dieser Theorie noch vor das Bronzeretabel gestellt worden sein. Erst bei der nächsten größeren Veränderung von 1597 sei das gotische Werk schließlich an seinen heutigen Standort im Westchor gelangt. Allerdings lassen die erhaltenen Zeichnungen Holbeins nicht den Schluss zu, dass die dargestellte Kreuzgruppe die bis heute erhaltene Bekrönung des Bronzealtars meinen könnte. Daher spricht einiges mehr für eine Versetzung bereits um das Jahr 1510.

Von der ursprünglichen Figurenausstattung blieb nur die ausdrucksvolle Gruppe des Gekreuzigten mit den Begleitfiguren der trauernden Maria und Johannes als Bekrönung erhalten. Bei den Kaskadenfalten der Gewänder der beiden Trauernden darf man noch an Beispiele des frühen 15. Jahrhunderts denken, einer Zeit, die als ›Weicher Stil der Gotik‹ in die Kunstgeschichte eingegangen ist. Alle anderen Figuren gingen im 19. Jahrhundert verloren. Ein Kupferstich aus der Zeit kurz vor dem Verlust lässt nur einen heiligen Bischof und drei weitere unbekannte Heilige erahnen. Trotz der ungenauen Darstellung darf man annehmen, dass es noch die Ori-

Plastiken der trauernden Maria und Johannes

ginale aus der Zeit der Gotik waren. Anders verhält es sich mit der Mittelfigur, die damals über einem nachträglich eingefügten Tabernakel stand: Sie ist auf Anhieb als Maria Immaculata erkennbar und wurde offenbar erst im 18. Jahrhundert eingefügt, als die Verehrung der Unbefleckten Empfängnis eine erste Blütezeit erreicht hatte.

Wann genau und unter welchen Umständen all diese Bildwerke verschwanden, ist nicht mehr bekannt. Schon 1874, als man den Metallaltar auf einen hohen und breiten steinernen Unterbau stellte und das fehlende bronzene Stabwerk ergänzte, musste man ohne die Figuren auskommen und behandelte den Altaraufsatz wie ein schmuckvolles architektonisches Element. Ein gutes Jahrhundert später entschied man sich bei der großen Domrestaurierung dafür, den neugotischen Unterbau zu verkleinern und die Steinpredella wieder herauszunehmen. Der Metallaufbau blieb aber in seinem seit Langem gewohnten dunklen Bronzeton stehen. Seit dem Verlust der Farbverglasung aus dem späten 19. Jahrhundert im Zweiten Weltkrieg zeichnete er sich in seiner Silhouette gut gegen die klare Verglasung der Nachkriegszeit ab. Mit den neuen Glasgemälden von Johannes Schreiter erhielt der Altar

2010 einen inhaltlich wie gestalterisch beherrschenden farbigen Hintergrund, vor dem er sich nicht mehr so gut behaupten konnte. So fiel 2012 die Entscheidung, ein künstlerisches Konzept für seine inhaltliche und optische Aufwertung umzusetzen: Die restauratorisch nachgewiesene älteste goldene Oberflächengestaltung wurde frei wieder aufgegriffen. Der in Augsburg geborene Künstler und Restaurator Erwin Wiegerling (E.LIN) wählte jedoch statt der ursprünglichen Vergoldung nunmehr Goldlack über Silber – eine Technik, die im Zusammenspiel mit dem Farblicht der Westchorfenster ein feines Farbenspiel hervorbringt. Zugleich ließ er die Erinnerung an die ehemaligen Mittelfiguren mit einem filigranen Mittel der Gegenwartskunst wiederaufleben: Die Kontur der jeweiligen Figur nach der Überlieferung des Kupferstichs wurde in einem Handdruckverfahren auf versilberte Lamellen übertragen, wodurch sie nun je nach Blickwinkel und Lichteinfall unterschiedlich deutlich zu sehen oder zu erahnen ist. Dadurch wurde aus dem bisherigen architektonischen Gerüst des Altarretabels wieder ein anschaulich kompletter Altar. Gotik und Gegenwart gehen hierin ein gelungenes Wechselspiel ein.

Der gotische Westchoraltar, Ansicht von Westen

RENAISSANCE

Der ehemalige Hochaltar von Christoph Amberger

Das ehemalige Hochaltargemälde des Doms ist heute in einen neugotischen Altaraufbau in der Wolfgang-kapelle eingelassen. Ursprünglich verschloss die Tafel einen silbernen Altaraufsatz, der auf dem Steinaltar im Ost-chor stand. Das Gemälde ist auf der Predella hinter dem Haupt der heiligen Hilaria mit »1554 C. A.« bezeichnet. Die Initialen sind mit Christoph Amberger aufzulösen, der diese Tafel 1554 als Ersatz für das im Bildersturm verlorengegangene Gemälde von Hans Holbein dem Älteren schuf. Sowohl das Vorgängerwerk als auch das sogenannte ›Dombild‹ Ambergers bestanden jeweils nur aus einer einzigen festen Tafel und nicht etwa aus klappbaren Flügeln. Diese Tafel hatte die Aufgabe, an den Werktagen einen Silberaltar von Peter Rempfing aus dem Jahr 1482 (mit Ergänzungen von Jörg Seld aus dem Jahr 1506) zu verschließen, sodass der kostbare Silberaltar nur an den Hochfesten und wahrscheinlich an anderen wichtigen Feiertagen des Bistums sichtbar war. Mit Hans Holbein verhandelte das Domkapitel seit 1508, erwog zunächst auch Flügelbilder, entschied sich dann aber offenbar für eine feste Tafel, die spätestens im Januar 1510 aufgestellt war und 1537 im Bildersturm komplett zerstört wurde. Der silberne Aufsatz war hingegen zuvor in Sicherheit gebracht worden und konnte 1548 wieder auf den Stipes des Hochaltars im Ostchor gestellt werden. Nun war der wieder aufgestellte Silberaltar aber seiner Verschlusstafel verlustig, und Christoph Amberger bekam die ehrenvolle Aufgabe, die Holbein'sche Vorgängertafel zu ersetzen. Da sich keine Domkapitelprotokolle aus dem entsprechenden Zeitraum erhalten haben, kann zur Auftragsvergabe und zum genauen Werkprozess nichts ausgesagt werden. Der Silberaltar wurde schließlich im Dreißigjährigen Krieg eingeschmolzen.

Das Aussehen der Holbein'schen Vorgängertafel ist durch die in Danzig erhaltene Entwurfszeichnung überliefert. Amberger hielt sich in Ikonographie und äußerer Form relativ genau an die alte Fassung mit den Bistumspatronen Ulrich und Afra an den Seiten sowie der Muttergottes mit Kind in der Mitte. Das Bild wurde als nicht klappbares Triptychon konzipiert, dessen Seitenbilder in Viertelbögen abschließen, während das Mittelbild von einem Giebel mit einer Kreuzigungsgruppe bekrönt wird. Aufgesetzte und vergoldete Leisten teilen das Gemälde in drei Partien. Links ist der stehende Bischof Ulrich im Ornat zu sehen, und zwar in dem Moment, in dem ihm ein Engel während der Lechfeldschlacht, die sich im Jahr 955 zutrug, das Siegeskreuz überreicht. Hans Holbein der Ältere zeigte indes lediglich den mit Ornat gewandten Bischof mit dem Fischattribut als Einzelfigur und verzichtete auf eine szenische Einbindung. Rechts ist die Märtyrerin Afra dargestellt. In der Ikonographie der Heiligen ist es einzigartig, sie als Sitzfigur wiederzugeben. Sie ist sonst ausschließlich als Standfigur ins Bild gesetzt, entweder an einen Baumstamm angelehnt oder mit beiden Armen einen Baumstamm umfassend, an diesen festgebunden und natürlich auf dem Scheiterhaufen stehend, so wie das auch Hans Holbein der Ältere bei der Vorgängertafel gemalt hatte. Amberger lehnt sie an einen Baumstamm, ein Motiv, das schon 1471/72 in einem Holzschnitt im *Heiligenleben* auftritt, das bei Günther Zainer herausgegeben wurde. Ihre Füße ruhen auf dem Holzscheit, ihre Hände sind an den Gelenken zusammengebunden. Während sie Holbein als einzelne Figur wiedergibt, wurde die Darstellung bei Amberger erweitert und ins Erzählerische geführt: Ein Engel erscheint im gelben Lichtkreis und bringt die Märtyrerkrone herbei. Von beiden Heiligendarstellungen existieren Entwurfszeichnungen in London. Beim Mittelbild übernimmt Amberger von Holbein die sitzende Madonna mit den musizierenden Engeln, ordnet dabei die Figuren aber anders an. Neu ist der riesige Lichtkreis oberhalb der Muttergottes, in dem die Heilig-Geist-Taube erscheint. Die himmlische Sphäre nimmt fast die Hälfte des Bildraums ein. Die Predella ist nur optisch durch den gemalten Sims einer Rückwand von den Hauptbildern getrennt. Wie im Holbein'schen Entwurf sind dort die Heiligen aus dem Gefolge der heiligen Afra untergebracht. Sie sind bezeichnet und zeigen von links nach

Tafelgemälde des früheren Renaissance-Hochaltars von Christoph Amberger (heute im Altar der Wolfgangkapelle)

rechts die Heiligen Afer – mit den Zügen des Kaisers Maximilian I. –, Eutropia, Narcissus, Hilaria, Dionysius, Eunomia und Digna. Das Gemälde bezieht sich inhaltlich also sehr deutlich auf den Dom: Maria, der der Dom geweiht ist, in der Mitte, die Bistumspatrone an den Seiten, wobei Afra und ihrem Gefolge durch die Personen der Predella breiterer Raum eingeräumt ist. Afra ist chronologisch gesehen die erste Heilige des Bistums und überhaupt die erste weibliche Heilige, die nördlich der Alpen eine so ausgedehnte Verehrung erfuhr, dass sie nicht nur in Venantius Fortunatus' Lebensbeschreibung des heiligen Martin von Tours erwähnt wird, sondern auch Pilger anzog. Der Legende zufolge soll sie mit ihrer Mutter Hilaria und ihren drei Gefährtinnen Eunomia, Eutropia und Digna nach Augsburg gekommen und hier von Bischof Narcissus aus Gerona zum Christentum bekehrt worden sein. Während der Diokletianischen Christenverfolgung im Jahr 304 soll sie auf einer Lechinsel das Martyrium erlitten haben, weil sie bei einem Verhör dem neuen Glauben nicht abschwören wollte. Im Gemälde kommen neben den zuvor genannten Personen auch die angeblichen Onkel Afras – Afer und Dionysius – vor. Letzterer wird in den mittelalterlichen Bischofslisten als erster Bischof Augsburgs geführt. Bei der Kreuzigung im Giebel nimmt Amberger – wie auch bei den Heiligenfiguren – eine theologische Umdeutung vor. Auf den Holbein'schen Engel, der aus der Seitenwunde das Blut Christi auffängt, hat er verzichtet. Stattdessen stellt er das Kreuz auf den Totenschädel Adams sowie auf zwei Gesetzestafeln. Bei Amberger entfällt also der eucharistische Bezug und wird zugunsten der heilsgeschichtlichen Bedeutung der Kreuzigung verändert, in dem Sinne, wie sie im Römerbrief des Paulus verstanden ist, nämlich als Überwindung von der Sünde, dem Bösen und auch dem Gesetz und als Hinführung zum ewigen Leben durch die Gnade Gottes. Diese Umdeutung kann im Jahr 1554 noch nicht im Sinne der Rechtfertigungslehre als konfessionelle Akzentuierung in eine bestimmte Richtung verstanden werden. Schärfere inhaltlich-theologische und in der Folge auch ikonographische Abgrenzungen zwischen der evangelischen und katholischen Konfession lassen sich erst ab den 60er Jahren des 16. Jahrhunderts feststellen.

Christoph Amberger fasst seine Räume und Figuren, trotz seiner starken Anbindung an sein älteres Vorbild, ganz im Sinne der Renaissance auf. Aus dem durchgehenden Bildraum Holbeins, der seine Figuren durch einen über die Bahnen verlaufenden rückwärtigen Brokatvorhang verbindet, ist bei Amberger eine über die Szenen hinausgehende Hallenarchitektur mit toskanischen Pfeilern geworden. Außerdem haben die Figuren gegenüber dem Vorläufer deutlich an Monumentalität und Volumen zugenommen. Um die Transzendenz der Ereignisse um die wundersame Geburt Jesu, den

ebenso unerklärlichen Sieg Ulrichs in der Lechfeldschlacht und die Entrückung Afras wiederzugeben, bedienen sich die beiden Meister unterschiedlicher Stilmittel: Holbein zeichnet seine Figuren mit dem Brokatvorhang aus; der obere Hintergrund dürfte auf der Altartafel – ganz im Sinne der Spätgotik – ein abstrakter Goldgrund gewesen sein. Damit entrückt er seine Figuren aus der real fassbaren Welt, wenngleich sie durch ihren Blickkontakt noch mit dieser verbunden bleiben. Amberger setzt seine Protagonisten hingegen in eine real erlebbare Welt mit Landschaftsausblicken und Architektur und bindet sie in einen szenischen Kontext ein. Er erzeugt die Darstellung des Überirdischen über die Lichtführung. Dramatisch reißen seine Himmel auf, verfärben sich plakativ in Gelbtönen und lassen Engel beziehungsweise die Heilig-Geist-Taube erscheinen, um das Wundersame an den Menschen zu wirken. Ulrich und Afra sind ganz auf die göttliche Sphäre bezogen, ihr Blick geht gegen den Himmel und wendet sich nicht mehr dem Betrachter zu.

Es wird heute aufgrund verschiedener Indizien angenommen, dass Christoph Amberger um 1500/05 in Kaufbeuren geboren wurde und später bei Hans Maler im tirolischen Schwaz tätig war, bevor er schließlich am 15. Mai 1530 in Augsburg das Bürger- und Meisterrecht erwarb. Das Bürgerrecht konnte ein auswärtiger Meister nur durch Heirat erwerben. Aus Archivalien ist bekannt, dass Amberger Barbara Beck, die Tochter des Leonhard Beck, geheiratet hat, der hier eine gutgehende Werkstatt betrieb. 1542/43 verheirate er sich zum zweiten Mal, mit der Witwe Anna Rot, und zeugte mit ihr zwei Töchter. Amberger zog innerhalb Augsburgs häufiger um und scheint nach den Steuerausgaben zu urteilen, gerade zwischen 1545 und 1555 sehr gut beschäftigt gewesen zu sein. Er starb zwischen dem 1. November 1561 und dem 19. Oktober 1562. Die meisten Aufträge, die an ihn vergeben wurden, betrafen den Bereich der Porträtmalerei. Das Dombild gehört zu den wenigen religiösen Werken des Malers und gilt als sein Hauptwerk in dieser Gattung. Für St. Anna in Augsburg malte er unter anderem 1560 auch ein Gemälde mit dem Gleichnis der klugen und törichten Jungfrauen.

Die Lukaskapelle

Wenn man den Dom von der Stadt her durch das große Portal auf der Südseite betritt, findet man rechts in einer der Umgangskapellen, die allerdings an dieser Stelle zu einem geräumigen »Vorplatz« erweitert ist, eine der Besonderheiten der Kathedralkirche: Der Altar der Lukaskapelle ist nicht nur ein Paradebeispiel der qualitätvollen Augsburger Kunst jener Zeit, sondern vor allem das letzte große Überbleibsel der Domausstattung zwischen Renaissance und Barock. Diese hatte kurz vor 1600 eingesetzt, nachdem in der zweiten Hälfte des 16. Jahrhunderts erst einmal versucht worden war, die Wunden, die Reformation und Bildersturm der Kirchenausstattung geschlagen hatten, so gut wie möglich zu beheben. Dadurch, dass die Kapelle mit dem mächtigen Rotmarmoraltar heute zweiseitig geöffnet beziehungsweise nur durch ein Gitter vom Chorumgang und Hauptzugang von Süden abgetrennt ist, ergibt sich ein Eindruck von Weite und lichter Höhe; er ist völlig anderer Art als auf der gegenüberliegenden Nordseite, wo die beiden Pfeiler in Mauern von Geschosshöhe einbezogen und zur geräumigen Chorsakristei geschlossen wurden, sodass der Nordzugang wie ein dunkler Tunnel wirkt.

Das tatsächliche Patrozinium der Kapelle lautet »Sanctorum Jacobi et Sigismundi«. Weil aber über Jahrhunderte hier die »Bruderschaft von Unserer lieben Frau und St. Lukas«, kurz: Lukasbruderschaft, angesiedelt war, hat sich volkstümlich der Name Lukaskapelle eingebürgert; eine echte Umwidmung hat es allerdings nie gegeben. Dem Patrozinium tragen die beiden vollplastischen Figuren, die in eigens ausgehauenen Wandnischen über den »Seitenflügeln« des Altars stehen, Rechnung: Links ist der heilige Jakobus der Ältere in der traditionellen Darstellung als Pilger, rechts Kaiser Sigismund mit Schwert und Reichsapfel zu erkennen. Beide sind so auf Stand- und Spielbein verteilt, dass sie sich nach innen drehen, ihre langen schlanken Attribute Wanderstab und Schwert grenzen sie jeweils nach außen ab. Zwischen ihnen, aber deutlich höher, steht die Gottesmutter, über die zur Hälfte in die

Wand eingelassene Putten eine vergoldete Krone halten. Das nackte Kind, das sie auf ihrem linken Arm trägt, beugt sich vor und legt gleichzeitig den Lockenkopf zurück, scheint sich mit dem einen Füßchen abzustemmen und fasst mit der kleinen linken Hand an das Kinn der Mutter: Es ist damit spiegelbildlich dem Cranach'schen Mariahilfbild in Passau beziehungsweise Innsbruck zu vergleichen. Um die Skulptur sowie an der gesamten freien Altarwand sind Freskenreste zu erkennen, von denen wir wissen, dass sie die »ehren Titlen Bmae. Virg: Mariae«, also die Ehrentitel Mariens, darstellten: 1689 fragt nämlich der zuständige Kaplan an, ob es bei entsprechender Witterung und Erneuerung der Kapelle »mit newen stüel, gibsarbeit, und abwaschung des altars« nicht auch ratsam wäre, dass der Platz des oberen »gemähl [...] weiss gemacht« werde. Allerdings kann sich das Domkapitel dafür nicht erwärmen, »weilen der altar an sich selbsten Klein und sonsten nit wol heraus khom(m)en wurde«; also wird das Bild »so guet möglich gesäubert, und mit ayrklar erfrischt«.

In der Predellenzone des Altars finden sich zwischen zwei in den Raum vorgreifenden geschuppten Voluten und Flügeln mit den Wappen des Fürstbischofs Johann Otto von Gemmingen (1591–1598) zwei in breiten Rundbogenfeldern eingebrachte Reliefs mit der Opferung des Isaak durch Abraham einerseits und der ehernen Schlange andrerseits. Über einem reich profilierten Gesims liegt dann das »Hauptgeschoss« mit einem ebenfalls halbrund geschlossenen Mittelbild, in den Zwickeln geflügelte Puttenköpfe: Unter der Darstellung des Gnadenstuhls, dem thronenden Gottvater unter der Heilig-Geist-Taube, der das Kreuz mit seinem toten Sohn darbietet, ist ein rollwerkverziertes, leicht vorgewölbtes Schriftfeld mit der Inschrift »Libera nos, salva nos, vivifica nos, o beata trinitas« (›Befreie uns, rette uns, belebe uns, o selige Dreifaltigkeit‹) zu entziffern. Sie scheint den bereits in die Wolken aufgerückten Heiligen, die die Trinität verehren, in den Mund gelegt zu sein. Dieses Hauptbild wird von Säulen über den Voluten flankiert, in den begleitenden »Flügeln« erscheinen die Heiligen Petrus und Paulus in Nischen, unter- und überfangen von den Evangelistensymbolen in Lorbeerfestons. Im bekrönenden Auszug ist mittig eine Doppelszene zu erkennen: Im Hintergrund sieht man den auferstehenden Jesus, der noch einmal im Vordergrund erscheint, wo er die verstorbenen Gerechten aus der Vorhölle führt. Diese die Predigt des Altars gipfelnde Aussage wird von den eingezogenen reich geschmückten Pilastern und der hohen Bekrönung mit dem Christusmonogramm im geteilten Halbrundgiebel gerahmt.

Die Hauptszene mit dem Gnadenstuhl hat im Dom ein direktes Vorbild, das heute allerdings »unsichtbar« in der Chorsakristei hängt: Das Gemälde mit dem gleichen Thema, das für den Bartholomäus-Altar an einem Langhauspfeiler des Doms um 1584 entstanden war, wird auf dem Rotmarmoraltar in farbloser, reliefierter Dreidimensionalität umgesetzt.

Das genannte Programm des Retabels weist deutlich auf seine Doppelfunktion als Altar und Epitaph hin: Während die beiden Predellenreliefs mit den alttestamentlichen Szenen auf das Kreuzesopfer Jesu vorausweisen, und damit auf die unblutige Wiederholung dieses Opfers bei jeder Messfeier, vertreten die flankierenden Wappen den Auftraggeber von 1597 und schließlich hier bestatteten Bischof Johann Otto von Gemmingen. Das Hauptbild mit dem Gnadenstuhl stellt gewissermaßen die Verbindung zwischen den beiden Funktionen her, weist hier doch Gottvater selbst das Kreuzesopfer als einzige Gewähr für den Eingang in das ewige Leben vor, wie es auch die assistierenden Heiligen, die schon in die Vollendung eingegangen sind, bestätigen. Die Inschrift ist dazu noch weitere Erläuterung, die in ihrer dreifachen Anrufung das durch die Trinität zu erreichende Heil aussagt. Die beiden Apostelfürsten zwischen den Evangelistensymbolen sind wohl eher als »Gewährsleute« für den stiftenden Bischof aufzufassen, während das krönende Relief mit Auferstehung und Herausführung der Gerechten aus der Vorhölle die Zusammenschau von Erlösungshoffnung in der Kommunion, in der sich Christus den Gläubigen ganz hingibt, und Auferstehungsgewissheit durch Christi Überwindung des Todes als Ersterstandener darstellt.

So ist dieser Altar ein großartiges Epitaph für Fürstbischof Johann Otto von Gemmingen geworden, der bereits ein Jahr später, 1598, starb und hier bestattet wurde. Sein Grab ist gekennzeichnet durch eine vor dem Altar in den Boden eingelassene Rotmarmorplatte, die in sehr herkömmlicher, an gotische Grabplatten erinnernder Form – ein Zug der Zeit, wie wir ihn öfters im Dom beobachten können – das Bild des Bischofs zeigt. Für das Domkapitel, das sich zu dieser Zeit nicht im Stande sah, eine neue, zeitgemäße Kirchenausstattung zu finanzieren, war über die Form der Epitaphaltäre die Möglichkeit gegeben, den Dom entsprechend auszustatten.

Für derartige Stiftungen hatte man allerdings in den 1570er Jahren genaue Auflagen erlassen, die kennzeichnende, ausufernde Inschriften sowie platzgreifende Wappen oder ähnliche selbstdarstellende Individualismen unterbanden. Trotzdem war der Anreiz, an solch privilegierter Stelle wie der Bischofskirche für die eigene »memoria« zu sorgen, doch übermächtig, sodass viele Stifter diesem Ausstattungsgedanken nachkamen.

Der Bildhauer, der das großformatige Retabel gefertigt hat, ist nicht bekannt. Natürlich hat es immer wieder Vermutungen und Namensnennungen gegeben, die sich aber nicht definitiv erhärten lassen. Unter anderem ist auch der Name Hans Gemelich genannt worden, für den tatsächlich einige Punkte sprechen: Im Buch der Lukasbruderschaft, das sich im Archiv des Bistums bewahrt hat, ist eine Gouache eingebunden, die den Blick in die Bruderschaftskapelle während einer Messfeier zeigt, wobei der untere Teil des Epitaphaltars und die zugehörige Grabplatte eindeutig zu erkennen sind. Die gegenüberliegende, ebenfalls ganzseitig gestaltete Seite zeigt einen aus dem Stier, dem Evangelistensymbol des Lukas, erwachsenden Stammbaum mit den Wappen der fünfzehn Gründungsmitglieder der Bruderschaft, darunter auch das von Hans Gemelich, dem einzigen Bildhauer in dieser Runde. Nimmt man dazu die Tatsache, dass sich die Lukasbruderschaft unbedingt in dieser Kapelle – einem zur damaligen Zeit »modern« ausgestatteten Raum – ansiedeln wollte, könnte das alles durchaus auf Gemelich als Autor des Altars hindeuten.

Die »Bruderschaft zu Unserer lieben Frau und St. Lukas« hatte bereits vor der Reformationszeit an der Barfüßerkirche existiert. Es ist bekannt, dass dort auf dem Dreikönigsaltar das Lukas-Patrozinium feierlich begangen wurde. Nach dem Wiedererstarken der katholischen Konfession kam es um 1600 zu einer Welle von Bruderschaftsneugründungen, in deren Kontext wohl auch die Erinnerung der Maler, Bildhauer, Kupferstecher, Goldschmiede und Steinmetze auf ihre mittelalterliche Tradition zu sehen ist: Sie stellten im Februar 1600 den Antrag, sich in der St. Jakobs- und Sigismundkapelle versammeln zu dürfen, worüber am 19. Mai schließlich die entsprechende Urkunde ausgefertigt wird; die bischöfliche Konfirmation erfolgt 1603, die päpstliche 1607.

Die Wahl war sicherlich auch auf diese Kapelle gefallen, weil man sich dem heiligen Jakobus schon immer besonders verbunden gefühlt hatte – er taucht auch auf dem Bild im Bruderschaftsbuch am Rand als unzeitgemäßer Besucher auf, sein Fest wird neben allen Marientagen, dem des Evangelisten Lukas, später auch des heiligen Philippus und Jakobus des Jüngeren und des heiligen Eligius besonders feierlich mit mehreren Messen begangen. Zu diesen Messen kam für die Bruderschaft in jedem Quartal eine Messe für die lebenden

LIBERA NOS SALVA NOS
IVTIFICA NOS O BEATA TRINITA

und verstorbenen Mitglieder sowie eine Totenmesse für jedes einzelne verstorbene Mitglied, was ja zu den Hauptaufgaben jeder Bruderschaft zählt. Die Messe am Tag des heiligen Eligius wird allerdings erst im Jahr 1699 eingeführt, wozu das Geld, das aus dem Verkauf eines alten von »herren Hürn herrührendten« Kelches erlöst wurde, verwendet werden soll; dabei war bereits 1681 dem katholischen Teil der Goldschmiedezunft vom Domkapitel genehmigt worden, die Auflagen, die sie durch die Hirn'sche Stiftung zu erbringen hatte, in die Lukasbruderschaft beziehungsweise die Lukaskapelle zu transferieren: Das Kaufmannsehepaar Afra und Konrad Hirn hatte die Fürsorge für ihre Kapelle St. Eloy (Eligius) und die Grablege an der St. Annakirche in die Hände der Goldschmiedezunft gelegt, die nach der konfessionellen Spaltung Mühe hatte, diesen Auftrag weiterzutragen, war doch die Annakirche samt Goldschmiedekapelle dem neuen Glauben zugefallen. So hatte man wohl zunächst versucht, den Jahrestag für das Stifterehepaar in St. Moritz fortzuführen, bis die Lukasbruderschaft, die ja sowieso Goldschmiede in ihren Reihen hatte, diesen Stifterauftrag übernehmen durfte. Immerhin verblieben der Bruderschaft aus dem reichlich ausgestatteten Fond für den Hirn'schen Jahrtag, der auch mit einer Almosenverteilung gekoppelt war, jedes Jahr noch sechs Gulden für ihre Bemühungen – eine Summe, die die Bruderschaft, die in der zweiten Hälfte des 17. Jahrhunderts den Schwung der Gründergeneration etwas verloren hatte, dringend gebrauchen konnte. Kurz vor der Jahrhundertwende kam es aber zu einem Wiederaufleben des Bruderschaftsgedankens und vor allem um 1800 zu einem neuerlichen Höhepunkt, den zunächst auch die Säkularisation nicht beeinträchtigen konnte.

Es ist übrigens ein gewisser Treppenwitz der Geschichte, dass im Jahr 1889 schließlich auch der eindrucksvolle Rotmarmorsarkophag des Ehepaares Afra und Konrad Hirn angekauft und aus der Goldschmiedekapelle allerdings nicht in die Lukaskapelle, sondern in den Nordflügel des Westquerhauses transferiert wurde.

Die Lukasbruderschaft finanzierte aber nicht nur die Messen im eigenen Belang, sondern beteiligte sich immer auch an der Ausstattung und Ausschmückung »ihrer« Kapelle. So schlägt 1688 der Domdekan im Auftrag des Bischofs vor, dass »vor St: Jacobs Capell gleich beim Eingang von Hochen weeg herauf, ein eisenes götter gemacht, und selbe Capell darmit geZiert und geschlossen wurde«. Dies war der Auftakt zu der harmonischen Reihe der schönen schmiedeeisernen Gitter vor den Chorumgangskapellen, die alle in sehr ähnlicher Form in einer zeitlichen Distanz von nur vier Jahren angefertigt und von Domherren finanziert wurden. Sie zeigen eine große Einheit in der Vielfalt, eine Dreiteilung in der Rahmenbreite sowie eine zweizonige Höhengliederung, wobei den unteren Bereich kleine und größere Spiral- und Rundfiguren, den oberen senkrechte Stäbe dominieren. Flache Bänder sind aufgenietet, Stäbe an Kreuzungspunkten sorgfältig durchgesteckt, an Abzweigungen geschweißt, an Berührungsstellen mit Klammern verbunden. An einigen Stellen werden kleine Blättchen ausgetrieben, auch die Enden erinnern oft an Kelchblätter. Aufgesetzt ist jeweils eine reiche Bekrönung aus auch in den Raum ausgreifenden Spiralen und Spindelblumen, die Enden sind zumeist flach geschmiedet, ein guter Teil des Gitters ist jeweils vergoldet.

Dass die eingebrachten Kultgegenstände im Besitz der Bruderschaft verblieben, zeigt das Inventar von 1627 für die St. Jakobs- und Sigismundkapelle: Es weist für die Lukasbruderschaft zwei Alben mit Humeralien, drei verschiedenfarbige Kaseln, ein silbernes Kruzifix auf Ebenholzsockel, zwei silberne Opferkännlein mit Stifterinschrift, zwei Paar »schön gedreete« Altarleuchter aus Messing in verschiedenen Größen, ein hölzernes Kruzifix auf einem schwarz gebeizten Sockel mit dem Bild des heiligen Lukas, zwei Brustbilder Jesu und Marias auf »grosse wanndelstöckh vor dem Altar«, zwei Laternen auf Stangen, geschnitzte und gefasste Bilder der Heiligen Lukas und Jakobus sowie der Gottesmutter auf einem Fuß, ein Bild der Auferstehung Christi »brauniert, in einem gewülckh bogen«, ein »Capuziner Creüz« zur Karfreitagsprozession, ein Bahrtuch samt zugehöriger Leinwand, Fahnenröcke, Tragbänder, Hüte und Pilgerstäbe, zwei weiße, gemalte Fähnlein auf den Kapelltüren und etliche Schemel aus. Und noch zu Zeiten der Säkularisation stellen die Kommissäre 1807/08 eine Liste mit dem Eigentum der Bruderschaft zusammen, die einen vergoldeten Silberkelch, die Fahne mit Zubehör, ein silbernes »hölzernes Maria-Bild«, vier versilberte Holzleuchter und ein Kreuz, zwei hölzerne Pyramiden, einen noch relativ neuen Baldachin und einen alten, drei versilberte, hölzerne Kanontafeln, zwei alte große und sechs kleinere Maienkrüge, ein versilbertes Messingglöcklein, eine versilberte Messingopferschale, drei Tafeln mit vergoldeten Rahmen, zwei Wandleuchter und das große Bruderschaftssignet im Gesamtwert von 136 Gulden umfasst. Die Bruderschaft darf all diese Dinge erst einmal weiter verwenden; ihre Spuren verlieren sich schließlich nach 1813.

Neben den erwähnten Messen hatte die Bruderschaft die verschiedensten Ausgaben zu bestreiten, vor allem die Teilnahme an den großen Prozessionen der Stadt. So war sie bei der berühmten Karfreitagsprozession für die Szene der »außführung Christi« zuständig, die Gefangenführung Christi vom Garten Gethsemane nach Jerusalem; sie wurde 1671 noch als Bild, später dann mit lebenden Personen dargestellt und wurde vom Pedell von Heilig Kreuz mit vier Fackelbuben und zwei »Soldaten« vorbereitet; dazu trugen die nachfolgenden Kapuziner das bereits erwähnte »Kapuzinerkreuz«.

Die Lukasbruderschaft besaß auch die prächtigste Fahne in Augsburg, die – wie Rechnungen von 1686 und 1696 ausweisen – ein echtes Wertstück war. Sie war aus 27 Ellen rotgoldenem Brokatstoff und Silbermoiré sowie reichlich Seiden- und Goldfaden und Unmengen von Fransen, Bändern und Quasten in der Gesamtsumme von 356 Gulden hergestellt und trug ein vom Bruderschaftsmitglied, dem Maler Johann Georg Melchior Schmidtner, gefertigtes Blatt. Immerhin konnte noch die alte Fahne für 20 Gulden nach Gersthofen verkauft werden, während das Blatt 10 Gulden einbrachte. Jedes Jahr musste eigens für die Montage der Fahne bezahlt werden, die so schwer wog, dass drei Träger nötig waren (ein Träger, zwei Stützer); die Fahne wurde in der Kreuzwoche, bei der Fronleichnamsprozession, bei der Einholung der Andechs-Pilger und ähnlichen Anlässen ausgeführt; dazu kamen besondere Ereignisse wie 1698 die feierliche Begleitung von vier heiligen Leibern, die Hundertjahrfeier der Bürgerkongregation 1712/13, die Translatio des heiligen Ulrich 1762 und ähnliches mehr.

Die erste Hundertjahrfeier, die die Lukasbruderschaft beging, feierte sie interessanterweise im Jahr 1707, also hundert Jahre nach der päpstlichen Bestätigung. Dabei wird ihr Gründungsjahr immer mit 1601 angegeben. Zum Jubiläum malte das Bruderschaftsmitglied Johann Rieger ein großes querformatiges Blatt mit der Darstellung der Übergabe des goldenen Thronsessels durch den heiligen Eligius, das unter dem Fenster der Kapelle aufgehängt wurde und sich bis heute erhalten hat. Dagegen ist sein im gleichen Jahr entstandenes Bildnis des heiligen Lukas in einem »auff lapisLaserus manier« gefassten Rahmen verschwunden.

Das zweihundertjährige Jubiläum wurde dagegen tatsächlich 1801 gefeiert. Dazu wurden Leuchter aus St. Moritz und St. Peter ausgeliehen, der Kronleuchter repariert, Kistler, Maurer und Seiler waren mit der ›Aufmachung‹ des Altars mit Nägeln, Schnur und Goldpapier beschäftigt, die Stuhlbrüder erhielten für das »Bäum-Tragen« einen Obolus, das Abkündigen, den Wachszieher sowie die Gärtnergesellen galt es zu bezahlen. Offensichtlich wurde Silber aus dem Dom, ein Baldachin bei den Patres Dominikanern sowie nicht näher genannte Teile aus St. Sebastian ausgeliehen.

Aber nicht nur zu besonderen Anlässen kam es zu höheren Ausgaben: Der Bruderschaftsdiener, Ministranten, Priester, der Sekretär und auch der »Fuhrmann in Festo S: Lucae […] so etliche Herrn haim gefüret« mussten bezahlt werden. Ständig benötigte man Papier zu verschiedenen Schreibarbeiten, ebenso zum Drucken von Bruderschaftsformularen und -büchlein, die auch gebunden werden mussten. Immer wieder brauchten die Fahnenträger neue Kränze oder Hüte, Gewänder mussten verändert, eine neue lange Fahnenstange, Fackeln, Mäntel und Röcke für die Karfreitagsprozession angeschafft, der lederne Traggurt erneuert, das Fahnenblatt überarbeitet werden.

Immer wieder gab es aber auch Neuanschaffungen für die Kapelle wie ein Antependium, Wandleuchter, ein »Cymbalum«, Messkännchen, einen Baldachin oder ein Gestühl, ein neues Marienbild, Maienkrüge, Pyramiden oder Kanontafeln, die vom Bildhauer geschnitzt und gefasst wurden; die Ablasstafel musste immer wieder einmal erneuert, Wappen gemalt, das Kruzifix und Blumenkrüge ausgebessert werden. Und auch so nützliche Dinge wie ein blechernes Wasserbecken, ein langer und ein kurzer »Körwisch«, ein Löschhorn, Schlösser und Schlüssel, das Weißeln der Sakristei oder das Putzen der Kapelle erscheinen in den Rechnungen.

Die Bruderschaft stand übrigens von Anfang an auch Frauen offen, ein Beschluss, der ausdrücklich 1765 noch einmal bekräftigt wurde. Die überkommenen Archivalien der Bruderschaft wurden im Hinblick auf ihre Aussagekraft für die Augsburger Kunstszene noch nicht ausgewertet, eine sicherlich durchaus lohnende Arbeit, kann man doch aus ihnen beispielsweise Sterbemonat und -jahr des berühmten Bildhauers Georg Petel entnehmen, der der Urheber der unweit der Lukaskapelle aufgestellten lebensgroßen Figur des gegeißelten Heilandes ist, die allerdings nicht ursprünglich für den Dom entstand: Das Bruderschaftsbuch gibt dafür den Monat Mai des Jahres 1634 an.

Sozim. Erwellt. 618.

Regiert 18 Jar

Berwelffus Erwellt. 639.

Regiert 6. Jar

Logopertius Erwellt. 647.

Regiert 17 Jar

Manno Erwellt. 665.

Regiert 19. Jar

Wicho Erwellt. 68.

Regiert 18. Jar

Kertwicus Erwellt. 1167

Regiert 17 Jar

Udalschalckus Graff von Seneld Erwellt 1184

Regiert 18. Jar

Hertwicus Erwellt. 1202.

Regiert 6. Jar

Sigefridus Marschalck von Hoch Kechberg Erwellt 1208

Regiert 19. Jar

Sybetto Frei her vo. Bündell Erwellt 1227

Regiert 21. Jar

IOSEPHUS I Epist. Aug. Landgrav. Haff. Damilia dii Aetat. iuce LXIX an. et VII mens.

Hat Regiert 28 Jahr ist Gestorben zu Augspurg d. 30 Aug 1708.

Clemens Wenceslaus, Archiep. & Princ. Elector. Trevir. Episc. August. Praepos. Princ. Elvac. Princ. Reg. Poloniae. Dux Saxoniae ec Nat. 28. Sept. 1739.

Hat regiert 44 Jahre ist gestorben zu Oberdorf im Allgey, den 27 Julius 1812.

Franciscus Car. Princeps in Hohculohe Episcopus Ramperfis. Nominalis et seninullalis Episcopis Augustanus, Vicarius Gen. in Regno Würtembergensis. Sum. Decanus Cap. Elvac. de de nalis 27 Nov. 1745.

Starb zü Augspurg 1819 bivor er gem Bisthüm Besitz von hiesigem nehmen konnte.

IOSEPHUS MARIA IOANNES NEPOMUCENUS Episcopus Augustanus ex Liberis Baron. de FRAUNBERG &c. &c. Nat. X. Oct. MDCCLXVIII.

Elect XXVIII Nov MDCCC XIX Praeconisatus XXVI Iun. Consecratus XI et MDCCCXXI Archiep. Introductus XII. Nov. Electus IV. Martii copus Bambergensis MDCCCXXIV firmatus XXIV Maji

Ignatius Albertus de Riel Episcopus Augustanus natus ... Electus d. Martii 1824 Confirmatus d. 24 M.

Conceptus d. Bullis et d. Introductus d. Denatus d. Augusti 182

Die Bischofsgalerie

Der traditionsbewusste Bischof Johann von Werdenberg erstellte Ende des 15. Jahrhunderts einen Katalog seiner Vorgänger. Es entstand eine Serie von Bischofsporträts, die bis auf den legendenhaften ersten Augsburger Bischof Dionysius zurückgeht. Fragt man nach der Intention Johann von Werdenbergs, trifft man auf einen Bischof, der darum bemüht war, die lange Geschichte des Augsburger Bistums im kulturellen Gedächtnis zu verankern. Die Rückbesinnung auf den heiligen Dionysius verdeutlicht den Versuch, die Entwicklung des Bistums bis in die Antike zurückzuverfolgen. Dionysius, der angebliche Onkel der heiligen Afra, wird in Legenden als erster Bischof der römischen Provinzhauptstadt Augsburg aufgeführt.

Betrachtet man die einzelnen Porträts der mittelalterlichen Bischöfe genauer, so fällt auf, dass die Darstellungen der einzelnen Geistlichen einander sehr ähnlich sind. Erst seit dem Ende des 16. Jahrhunderts wurden die Bischofsporträts bereits zu Lebzeiten der einzelnen Geistlichen angefertigt. Nahezu kein einziger früherer Bischof war in einem glaubwürdigen Porträt überliefert, weshalb echte Bildnisse nicht möglich waren. Fast alle Bischöfe werden in vollem bischöflichem Ornat dargestellt, mit kostbaren Gewändern, Bischofsmitra, Bischofsstab und einem Buch in der Hand. Einige der Geistlichen tragen einen Heiligenschein, wodurch sie eine Sonderstellung einnehmen. Es ging dabei weniger um die Darstellung einer Person mit ihren individuellen Zügen, sondern um den Bischof in seinem Amt. Nicht Selbstinszenierung stand im Vordergrund, sondern die Hervorhebung einer langen traditionsreichen Bistumsgeschichte und ihrer Würdenträger.

Alle 85 Augsburger Bischöfe in einem Kurzporträt vorzustellen, wäre nicht nur zu umfangreich, sondern eine Aneinanderreihung von Lebensdaten, die kein umfassendes Bild der Bistumsgeschichte vermitteln könnte. Daher erscheint es sinnvoll, die Bischöfe als Akteure innerhalb bestimmter Epochen zu begreifen, um anhand der jeweiligen Biographie Dynamiken und Prozesse historischer Abläufe verständlich zu machen.

In der Vita des Mönchs Magnus von St. Gallen finden zwei Augsburger Bischöfe aus fränkischer Zeit Erwähnung. Bischof Wikterp, der erste urkundlich belegte Bischof aus dem 8. Jahrhundert, kümmerte sich in erster Linie um die Mission des Gebietes um Augsburg. Sein zweiter Nachfolger, Bischof Sintpert, soll um 807 den Augsburger Dom fertiggestellt und geweiht haben, wobei sich diese Nachricht nicht eindeutig belegen lässt. Dennoch ist er als wundertätiger Heiliger und dritter Patron, neben Bischof Ulrich und der heiligen Afra, in die Bistumsgeschichte eingegangen. Besser ist die Quellenlage zu Bischof ist Lanto, der im späten 9. Jahrhundert das Bistum leitete. Kurz darauf entwickelte sich unter Bischof Adalbero eine Tendenz, welche die enge Verzahnung von Kirche und Königtum andeutet, die bis in das späte Mittelalter die Politik des Reiches maßgeblich bestimmen wird. Kirche und König arbeiteten eng zusammen, was die Beschreibung des Bischofs durch den jungen König Ludwig als »Erzieher, geliebten Lehrer und geistlichen Vater« belegt.

Die Vita des heiligen Ulrich aus dem 10. Jahrhundert beschreibt eindrucksvoll, wie dramatisch die Einfälle ungarischer Reiter das Reich erschütterten. Bischof Ulrich war eine wichtige Stütze des Königs und sein Einsatz in der Schlacht auf dem Lechfeld 955 gegen die Ungarn ist bis heute in der Erinnerung der Stadtgeschichte allgegenwärtig. Ulrich habe als tapferer Bischof auf einem Pferd sitzend, nur von der bischöflichen Stola geschützt, die Stadtbefestigung so lange halten können, bis Otto I. mit seinem Heer die Ungarn schlug und endgültig aus dem Reich vertreiben konnte. In die Amtszeit Bischof Liutolds fällt der Wiederaufbau des eingestürzten Doms, wobei er tatkräftige Unterstützung der Kaiserin Adelheid erhielt. Das Standbild der Kaiserin ist heute noch am Nordportal des Doms zu sehen. Der Höhepunkt bischöflichen Einflusses auf das Königtum zeigt sich unter Bischof Heinrich II., der in den Jahren der Vormundschaftsregierung für den jungen Heinrich IV. der entscheidende Berater an der Seite der Kaiserin Agnes ist. Heinrich wird für kurze Zeit zum einflussreichsten Mann im Reich.

Im 11. Jahrhundert beginnen die Kontinuitäten und Allianzen des Papsttums und des Königtums zu zerbrechen, und der Investiturkonflikt erschüttert das Reich. Die Augsburger Bischöfe blieben in diesen Wirren stets eng an der Seite des Königtums. Bischof Embriko beispielsweise begleitete Kaiser Heinrich IV. 1077 auf seinem Bußgang nach Canossa.

Durch das Stadtrecht 1152 reagiert der Stauferkaiser Friedrich I. auf die Klagen des Bischofs, Klerus und der Bürger gegen die willkürliche Macht des Vogtes. Der Bischof blieb zwar der Herr der Stadt, die Bürger nahmen sich aber zunehmend als eine Körperschaft mit einer eigenen Identität wahr. Bischof Hartmann von Dillingen gelingt es nicht, die Ansprüche und die Freiheitsbestrebungen der Bürger einzudämmen. Während der Regierungszeit Hartmanns erlebt die Stadt schwere Kämpfe zwischen den Bürgern und ihrem Bischof. 1276 gelingt den Bürgern die Loslösung von der bischöflichen Oberherrschaft durch das Stadtrechtsbuch König Rudolfs I.

Die endgültige Loslösung der Stadt aus der bischöflichen und königlichen Oberherrschaft erhalten die Bürger allerdings erst 1316 durch ein Privileg Ludwigs des Bayern. Dennoch entspannte sich unter dem Bischof Burkhard von Ellerbach die Situation nicht. Die Stadt Augsburg kämpft als Mitglied des süddeutschen Städtebundes gegen den Bischof, der Teil des Ritterbundes der Löwengesellschaft war.

Der Ausbruch der Reformation im Verlauf des 16. Jahrhunderts wird zu einer weiteren Bewährungsprobe für die Augsburger Bischöfe.

Der Augsburger Bischof Christoph von Stadion sah sich mit einer Stadt konfrontiert, die als Mittelpunkt der reformatorischen Bewegung angesehen werden konnte. 1537 kam es zur Vertreibung aller katholischen Geistlichen aus der Stadt. Die neue Residenz der Augsburger Bischöfe sollte die Burg in Dillingen werden, auf die sich der Klerus flüchten musste.

Stadions Nachfolger Otto von Waldburg erwies sich hingegen als reformorientierter Bischof, der den Kampf gegen die lutherische Bewegung nicht scheute. Da die Stadt Augsburg dem Bischof als Residenz verwehrt blieb, baute er in Dillingen eine Universität auf, die sich zu einem Zentrum der Rekatholisierungsbestrebungen entwickelte. Der Einspruch des Bischofs auf die Beschlüsse des Augsburger Religionsfriedens blieb wirkungslos, dennoch sollten die Versuche der Rekatholisierung die nächsten Jahre bestimmen. Johann Otto von Gemmingen erließ Ende des 16. Jahrhunderts weitere Mandate gegen die Anhänger der Reformation, was die Verfolgung von Neugläubigen nach sich zog. Folgen waren jahrelange Auseinandersetzungen, die letztendlich das Bistum

und die Stadt erschütterten. Nach dem Ende des Dreißigjährigen Kriegs erlebt das Bistum eine Blütezeit, die sich in Kirchenbauten und in der ausgeprägten Volksfrömmigkeit spiegelte. Durch geschickte Finanzpolitik gelang es dem Bischof von Freyberg, einen Großteil der Schulden zu tilgen. Ein Ausgleich mit der Stadt ermöglichte dem Bischof die dauerhafte Rückkehr in seine angestammte Domstadt. Im 18. Jahrhundert erfolgte ein Ausbau der bischöflichen Residenzgebäude unter Joseph von Hessen-Darmstadt, der sich als großer Mäzen seiner Zeit hervortat und unter anderem den jungen Wolfgang Amadeus Mozart förderte. Die Wiederbelebung der Verehrung des heiligen Ulrich zeigt die Bemühungen des Bischofs, die traditionsreiche Geschichte des Bistums in das kulturelle Gedächtnis zu integrieren.

Ab dem 19. Jahrhundert wird ein neuer Bischofstypus sichtbar. Joseph Maria von Fraunberg sticht in der Bischofsgalerie als aufgeklärter Bischof hervor, da er ein schlichtes Gewand trägt und auf sämtliche bischöfliche Attribute verzichtet. Die Rückbesinnung seines Nachfolgers Johann Peter von Richarz auf die strengen Vorschriften des geistlichen Lebens macht deutlich, dass die modernen Entwicklungen auf Skepsis beim Klerus stießen. Richarz besinnt sich auf konservative katholische Werte und Traditionen und lässt sich für die Bischofsgalerie im Stil eines mittelalterlichen Bischofs im vollen Ornat porträtieren.

Einen Aufschwung erlebte das Bistum in der Mitte des 19. Jahrhunderts unter Pankratius von Dinkel, einem der bedeutendsten Augsburger Bischöfe der neueren Geschichte. Seine Bemühungen erfassten alle Belange des geistlichen Lebens und orientierten sich an der Neuorganisation kirchlicher Strukturen. Die 36 Jahre seiner erfolgreichen Amtszeit nutzte Pankratius von Dinkel durch die Neugestaltung der Gottesdienste, eine Restaurierung und Ausstattung vieler Sakralbauten im Stil der Neugotik und Förderung religiöser Bildung.

Zu Beginn des 20. Jahrhunderts musste Bischof Maximilian von Lingg mit tiefgreifenden staatlichen und gesellschaftlichen Umbrüchen kämpfen, denn gerade mit den Veränderungen im Zuge der Weimarer Republik konnte sich der Augsburger Bischof nur schwer identifizieren. 1919 musste von Lingg, getarnt als kranker Mann, aus der Stadt gebracht werden, um einer Gefangennahme durch die Revolutionäre zu entgehen. Dieses Erlebnis scheint ihn nachhaltig geprägt zu haben, da er sich in den folgenden Jahren vermehrt um gesellschaftliche und soziale Belange bemühte. Darunter fällt sein Einsatz für die Kriegsopfer-, Armen- und Krankenfürsorge sowie die Gründung des Caritasverbandes 1921. Es zeigt sich der Beginn einer Entwicklung des Augsburger Bischofsamts hin zu mehr sozialem und religiösem Engagement, als Antwort auf die komplexen politischen Auseinan-

Nordquerhaus mit Gemälden der Bischofsgalerie, im Vordergrund spätgotische Grabtumba des Ehepaars Hirn

dersetzungen des 20. Jahrhunderts. Besonders während des Zweiten Weltkriegs waren die Belastungen für das Bistum und die Stadt groß. Die Beseitigung der Schäden und eine Wiederherstellung des »normalen« kirchlichen Lebens war das Hauptziel des Bischofs Joseph Freundorfer, der die Verunsicherung der Bevölkerung durch Integration und Stabilität religiösen Lebens aufzufangen versuchte. Neben Bau- und Wiederaufbau zahlreicher Kirchen trat das soziale Engagement. Auch das religiöse Leben wurde durch die Feier des 1000-jährigen Jubiläums der Lechfeldschlacht durch die Anknüpfung an die frühen Augsburger Bischöfe erneut in Erinnerung gerufen. Sein Nachfolger Josef Stimpfle war fast 30 Jahre im Amt und prägte das Bistum besonders nach dem Zweiten Vatikanischen Konzil. Ihm folgten die Bischöfe Viktor Josef Dammertz und Walter Mixa bis zum heutigen Augsburger Bischof Konrad Zdarsa, der seit 2010 im Amt ist.

Die Bischofsgalerie im Augsburger Dom und ihre Porträts von 85 Augsburger Bischöfen vom 3. Jahrhundert bis in das Jahr 2010 ist mehr als nur die Darstellung einzelner Personen. Jeder Bischof steht für eine Zeit mit ihren ganz eigenen Entwicklungen und Dynamiken, die, eben nicht losgelöst von den historischen Ereignissen und Prozessen, die wechselvolle und spannende Geschichte des Augsburger Bistums wiedergibt.

Ölberg und Krippe

Betritt man den Dom durch das große Südportal und wendet sich in Richtung des Chorumgangs, trifft man gleich auf zwei Gruppen mit größeren Freifiguren: zum einen die Ölberg-Szene mit Christus, der neben seinen schlafenden Jüngern betet, zum anderen in einer vergitterten Nische das von den drei Königen verehrte Christkind.

Die Ölbergnische ist der Chorschrankenanlage von 1431 erst nachträglich, nämlich um 1500, angefügt worden. Für diese Datierung werden vor allem stilistische Merkmale in Anspruch genommen, die bei noch feinerer Fokussierung der Werkstatt des Burkhard Engelberg zugewiesen werden können. Engelberg war für Augsburg nicht nur an St. Ulrich und Afra maßgeblich tätig, sondern für den Dom auch im Kreuzgang; als Relikt eines profanen Bauteils in der Stadt sei der Höchstetter-Erker, der sich heute an der Fuggerei befindet, genannt. Sein ›Markenzeichen‹ sind die durchgesteckten Rippen, die immer wieder als prägendes Schmuckelement auftreten; am Gehäuse des Ölberges sind es vor allem die Steinmetzeichen eines Laub- und Konsolenspezialisten, der eindeutig der Engelbergschen Werkstatt zuzuordnen ist. Das grazil und reich profilierte Gewände mit den sehr gedrückten, schon eher korbbogenartigen Bogen wird von ebensolchen Dienstbündeln flankiert, die über Laubwerkkapitellen und unter zierlichen Baldachinen – denen allerdings heute die Bekrönungen fehlen – ursprünglich kleine zusätzliche Figuren oder auch Lichter getragen haben könnten. Denn für den Ölberg gab es eine Stiftung zum Unterhalt der dort ständig brennenden Kerzen beziehungsweise Ampeln.

In der linken Nische finden sich auf felsigem Untergrund die Terrakottafiguren des im Gebet gen Himmel blickenden Jesus und darunter des schlafend zusammengesunkenen Jakobus, der sein Haupt auf den linken Unterarm gebettet hat. In der rechten Nische lagert oben über die gesamte Breite der Apostel Petrus, mit der linken sehnigen Hand den Griff seines Krummsäbels locker umfassend, das schlafschwere Haupt in die linke Hand gestützt. Darunter sitzt in der Gegenrichtung

der jugendlich bartlose Johannes, der ebenfalls durch Aufstützen seines Kopfes vergeblich versucht, sich wach zu halten.

Die Terrakotta-Figuren sind nicht mehr die der Entstehungszeit des Gehäuses, die wohl dem Bildersturm zum Opfer gefallen waren. Nachdem es einen Eintrag in den Protokollen des Domkapitels über eine Rechnung des Kistlers Arnold aus dem Jahr 1613 gibt, der einen neuen Kasten »under dem oelberg« angefertigt hatte, kann man wohl davon ausgehen, dass bereits der neue Ölberg 1591 über dem heutigen Aufstellungsort ungefähr auf Chorniveau entstanden ist. Noch auf dem Brauns Dombuch von 1829 beigegebenen Stich sind der gen Himmel weisende und mit der anderen Hand den Kelch darreichende Engel sowie das Haupt Christi über der Chorschranke klar zu erkennen. Erst bei einer Renovierung 1954 wurde der Ölberg wieder an der ursprünglichen Stelle eingerichtet und dazu die massiven Türen aus den Nischen entfernt, die den dahinterliegenden Raum zu einem geräumigen Schrank umgewandelt hatten; ein Paar verschließt heute einen Einbauschrank in der Krypta. Dabei wurde auch der zwischenzeitlich ersetzte, neugotische Engel, der nicht dem auf Brauns Stich entspricht, ausgesondert.

Für die Ölberg-Szene lässt sich tatsächlich der Namen eines ausführenden Künstlers aufgrund eines Eintrags in den Domkapitelprotokollen 1591 nennen: Veit Eschay, Sohn des Stadtbaumeisters Jakob, seit 1574 Lehrling des älteren Christoph Murmann, gestorben 1603 in München, formte diese Gruppe. Wenn die Gesichter heute als »typisiert und nur mimisch variiert« (Chevalley 1995) empfunden werden, gibt das andeutungsweise das Gefühl des Betrachters wieder, das durch die Diskrepanz zwischen spätgotischen Reminiszenzen beziehungsweise durch das Nachempfinden der Hand des Lehrherrn Murmann und andrerseits dem Stil auf der Höhe der Zeit entsteht. Eschay schafft qualitätvolle Figuren, die – trotz oder gerade wegen seines von Hans Fugger gesponserten Italien-Aufenthaltes – an ›gute, alte Zeiten‹ anknüpfen wollen. Nach seinem Italienaufenthalt war Eschay 1589 Meister in

Große Domkrippe im südlichen Chorumgang

München und stand in herzoglichen Diensten. Der Auftrag für den Augsburger Dom von 1591 brachte ihm 110 Gulden ein, für weitere, nicht mehr erhaltene Figuren – die Evangelisten und die beiden Kirchenväter Augustinus und Hieronymus – erhielt er weitere je 40 Gulden: Auf Abbildungen des Domchors im 19. Jahrhundert sind die beiden letzteren noch an den Chorpfeilern in Höhe des Chorschrankenabschlusses zu erkennen; über ihren Verbleib ist nichts bekannt.

In unmittelbarer Nachbarschaft zum Ölberg finden sich in einer stichbogigen, mit Brettern ausgekleideten Nische, die mit einem barocken Gitter verschlossen ist, die annähernd lebensgroßen, farbig gefassten Holzfiguren einer Weihnachtsszene: Maria und Josef mit dem Kind in der Krippe, von links kommen die Heiligen Drei Könige. Darüber schweben zwei kleine Engel, im Hintergrund ist eine rundbogige Öffnung mit dem Relief von hereinschauenden Hirten, darunter die Köpfe von Ochs und Esel zu sehen. In der Weihnachtszeit ist das Gitter weit geöffnet und die Stellfläche nach vorne erweitert, sodass die einzelnen Figuren mehr Raum erhalten; durch flankierende Weihnachtsbäume und die stets gut gefüllte Lichterbank entsteht – gerade für die Kinder – ein ganz eigener »Weihnachtsraum« im großen Dom.

Wann die Figuren entstanden sind und seit wann sie in dieser Nische stehen, bleibt ungewiss. Das älteste erhaltene Inventar des Doms von 1582 nennt in einer eigenen Rubrik (was einem eigenen Raum entspricht), »die Stückh, welche in Unnser Lieben frawen Khrippen auffbehalten werden«. Das

ist ein bemerkenswerter Eintrag, handelt es sich doch um die älteste bekannte Verwendung der Bezeichnung »Krippe« für eine szenisch-figürliche Weihnachtsdarstellung. Dass es sich um eine solche gehandelt haben muss, geht aus den weiteren Angaben hervor: Da gibt es mehrere verschiedenfarbige Mäntel für Maria und das Kind, dazu für Jesus »Zwey schöne […] hemettlein: mitt gulden bortten«; weiterhin »Zwen khleine pfulg [Bettdecken]: Unnd Zway khüssellein, Das ein mitt goltt gestickht, Das ander Von Rotten Daffet«, dazu noch weitere Tüchlein, Schleier und Decken sowie etliche Schmuckstücke wie Ringe, silberne Herzen, Kronen, Kränze und Rosenkränze, von denen dem Jesuskind drei kleinere um die Hände gewunden sind. Außer Maria und dem Kind werden allerdings keine weiteren Figuren benannt – falls es sich also um die noch vorhandene Gruppe handeln sollte, kann sie noch nicht vollständig gewesen sein, denn die Könige wären sicherlich eigens erwähnt worden. Das nächste erhaltene Inventar aus dem Jahr 1670 erwähnt sehr summarisch nach dem »weinacht kriplen« auch »die heilige drey könig«, sodass man davon ausgehen kann, dass die Heiligen Drei Könige bald nach dem erstgenannten Inventar 1582 im Zusammenhang mit der Domrestaurierung, die nach Enteignung und Bildersturm während der Reformationswirren nötig war, entstanden sind. Dem würde auch ein stilistischer Befund nicht widersprechen, versuchte man in dieser Zeit in Augsburg doch, an die Zeit vor der Reformation, die wir heute stilgeschichtlich als Umbruchszeit von der Spätgotik zur Renaissance beschreiben würden, anzuknüpfen. Wir können hier sogar einen Namen ins Spiel bringen, Paulus II. Mair (geb. um 1540, † 1615/19), der den Domkapitelprotokollen von 1567 nach tatsächlich für den Dom, und zwar an so verantwortlicher Stelle wie dem Kreuzaltar, tätig war. 1570 schafft er den Epitaphaltar für Bischof Johann Eglof von Knöringen († 1575). Sein Sohn, Paulus III. Mair, erhält 1623 den Auftrag für die Figur des heiligen Michael auf dem gleichnamigen Altar, der an der Stelle des heutigen Sakramentsaltars stand und schon damals der Pfarraltar war.

Für Paulus II. Mair ist beispielsweise der Altar der Schneckenkapelle in St. Ulrich und Afra von 1570/71 gesichert, sodass ein Vergleich möglich ist und durchaus positiv ausfallen kann. Die »Gedrängtheit in der Aufstellung sowie die nicht ganz stimmigen Gebärden der Figuren« (Chevalley 1995) lassen die Vermutung zu, dass die Könige ursprünglich nur in der Weihnachtszeit auf einer wie heute erweiterten Grundfläche zu den leicht größeren Figuren von Maria und dem Jesuskind gesellt wurden – eine Inszenierung, die der damaligen personellen, von den Jesuiten als großen Beförderern der Krippenkultur geprägten Besetzung am Dom durchaus entsprechen könnte.

Maria mit Kind aus der großen Domkrippe

REGINA
MARTYRVM

REGINA
PRO
CLERO

Algui.

REGINA PATRIARCH

BAROCK

Die Marienkapelle

Der einzige Bereich des Doms, der vom Zweiten Weltkrieg hart getroffen wurde, ist die Marienkapelle: 1944 zerstörten Brandbomben das Dach und beschädigten Stuck und Fresken schwer; und da man erst 1951 an eine Wiederherstellung gehen konnte, hatten sich bis dahin die Schäden potenziert. Die vereinfachte Einrichtung als Kriegergedächtniskapelle mit teilweise überputztem Stuck und übertünchten Freskenresten erschien damals als folgerichtige Lösung. 1979 musste der Altar konserviert werden, und in den Jahren 1985 bis 1988 kam es zu einer großen Instandsetzung der Kapelle mit weitgehender Rekonstruktion der Deckenfresken, sodass der barocke Zustand des Raums eindrucksvoll wiedergewonnen werden konnte: Die »der größeren Verehrung des Gnadenbildes der hochseligen Mutter Jesu« geweihte, »sehr geräumige von dem Style der Hauptkirche ganz abweichende Kapelle […] nach dem modernen Geschmack« (Braun 1829) bildet heute »am Rand des Doms eine Insel der Stille, einer Stille gesammelter Andacht« (Lieb 1965) und ist eine beliebte Kulisse für Hochzeiten und andere kirchliche Familienfeste.

Die Marienkapelle ist einer von ursprünglich vier barocken Kapellenanbauten am Dom: Den Anfang hatte die Kreuzkapelle gemacht, gestiftet vom Domherrn Dr. Johann Martin Miller 1692/93, die unmittelbar neben dem östlichen Kreuzgangflügel an der Nordseite des Doms angebaut war. Axial entsprechend folgte ihr an der Südseite bereits 1694 die Josephskapelle. Die dritte war die Marienkapelle, mit der ab 1731 auf der Südseite wiederum eine axial entsprechende Kapelle korrespondierte, die dem 1729 heiliggesprochenen Johannes Nepomuk geweiht war. Letzterer war die kürzeste Lebensdauer beschieden: Sie musste gleich nach der Einverleibung der freien Reichsstadt Augsburg in das Königreich Bayern einem Exerzierplatz vor dem Dom weichen.

Obgleich die Marienkapelle weitgehend wieder in ihrer ursprünglichen Gestalt erstrahlt, sind die beiden für den damaligen Neubau prägenden Achsen, die heute nur noch je zur Hälfte wirksam sind, nicht mehr zu erkennen. Der Grundriss war vor allem durch die Hauptachse, die »Gnadenachse«, wie sie Chevalley nennt, in West-Ost-Richtung geprägt gewesen, die ihren Ausgangspunkt im Kreuzgang hatte; die Serliana (die auf den italienischen Renaissance-Baumeister Sebastiano Serlio zurückgehende Bezeichnung meint eine rundbogenüberfangene Öffnung, die von zwei schmaleren Öffnungen flankiert wird), die heute in ihrem Untergeschoss das große Schutzengelbild Bergmüllers trägt, war zum Kreuzgang hin vollkommen durchlässig gewesen. Durch sie konnte man vom »Herkunftsort« des Gnadenbildes, einem Epitaph an der Westwand im Kreuzgang, bis zu seinem heutigen Aufstellungsort im Zentrum des Altars sehen. Es erschien offensichtlich ganz wichtig, diese »Traditionslinie« nicht zu kappen: Das mag einerseits aus Pietät dem Epitaph Enzberg gegenüber, vielleicht auch aus dem Willen des Altarstifters, aber auch aus Sorge darüber, ob die Wirksamkeit des Bildes dann noch so gegeben wäre, geschehen sein. Heute ist dieser Bedeutungszusammenhang nur noch durch einen Blick auf den Grundriss beziehungsweise beim Gang durch den Kreuzgang erkennbar: Dort fällt nämlich im barocken Teil die Hervorhebung einer Gruppe von Epitaphien auf, die durch eine fein zurückhaltende und doch deutlich herausstellende Stuckierung erreicht wird. Es handelt sich um das Epitaph des Dompropsts und Generalvikars Engelhard von Enzberg († 1362), einen podestähnlich in die Wand eingelassenen Sandstein, der als leicht gekippter Miniatursarkophag die Liegefigur des Verstorbenen zeigt. Er wird konsolartig gestützt von zwei Brustbildern in Rechteckfeldern, betende Priester, davon der linke mit Birett. Darunter ist die dazugehörige Inschriftplatte, die neben einem weiteren Domherrn und Mitglied der Familie Enzberg, Gerold († 1374), einen ebenfalls geistlichen Onkel des Engelhard, Dietrich von Hauenstein († 1308), nennt. Da die beiden späteren Sterbedaten auch erkennbar später eingemeißelt wurden, kann man zusammen mit dem stilistischen Befund von einer Entstehung des Epitaphs und

Ehem. Standort der gotischen Madonna im Kreuzgang

der ursprünglich auf dem »Sarkophag« stehenden Madonna um 1330 ausgehen.

Die klassische West-Ost-Achse ist also durch diesen Bedeutungszusammenhang für die Marienkapelle noch deutlich gesteigert. Sie wird durchkreuzt von einer Süd-Nord-Achse, die vor allem durch die Lichtführung gegeben war: Der Blick aus dem eher schummrigen nördlichen Seitenschiff des Doms fällt durch den heute verkleinerten Zugang durch den ehemals ebenfalls dreifach durchbrochenen Unterbau der diesseitigen Serliana auf das große Fenster im Norden der Kapelle, vor dem ein weiterer Altar, dem heiligen Karl Borromäus geweiht, stand. Diese beiden einander durchdringenden Achsen scheinen einen gewöhnlichen achsensymmetrischen Aufbau vollkommen zu torpedieren. Sie bilden zwar das Grundgerüst eines gleichschenkligen Kreuzes, das Hauptcharakteristikum des Grundrisses, dem dann in konzentrischen Kreisen Außenmauer, Innenmauer sowie Kuppellaterne ein- beziehungsweise umbeschrieben sind. Die Entsprechungen eines gängigen Grundrisses finden hier aber nicht im Gegenüber, sondern im Nebeneinander statt. Und der neuralgische Punkt eines toten Winkels, der bei der Einpassung eines Kreises (Marienkapelle) in ein Quadrat (Kreuzgang) entsteht, ist durch einen Treppenturm gefüllt, der den Zugang zur Orgelempore im Obergeschoß der westlichen Serliana beinhaltet und dem gesamten Bau an dieser Stelle zusätzliche Stabilität verleiht.

Im Aufriss wird diese Grundkonstruktionsidee der innigen Verbindung von Kreuzform und Kreis sichtbar fortgeführt. Vom Kreuzganginnenhof erkennt man den sich in die Ecke vom nördlichen Seitenschiff und Kreuzgangwestflügel schmiegenden Bau, der durch seine große Eigenständigkeit vor allem im Hinblick auf die Dachformung besticht. Alle vier in ihrer Wölbung dem Außenrund folgenden Kreuzarme sind mit eigenen Satteldächern über den planen Dreiecksgiebeln gedeckt, welche die von hieraus flach wirkende Kuppel mit ihrer Laterne zu durchstoßen scheinen. Die eindeutige Ausrichtung (des Kreuzes) bei gleichzeitiger Endlosigkeit des Kreises (Rotunde) ist an den durch einfache hohe Wandbänder elegant betonten Abschlussflächen der Kreuzarme, der Innen- und Außenecken, der Begrenzung der Fenster und ihrer Rahmung – im Falle der Ostfläche ein liegend bohnenförmiges Fenster, das auf die größere Höhe des Hauptaltars hinweist, und im Norden ein großes rundbogiges Fenster als Hauptbeleuchtungsquelle – sowie durch die waagrecht umlaufenden Bänder unter und in dem Dachansatz abzulesen. Auf der Kuppel sitzt die komplett dem Jahr 1951 entstammende oktogonale, kupferverkleidete Laterne.

Die Grundzüge des äußeren Aufrisses wiederholen sich im Inneren, wo sie allerdings verfeinert, durch Zweifarbigkeit und überspielenden Stuck spielerisch und elegant dargeboten werden. Nur die Höhenaufteilung wirkt hier vollkommen anders, weil fast unmittelbar über der Fensterhöhe das waagrechte Gesimsband mit der daraufsitzenden Halbrundkuppel verläuft. Gerade der Stuck, der die architektonischen Bestandteile vornehm betont und unterstreicht, die Freskenmedaillons feierlich umrahmt und auf den sonstigen Flächen wie hingehaucht erscheint, führt die bereits für den Außenbau erkennbaren Charakteristika in immer zierlicherer Form, bis hinein in das zu dieser Zeit moderne Bandelwerk der 20er Jahre des 18. Jahrhunderts, fort.

Nachdem die Stuckierung des Kapellenraums Bestandteil des Vertrags mit Gabriel de Gabrieli gewesen war, geht man davon aus, dass sein jüngerer Bruder Franz sie ausgeführt hat. Allerdings hören wir von ihm nur als Bauleiter in Augsburg; von einem weiteren jüngeren Bruder, Johann Caspar, wissen wir, dass er tatsächlich Stuckator gewesen ist – vielleicht war er hier am Werk. Dass es eine innige Verbindung von Architekt und Stuckator gab, ist jedenfalls am Ergebnis deutlich abzulesen. Die Stuckformen unterstreichen nicht nur – wie bereits erwähnt – die Architekturformen mit großen Bändern und feinem in Feldern symmetrisch eingesetztem Bandelwerk, Gitterwerk und Voluten, sondern führen sie in zarter Eleganz in Blüten und Rosetten, Vasen und Putten, zum Teil mit Spruchbändern, die das Marienbildprogramm Bergmüllers weiter entfalten, fort. Beides, Architektur und Stuck, verraten eine Schulung von höfischer Eleganz einerseits und heiterer Leichtigkeit andrerseits, wie man sie zu der Zeit vor allem in Wien erhalten konnte.

Vorgeschichte

Bei dem Madonnen-Gnadenbild handelt es sich um eine Sandsteinskulptur, die zusammen mit ihrer Umgebung farbig gefasst war, wie Farbreste am Enzberg-Epitaph im Kreuzgang noch erkennen lassen. Allerdings ist die heutige Fassung nicht mehr die originale, zwischendurch stand die Madonna auch längere Zeit steinsichtig. Es ist gemutmaßt worden, dass die Madonna in ihrer strengen Umrissbildung und den etwas eckigen Bewegungen womöglich in der Barockzeit seitlich abgearbeitet worden wäre, um sie gut kleiden zu können; dem widerspricht allerdings Kosels durchaus stimmiger Vergleich mit dem Fürstenfelder Gnadenbild, das er dem gleichen Wanderbildhauer zuschreibt, und das in einer sehr vergleichbaren, zeittypischen »straffen Klarheit der Gewandbehandlung« dasteht.

Wann genau die Verehrung des Muttergottesbildes eingesetzt hat, ist nicht bekannt; allerdings finden sich in den Domkapitelprotokollen immer wieder kleine Splitter, die sich zu

Außenansicht der Marienkapelle

einem ungefähren Bild zusammensetzen lassen. Bereits 1656 wurde beschlossen, die Wand des Kreuzgangs im oberen Bereich des Marienbildes zur Barfüßerkapelle hin zu durchbrechen, um dort einen Altar darunter zu setzen und die Muttergottes mit einer Muschel zu überfangen. Schon zu dieser Zeit muss also die Verehrung sehr ausgeprägt gewesen sein. Es ist nicht vorstellbar, dass man dazu die Statue umgedreht hat, sodass sie dann mit ihrer Rückseite in den Kreuzgang gezeigt hätte, denn schon damals wird besonders betont, dass »selbige auch ahn dem alten orth im Creützgang verpleiben« solle, auch wenn der Zustrom der Beter sie sicherlich gerne in einem größeren Andachtsraum gesehen hätte. 1659 beschließt man die »Zurichtung etwas mehreren Zierad(en)«, wofür man »mit dem Mahler Straussen undt dem Murman die behörige noturfft abzuhandeln committiert«. Mit dem Maler ist Kaspar Strauß († 1663) gemeint, der für den Dom im Vorjahr eines der großen Pfeileraltarblätter mit der »Messe des heiligen Ulrich« gemalt hatte. Bei dem Bildhauer Murmann dürfte es sich um Ferdinand handeln, der die Augsburger Werkstatt seines Onkels, Christoph des Jüngeren, übernommen hatte. Ob und wie diese Arbeiten zur Ausführung kamen, ist nicht erkennbar. Am 8. Oktober desselben Jahres beschließt man, das Muttergottesbild »mit dem ohne d(as) noch vorhandenen Eisenen Gätter einfassen Zulassen«.

Vier Jahre später taucht dann erstmals die Bezeichnung »Unnser Lieben Frauen Kreizgang Capellen« auf, für die Paramente angeschafft werden müssen: Dabei kann es sich nur um die Barfüßerkapelle handeln, deren Nutzer, die ständig als Beichtväter am Dom agierenden, beim Volk sehr beliebten Franziskaner, die Marienverehrung – auch zugunsten ihrer Kapelle! – sicherlich gerne förderten. So kann sich schon im Jahr 1671 der Subkustos erfolgreich Gelder aus dem Opferstock vor dem Marienbild für andere Belange im Dom ausbitten, was genehmigt und dann immer wieder praktiziert wird, allerdings nur das »Opfer, so über die ergehende gewise underhalts Cossten, gemelten Unser Lieben Frauen Bildts, unnd zugehöriger Capellen ubrig v(er)bleibet«. Auch möge dabei in Betracht gezogen werden, wie »mittler zeitt Unser Lieben Frauen Capellen zue mehreren Ziehr zuerweitteren sein möchte«. 1674 werden von dem Opfergeld die »Saulen bey Unnser Lieben Frauwen im Creuzgang« repariert, ein Eintrag, der heute nicht mehr nachzuvollziehen ist.

Immer wieder kommt es auch zu größeren Spenden, wie die Domkapitelprotokolle erzählen: So vermacht der verstorbene Dompropst Johann Reinhard von Eyb († 3.4.1682) 500 Gulden zu einer wöchentlichen Messe und lässt seinen »Grabstein under U:L:Frawen in dem Creyzgang« setzen, wo er sich bis heute befindet.

Vom Ergebnis einer Begehung der »U:L:Frawen Capellen im Creyzgang, wie deren veränderung am füeglichsten einzurichten sein möchte«, wird im Mai 1684 berichtet: Man macht den Vorschlag, dass »die Maur, so 4. schuech dickh durch gebrochen, d(as) bild hinein geruckhet, und ein Altar gleich vor selbigem gerichtet werden solle«. Allerdings stellt man mithilfe des zugezogenen Stuckators und Maurermeisters fest, dass dieser Plan »wegen groser difficulteten« nicht durchführbar sei. Stattdessen entschließt man sich, die alte Agneskapelle, die 1334 von Dompropst Kraft von Neidlingen gestiftet worden und dem südlichen Kreuzgangsflügel in Nordrichtung angebaut war, zu erweitern und »richtung des Altars gleich gegen dem bild über [zu] bewerckhstelligen«. Diese Umgestaltung und »Bedeutungserweiterung« erscheint als bestechend praktikable und kostengünstige Lösung, denn man füllt einfach den Raum zwischen der bestehenden, vom Dom her zugänglichen Agneskapelle und dem westlichen Kreuzgangflügel aus und durchbricht die letztere Mauer zum Marienbild hin. Bereits am 28. Juli muss diese Maßnahme vollzogen gewesen sein, denn das Domkapitel denkt darüber nach, die neuen, sehr tief ansetzenden Fenster in der erweiterten Kapelle zu vergittern. Das lässt nun wiederum darauf schließen, dass bis dahin in diesem Bereich des Kreuzgangs das Niveau deutlich höher lag als in der Agneskapelle, die womöglich nahezu ebenerdig vom Dom aus zu betreten war. Die dadurch sehr tief liegenden Fenster bargen offensichtlich schon damals ein Risiko, dem man notwendigerweise mit Vergitterung vorbeugen wollte, »umb aller gefahr des ein-steigens vorZuebiegen«. Der Boden der »new erbawten Capellen« wird schließlich »von gemeinen braiten rothen Pflastersteinen gepflästert«. Überdies gibt es mit dem domkapitlischen Zimmermeisters Simbrecht Haldenwanger wegen seines Lohns und der verbauten Hölzer für den Dachstuhl der Kapelle Streit, was schließlich zu seiner Amtsenthebung führt.

Allerdings wird tatsächlich am Marienbild – immer noch auf dem Enzberg-Epitaph stehend – neben vielen dargebrachten Gebeten und Opfern auch »im(m)erzue was entfrembt […], so vermuetlich von den in der DombKürchen und Creyzgang sich aufhaltenden betlleuten beschechen müese«, sodass man das erneuerte eiserne Gitter im Februar 1689 sogar noch einmal erhöht. Zusätzlich ist »denen Stuelbrüederen ernstlichen anZuebfehlen, d(ass) sie dergleichen betlpersohnen mit mehrerm fleis und nachdruckh ausschaffen solten«. Gleichzeitig soll Pater Crescentianus, der Mesner der Barfüßer- und nun wohl auch der Marienkapelle, ein »formbliches inventarium« über die »berhandene ring, Kleinodien und anderß« anfertigen und regelmäßig ergänzen – der Zustrom der Sach- und Geldspenden blieb demnach ungebrochen.

Entstehungsgeschichte

Die würdige Gestaltung der Umgebung des »mirakulosen Bildes« blieb aber weiterhin ein Anliegen des Domkapitels, das offensichtlich auch in der erweiterten Agneskapelle nicht befriedigend gelöst schien. So steht am Anfang der Geschichte einer neuen Marienkapelle, die aus erhaltenen Archivalien relativ gut nachzuvollziehen ist, der Domkapitelsbeschluss vom 19. Februar 1720, »die Kapell(en) bey der Gros(en) U.L.Frauen in dem Creüzgang dergestalt(en) Zu erricht(en) Zu lassen, das Vor dem Gnad(en) bild selbst(en) Ein Altar Zu stehen kom(m)(en) thätte«. Dazu sollte der Domkustos »entzwisch(en) Von einem guett(en) Paw Verständig Ein Project, oder Riss, auf was weiß und arth sothanes gebaw am schönsten« verfertigen lassen. Diese ersten Risse dürfte Meister Philipp Jakob Neumayr erstellt haben, wie es der Kapitelsbeschluss vom 29. Juli 1720, der eine angemessene Bezahlung dafür anordnet, vermuten lässt. Bei den Rissen handelt es sich um die beiden bisher Fischer (s. u.) zugewiesenen Blätter, von denen eins einfach zwei Variationen einer tieferen kapellenartigen Nische mit Altar am Ort des Epitaphs vorschlägt, das andere die bestehende Barfüßerkapelle hinter der Wand des Epitaphs einzubeziehen sucht, indem zwei großzügige Durchbrüche in den Kreuzgangwänden, »Zwen ofne begen mit Eisene geter«, Einblick und Zugang gewähren. Der an der Ostwand der Kapelle bestehende Altar sollte als »Der

Marienkapelle

altar Zu Unser lieben Frawen bild« vor die Mittelsäule des Raums gerückt werden. Der letztere Entwurf ist mit der Bemerkung versehen: »Auf diese mannier ist abgeredt worden wie iro hochfürstlichen gnaden selbsten auf dem Augenschein sein gewesen« – mit der »hochfürstlichen Gnaden« ist sicher einer der Dignitäre des Doms, wahrscheinlich der Domkustos Joseph Julius Ernst von Spaur, gemeint, der für diese Aufgabe abgestellt worden war. Solche Überlegungen, die zugegebenermaßen »Sparpläne« gewesen wären, waren bereits früher verworfen worden; man strebte nach etwas Repräsentativerem, vor allem, da man finanziell für das Projekt durch das hohe Spendenaufkommen bei der Marienfigur und durch die avisierte Schenkung eines Hochaltars (s.u.) gut dazustehen meinte.

Neumayr, der damit von vornherein aus dem Rennen gefallen war, gehörte 1716 zu den Rädelsführern eines Aufstandes der Maurer in der Stadt und wurde dafür 1721 sogar einen Tag lang in Eisen gelegt; vielleicht spielten derartige Turbulenzen bei den ansässigen Meistern auch eine Rolle in der Entscheidung des Domkapitels für einen »Auswärtigen«. Denn bereits am 9. April 1720 entschließt sich das Domkapitel, »den beriembt(en) Pawmaister Gabrieli Zu besichtigung der gelegenheit, und Verfassung eines Grundt Riss hiehero Zu berueffen«. Die Beziehungen zwischen den Bistümern Augsburg und Eichstätt waren traditionell sehr eng, sodass der Zugriff auf einen dortigen Meister nicht verwundert: Zur fraglichen Zeit war beispielsweise der Augsburger Dompropst Franz Ludwig Schenk von Castell gleichzeitig Domkapitular in Eichstätt, wo er 1725 dann auch Bischof wurde, der Bischof von Eichstätt war Domkapitular in Augsburg gewesen.

Der berühmte Baumeister Gabriel de Gabrieli, 1671 in Roveredo in Graubünden geboren, hatte wohl bei seinem Vater Giovanni das Maurerhandwerk gelernt. Als Geselle war er dann nach Wien gegangen, sicherlich die für ihn prägendste Zeit, wo er als Maurer- beziehungsweise Baumeister unter seinem Onkel Enrico Zuccalli, dem kurbayerischen Hofarchitekten, dann in den Diensten des Fürsten von Liechtenstein arbeitete. Seit 1694 war er als Baumeister für den Markgrafen Georg Friedrich von Ansbach tätig, unternahm Reisen nach Italien und Frankreich, hielt sich in seiner Heimat auf, bis er endlich 1714 in fürstbischöflich-eichstättische Dienste trat. Dort entfaltete er bis zu seinem Tod 1747 eine reiche Bautätigkeit, die das Stadtbild bis heute entscheidend prägt. Unmittelbar vor der Anfrage aus Augsburg hatte er, zusammen mit dem Augsburger Maler Johann Georg Bergmüller, mit dem er Zeit seines Lebens freundschaftlich verbunden blieb, die Kirche Notre Dame in Eichstätt errichtet, ein in vielen Elementen durchaus vergleichbarer Bau.

Am Tag der Entscheidung für Gabrieli schreibt der Obrist-Stallmeister des Augsburger Fürstbischofs, Freiherr Ehrenreich Andreas von Pollheim und Wartenberg, dem Domkapitel einen Brief, in dem er sich zunächst ausführlich für die Erlaubnis zur Bestattung seiner verstorbenen Frau im Kreuzgang beim Marienbild »in dess Hohen Dombstüffts U.L. Frawen Capellen nächst dem Creuzgang« bedankt. Ihm sei – höchstwahrscheinlich durch seinen Bruder, der selbst Domherr war – hinterbracht worden, dass das Domkapitel sich zum Bau einer Kapelle entschlossen habe, »mehrberührte U.L. Frauen Capellen durch vorhabenden Paw in einen anderen, und besseren standt Zu sezen«. Wieder fällt die Bezeichnung der Kapelle auf, mit der die fromme Bevölkerung die Agneskapelle offensichtlich bereits »umgewidmet« hatte. Die verstorbene Ehefrau Pollheims muss also auf dem Gelände der jetzigen Marienkapelle bestattet worden sein, was sein Interesse an einem Kapellenbau über ihrem Grab erklärbar macht. Er bietet nämlich an, dass er für die neue Kapelle »statt eines Epitaphij einen Altar Verfertigen Zulass(en)« bereit sei; und da er ebenfalls bittet, »an diesem Alltar Mein, und Meiner Gemahlin Agnaten und Adelich(en) Wappen anhenckhen Zu lassen«, was ihm das Domkapitel auch genehmigt, wird ersichtlich, dass er den Bau insgeheim als herkömmliche Grabkapelle betrachtete. Er und sein Bruder werden schließlich auch hier beigesetzt. Es verwundert also nicht, dass der Bau immer wieder seine finanzielle Unterstützung und auch die Bezeichnung »Pollheim-Kapelle« erfuhr.

Bereits am 17. April liegen dem Domkapitel drei Entwürfe Gabrielis vor, und das Kapitel beschließt, den »schöneren, in

d(as) rundtell gemachten« Entwurf zu übernehmen, den aufwendigsten, aber auch repräsentativsten, mit der Bedingung allerdings, dass »die in der ieztmahlig(en) Capell sich befindl. Epitaphia an jhr(en) alt(en) orthen Verbleiben«. Gabrieli möge nun ausführliche Zeichnungen und Pläne und vor allem auch einen Kostenvoranschlag liefern; gleichzeitig begann man, die Finanzierung des Baues zu regeln. Und nachdem Gabrieli ja in fürstbischöflich-eichstättischen Diensten stand, aber sobald wie möglich mit dem Bau in Augsburg begonnen werden sollte, gingen zwei Tage später vom Augsburger Dompropst Franz Ludwig Freiherr von Castell, in Personalunion Domherr von Eichstätt, Briefe an die beiden Bischöfe von Eichstätt und Augsburg hinaus. In seiner positiven Antwort vom 26. April weist der Bischof von Eichstätt Johann Anton Knebel von Katzenellenbogen ausdrücklich auf seine guten Erinnerungen aus seiner Zeit als Augsburger Domherr (1682–1712) an das verehrte Marienbild hin: »Nun hab(en) Wür selbsten, als Wür unß noch Zu Augspurg aufgehalten, Zu dieser Lieben Frauen in dem Creuzgang Unsere Zuflucht und besondere Devotion ied(er)Zeit gehabt.«

Allerdings gestaltet sich der Baubeginn nicht so einfach: Der gesuchte Meister Gabrieli ist gut ausgebucht, gerade hat ihn der Fürstbischof an den Pfälzer Kurfürsten nach Heidelberg wegen der Projektierung eines Residenzschlosses in Mannheim »ausgeliehen«. So gehen die ersten Briefe des Augsburger Domkapitels an Gabrieli nach Mannheim oder Schwetzingen. Aber vorsorglich will man schon einmal Baumaterialien an den Ort des Geschehens bringen lassen und eine Kalkgrube anlegen. Auf eine weitere Anfrage nach Eichstätt vom 1. Juli kommt am 10. Juli die Nachricht, dass der Meister dabei sei, die Pläne zu zeichnen und »dan weiters selbsten künfftig(en) Erchtag in Augspurg sein undt den bau mit allem Ernst anfangen« wolle. Am selben Tag wird der Domkustos darauf hingewiesen, dass er beim Abschluss eines Kontrakts mit Gabrieli doch bitte die Risse des Johann Georg Fischer, »von weyl: dem verstorbenen Pawmeister Herkhom(m)ers Ballier […] von Füessen aus dem alhiesigen HochStüfft gebürthig« anschauen solle, die dieser nach einer auf eigenes Ansuchen erfolgten Inaugenscheinnahme – davon berichtet das Kapitelsprotokoll vom 8. Juli – angefertigt habe. Auch diese beiden Pläne, die bisher Gabrieli zugeschrieben wurden, haben sich erhalten: Den Entwürfen gemeinsam sind weite Öffnungen zum Dom und zum Kreuzgang hin, wobei die sonst einfachen Grundrisse unterschiedlich ausgerichtet sind und unterschiedlich mit dem Baubestand umgehen. Auf einem Riss erscheint die polygonale Sakristei der »jezigen«, also der Agneskapelle, als Sakristei der neuen Kapelle. Die geplanten Anbauten schmiegen sich ganz in den Winkel von Kreuzgang und Dom und sollten

Gabrieli vorführen, wie »sich zeigendte Scharr Winckhl zu evitieren seyn möchte[n]«.

Nachdem Gabrieli zum versprochenen Termin wieder nicht erschienen war, wurden offensichtlich einzelne Glieder des Domkapitels ungehalten. Domdekan Johann Christoph von Grenzing schreibt am gleichen Tag an den in Eichstätt weilenden Dompropst, dass man entweder für dieses Jahr den Bau einstellen oder aber Meister Fischer übergeben müsse. Man entscheidet sich aber im Domkapitel, es bei Gabrieli noch einmal mit einem Brief zu versuchen. Und diesmal kommt bereits einen Tag später Antwort von Gabrieli, »welcher sich dahin endtschuldiget, das Er Bis dato wegen sonst führenden Gebäuen ohnmöglich ab kom(m)en können, künfftigen Freytag ohnfehlbahr in Augspurg eintreffen wolle«. So wird vom Kapitel am 21. Juli 1720 beschlossen, dass, »weillen mit Jhme [Gabrieli] biss dato noch nit absolute contrahiert, er zue ford(er)ist einen yberschlag, wie Hoch sich sothaner Paw belauffen Möchte, sambt einem and(er) Rüß, wie etwann die in Seinem Vorigen sich zeügendte Scheer-Winckhl zue evitieren seyn Möchten, verfassen, und ybergeben solle, umb sodann mit ihme behörig accordieren zukhönnen«. Zudem möge bei dem Gabrieli-Termin auch der sich beschwerende Herr Domcellerar anwesend sein. Und eine Woche später kommt es nun endlich zu dem Kapitelsbeschluss, der einen ersten Kostenvoranschlag des anwesenden Gabrieli in Höhe von 4816 Gulden nennen kann. Damit sind die Würfel endgültig gefallen, und die beiden »Kontrahenten« Neumayr und Fischer werden für ihre Planungen entsprechend ausbezahlt.

Am 31. Juli 1720 unterschreibt und siegelt Gabrieli seinen Akkord. Am selben Tag wird dem Bischof mitgeteilt, dass nun die alte Kapelle abgebrochen und durch ihn der Grundstein mit den entsprechenden Solennitäten gelegt werden möge. Zur Grundsteinlegung kommt es dann aber erst am 20. August »Vormittag nach dem hoch-Ambt, nachdeme einige gdge. Herren DombCapitulares sich von der Chor Sacristey aus mit Vortragung des Crucifix, und leüchter processionaliter auf den plaz der neüen Capellen begeben, […] mit denen gewöhnl. Caeremonien« durch den Weihbischof Johann Jakob von Mayr.

Als Bauleiter fungierte wohl der »allhier anwesende jüngere Gabrieli«, womit der jüngere Bruder des Gabriel, Franz, gemeint sein muss, der am 18. September 1720 meldet, dass die Ziegelsteine aufgebraucht seien. Aber bereits am 25. Oktober, rechtzeitig vor Saisonende, ist »bey der neüen Capellen die Tachung nunmehro würckl. aufgerichtet, und gewöhnl. massen der busch aufgestöckht«, sodass die Handwerksleute einen kleinen Obolus erhalten. Allerdings wird dieser Freudentag von einem folgenreichen Unglück überschattet, Ga-

brieli muss melden, »wasmassen in dem X.Gang, wo ehebevor die grose Muetter Gottes gestand(en), vor einig(en) Tägen von dem Gewölb ein groses stückh eingefallen, angesechen an ersagtem gewölb d(as) holzwerckh ganz Vermoderet«. Dieses Ereignis passt aber gar nicht so ungut in die Planungen Gabrielis, so kann er den Raum im Kreuzgang unmittelbar vor der neuen Kapelle nach seinem Gutdünken gestalten: Es entsteht ein mit Flachbogentonne gedeckter Gang, der nur im Bereich des Kapelleneingangs hinüber zum Enzberg-Epitaph in der Kreuzgangwand durchstochen wird, sodass sich feine, mit zarten Blüten und Blättern hervorgehobene Grate mit einer ausgeprägten Rosette in der Mitte bilden, die von stuckierten Lisenen beidseitig abgefangen werden. Auch das Epitaph wird mit hochgestelzten Obelisken, die von Sonne und Mond bekrönt sind, flankiert und durch einen Bogen mit hübschen Ornamenten überfangen und betont. Auf die zum Sarkophag ausgebildete Wandkonsole wurde ein anderes, wohl aus der Agneskapelle stammendes Epitaph mit Kreuzigungsszene gesetzt.

Der Bau ist vollendet – die Akten schweigen; erst am 15. April 1722 berät das Domkapitel über eine weitere Belohnung Gabrielis über den ihm vertraglich zugesicherten Erlös des Abbruchmaterials der alten Kapelle hinaus: 215 Gulden werden ihm zusätzlich ausgefolgt.

Am 25. Juni 1722 ist dann endlich auch die Inneneinrichtung abgeschlossen, der Hauptaltar aufgerichtet, jetzt fehlt nur noch die Weihe und die »transferierung deß Gnaden Reichen bildts«, die am folgenden Dienstag und Mittwoch erfolgen sollen. Die Transferierung kann erst am Tag nach der Weihe erfolgen »weg(en) dessen grossen schwähre«, »mittwoch darauff aber nach der Complet d(as) erste mahl in mehrerwehnte Capell die gewöhnl. Lytaniae, und so forthan den(en) darauf volgendt(en) Donnerstag, als in Festo visitationis B.mae V. Mariae anch geEndigtem gewöhnl. Hocham(m)bt auf den Chor in vihlerwehnter Capell noch ein anderes figurietes ambt gehallten«. Von diesem umfangreichen Programm soll sowohl dem Bischof als auch dem Herrn Obristen-Stallmeister Pollheim Nachricht gegeben werden. Allerdings muss auch noch bedacht werden, dass »einige fundjerte Beneficia« wieder auf die Kapelle übertragen werden müssen. Und schließlich muss man sich noch bei den Gönnern sowie dem die Einweihung vollzogen habenden Weihbischof gebührend bedanken.

Fresken

Die Fresken in der Marienkapelle sind heute nur noch sehr differenziert zu beurteilen, da sie weitgehend Rekonstruktionen nach den Zerstörungen des Kriegs sind. Aber allein die

Aufnahme der Gottesmutter in den Himmel, rekonstruiertes Fresko von J. G. Bergmüller in der Kuppel der Marienkapelle

VER.

AVTVMNVS.

Tatsache, dass man sie rekonstruieren konnte, ist schon hervorhebenswert.

Am 23. Mai 1721 verhandelte das Kapitel »wegen Verfertigung der gemählen in die neue Capellen mit dem allhiesigen Maller Berckhmüller« – vermutlich auch auf Befürwortung Gabrielis, der schon in Eichstätt in der Kirche Notre Dame erfolgreich mit Bergmüller zusammengearbeitet hatte.

Johann Georg Bergmüller, geboren am 15. April 1688 im unfernen Türkheim, hatte zunächst bei seinem Vater in dessen Kunstschreinerwerkstatt gelernt, bevor er von 1702 bis 1708 zum Münchener Hofmaler Johann Andreas Wolff in die Lehre gehen konnte. Nach einer Reise in die Niederlande 1711 wurde er 1713 Bürger und Meister in Augsburg und schließlich Lehrer und erster katholischer Direktor der reichsstädtischen Akademie. Nicht nur durch seine Lehrtätigkeit, sondern auch durch seine kunsttheoretischen Schriften und Veröffentlichungen sowie die Verbreitung zahlreicher Kupferstiche – darunter auch die Serie mit den Fresken der Marienkapelle, die zusammen mit den wenigen freigelegten Resten zur Grundlage der Rekonstruktion wurde – gelangte er zu hohem Ansehen und reichlich Nachahmern seines Stils.

Durch zähes Handeln mit dem bereits gesuchten Meister wegen des Preises für die Ausmalung der Marienkapelle konnte das Domkapitel ihn schließlich von ursprünglich »100 species Ducaten, als dann auf 400 fl. endl. aber auf hochwohlged. Sr. Hochwrd. und Gden, eüfriges Zuesprechen auf 350 fl« herunterhandeln, »mit dem ersuechen, dass Mann jedoch solchen accord niemand wissen lassen solle, indeme es ihme anderer Ohrten praejudicierlich sein möchte«. Gleichzeitig mit dem Entschluss vom 23. Mai 1721, den Meister zu verpflichten, erarbeitete man »unterschidl. Concept, und Gedanckhen« zum Bildprogramm. Nachdem dann am 28. Juli 1721 Bergmüller endgültig aus Eichstätt zurückgekehrt war, konnte er in der folgenden Woche »und zwar nach dem nochmahl(en) übergeben(en) entwurff in der Kupl mit Mariahim(m)elfahrt den anfang« machen. Am 25. August 1721 schlägt der Domkustos vor, »wasmassen in der neü erbauthen Muetter Gottes Capellen sich noch 4. Emblemata samt einem noch zim(m)lichen blath gleich oberhalb dem eingang befinden«, diese Stücke ebenfalls Bergmüller zu übergeben – ein mindestens preisgünstiger Entschluss, denn »ersagtes Berckhmüllers Ehefrau« verspricht »die 4. Emblemata Zu ehren der muetter Gottes durch erstermelt jhrem Ehemann gratis, d(as) übrige grose aber« für die von Sponsoren zusammengelegten 70 Gulden machen zu lassen, wobei »in dises leztere die allhiesige Dombkirchen mit Eines gesambt(en) Hochwrd. DombCapituls Gremio, Oberhalb aber U:L:Frau mit der überschrift sub tuum Praesidium mahl(en) Zuelassen intentioniert seyen«. Für die 4 Emblemata hatte der »P. DombBeichtVatter« schon

einige Themenvorschläge vorgelegt, wozu aber noch weitere Vorschläge von »dem herrn P. DombPrediger, oder einem and(er)(en) P. ex S.J. abgefordert« werden sollten. Am 22. September 1721 kann der Domkustos melden, dass Bergmüller »mit der Mallerey in der neü erbauthen Muetter Gottes Capellen nunmehro diese Wochen ferthig« wird – allerdings muss man die auszuzahlende Summe zunächst einmal von der Bruderschaft SS. Cordis Jesu leihen, weil die Mittel der Muttergotteskapelle selbst aufgebraucht sind. Mit der Ausführung des letzten fehlenden Bildes über dem Eingang der Kapelle wolle man noch – so wird am 30. September 1721 beschlossen – aus klimatischen Gründen bis zum nächsten Frühjahr warten; vermutlich war aber eher die finanzielle Klammheit der wahre Grund.

Seine Bilderfindungen ließ Bergmüller bereits 1723 durch Hieronymus Sperling in Kupfer stechen und bei Johann Jacob Lotter als Illustrierung seines proportionstheoretischen Lehrbuches Anthropometria herausgeben; sie bildeten – wie bereits erwähnt – die, wenn auch seitenverkehrte, Vorlage zur Rekonstruktion in den 80er Jahren des letzten Jahrhunderts.

Das Bildprogramm ist – wie oben bereits geschildert – inhaltlich eine Zusammenarbeit von Freskant und Geistlichkeit und stellt eine innige Verquickung von Marienleben und Jahreszeiten beziehungsweise Tierkreiszeichen dar. Es gipfelt im Bild der Himmelfahrt Mariens an der Decke der Laterne, die die von Engeln geleitete Gottesmutter in sehnender Gebärde der Arme und gen Himmel gerichtetem Blick in einer Gloriole von tatsächlichem und gemaltem Licht zeigt.

Die großen Ovalbilder in der unteren steilen Zone der Kuppel, wo sie durch perspektivische Verkürzung rund erscheinen können, enthalten je eine Szene des Marienlebens, die in Beziehung zu einer antiken Gottheit gesetzt ist, die als Symbolfigur für eine Jahreszeit steht. Die 3,35 Meter hohen und 2,90 Meter breiten Ovalmedaillons beginnen mit der Darstellung der Verkündigung, die wie in einem »Theatrum sacrum« Maria auf einem hohen mit Tüchern verhangenen Podest in einer vom Sitzen zum Knien changierenden Bewegung zeigen. In der oberen Bildmitte erscheint die unbekleidete Halbfigur des in und aus Wolken kommenden Engels mit weit gebreiteten Flügeln. Unter dieser reich bewegten Szene erscheint – sozusagen im Zuschauerraum – als Rückansichtfigur Venus mit einem Blütenkranz, den sie nach oben zu reichen scheint. Sie steht nicht nur für die Liebe und die Schönheit, sondern auch für das Frühjahr; weitere verbindende Elemente des Freskos sind das Taubenpaar und die hochragende Kübelpflanze einer Aloe am linken Bildrand. Das beigegebene Bibelzitat entstammt dem Hohenlied und lautet in der Einheitsübersetzung: »Auf der Flur erscheinen die Blumen [...]; die Stimme der Turteltaube ist zu hören in unserem Land.«

Verkündigung an Maria, stark ergänztes Fresko, ursprünglich von J. G. Bergmüller

Flores
apparuerunt
interra nostra
Vox turtur
is audita
est.
Cantic 2.
17

Das zweite Oval zeigt dann die Heimsuchung Mariens: Die beiden schwangeren Frauen Elisabeth und Maria begegnen sich so auf einer hohen Treppe vor dem Wohnhaus des Zacharias, dass der Leib Mariens tatsächlich den Bildmittelpunkt bildet. Unten, ebenfalls wieder als Zuschauerin dieses bewegten und bewegenden Geschehens, lagert die Göttin der Fruchtbarkeit Ceres als Symbol für den Sommer. Die Beischrift ist wiederum ein Zitat aus dem Hohelied: »Dein Leib ist ein Weizenhügel, mit Lilien umstellt.«

Im dritten Bild ist die Szene der Mariengeburt gezeigt: Ein üppiger Vorhang ist nach oben und beiseite gerafft und gibt den Blick auf den Kindsvater Joachim und eine Gruppe von Frauen frei, die die neu geborene Maria baden und in Tücher hüllen, während Mutter Anna etliche Stufen höher im Hintergrund in einem prächtigen Himmelbett liegt. Die Bildmittelachse wird betont durch den mächtigen Säulenfuß, der im oberen Bereich angeschnitten erscheint. Unten wohnt Bacchus der Szene bei und weist auf seine Attribute Weinlaub und Reben sowie eine Amphore mit Wein hin. Als Figuration des Herbstes weist er nicht nur auf das fortgeschrittene Lebensalter von Mutter Anna, sondern auch auf die Bedeutung von Weinstock, Rebe und Wein in der christlichen Kirche mit den Worten des Hohelieds hin: Die blühenden Reben duften. »Steh auf, meine Freundin, meine Schöne, so komm doch!« Zusätzlich findet sich am unteren Bildrand auch die Signatur Bergmüllers: »Sacellum hoc pingebat Joann Georg Bergmüller Ao 1721«.

Das vierte Medaillon zeigt dann die Maria Immaculata, die auf der Erdkugel steht und mit ihrem linken Fuß den Kopf des geschuppten und geflügelten Drachens niedertritt, der den Apfel im Maul hat. Ihre reichen Gewandmassen umflattern sie, in der Hand hält sie das Lilienszepter, ihr Haupt mit dem Sternenkranz hebt sich vor dem lichtdurchfluteten Himmelsloch, das von Putten und geflügelten Puttenköpfen gesäumt ist, deutlich ab. Zu ihren Füßen findet sich der ehrfurchtsvoll zu ihr aufblickende geflügelte Gott Chronos mit der Sense im Arm, seine Flügel scheinen kraftlos – die Zeit kann nicht mehr fliehen; die Sense liegt im Arm und mäht nicht mehr –, der Tod ist entkräftet. Dieser Darstellung ist ein Zitat aus dem Buch Sirach beigegeben: »[Ihr] weißer Glanz blendet die Augen.«

Zwischen diesen Medaillons, die die Kreuzarme betonen, liegen sich zum Scheitel hin verjüngende Bänder mit je drei kleineren, ebenfalls im Durchmesser sich verjüngenden Medaillons, die den zwölf Monaten mit den Tierkreissymbolen vorbehalten sind. Gleichzeitig enthalten sie aber auch auf Maria bezogene Embleme und Bibelzitate, sodass der Verkündigung mit der Venus die Tierkreiszeichen des Frühlings Widder, Stier und Zwillinge mit den Emblemen ›Ordenskette

des Goldenen Vlieses‹ (Widder: Ewiger Schmuck), ein Garten (Stier: ›im Himmel und auf Erden guttätig‹) und das Zwillingspaar *Humilitas – Virginitas* (Niedrigkeit – Unschuld; Zwillinge: ›Keines ohne das andere‹) zugeordnet sind. Zur Heimsuchung, dem Sommer mit der Göttin Ceres, gehören die Zeichen Krebs, Löwe und Jungfrau, wobei der Krebs das Motto ›Niemals rückwärts‹, die Löwin mit ihren Jungen das Motto ›Einmal gebiert sie den Löwen‹ und der Jungfrau das Einhorn mit dem Motto ›Sie zähmt durch jungfräuliche Liebe‹ zugeordnet sind. Die Mariengeburt mit Bacchus als Herbst wird begleitet von der Waage, die durch die *Dextera Dei* gehalten wird, wobei in den Waagschalen die Weltkugel gegen das Marienmonogramm nach dem Motto ›Sie überwiegt durch ihre Verdienste die Welt‹ aufgewogen wird. Danach erscheint der Skorpion mit dem Motto ›Des Giftes unbewusst‹ und schließlich der Schütze, dessen Pfeil auf das Jahwe-Tetragramm gerichtet ist; das zugehörige Motto lautet: ›Auf dieses und nichts anderes‹. Maria Immaculata in Begleitung von Chronos als Winter wird assistiert von den Symbolen des Winters: Steinbock, Wassermann und Fisch. Der aufgerichtete Steinbock hat das Motto ›Immer nach oben‹, der Wassermann ›Je länger desto weiter‹ und der Fisch ›Niemals im Dunklen‹.

Vier Tondi sitzen in den Scheiteln der Bogen unmittelbar unter der Kuppel. Bei diesen kleinen Bildern, die – wie oben berichtet – kostenlose Dreingaben Bergmüllers waren, handelt es sich um emblematische Darstellungen, die mit den Anrufungen Mariae in den über ihnen angebrachten Scheitelkartuschen zusammenhängen und die offensichtlich auf die Himmelsrichtungen bezogen sind, in denen sie sich befinden. Es sind im Norden: ein Wanderer in der Nacht, mit dem Motto ›Den Irrenden‹; im Osten: der Sonnenaufgang, der die Nacht vertreibt, mit dem Motto ›sie flieht‹; im Süden: die Sonne, die die Welt überstrahlt, mit dem Motto ›für alle‹; im Westen: ein Schiff auf dem bewegten Meer bei Sonnenuntergang, mit dem Motto ›die Hoffenden‹.

Ausstattung

Im Zentrum des prachtvollen Altars, der vom Freiherrn von Pollheim gestiftet worden war und daher über dem Altartisch die ihm zugesagte ovale Metalltafel mit Stiftungsinschrift mit den Chronostichen 1719 und 1722 beherbergt, steht auf einem Sockel in weiter, klarer Nische die Madonna vom Enzberg-Epitaph. Mondsichel und überfangene Muschel aus Metall existierten offenbar schon vor der Transferierung des Marienbildes, denn Pollheim erwirbt sie extra und lässt sie entsprechend umarbeiten. Der in mehrere Höhenzonen gegliederte Aufbau des Barockaltars besteht aus marmoriertem

Holz, die Kapitelle der Rahmenarchitektur mit den auf Sockelzungen nischenartig in den Raum ausgreifenden Säulenpaaren sind vergoldet, ebenso die Gewänder der flankierenden Figuren, bei denen es sich wohl um lauter Angehörige aus der Sippschaft Jesu handelt. Über dem markanten Kranzgesims halten zwei halb kniende, halb schwebende Engel eine große Krone über der Gloriole mit der Heilig-Geist-Taube, Putten tragen flankierende Wappenschilder mit den Farben des Stifters. Weitere Putten tummeln sich in den Gebälkprofilen, um die Muschel des Gnadenbildes sowie vor den seitlich zusammengezogenen Vorhangdraperien. Mit diesem ›Epitaph-Altar‹ hat Pollheim seiner verstorbenen Frau schließlich ein würdiges Denkmal gesetzt.

Im nördlichen Kreuzarm, unter dem durch das große Fenster hineinflutenden Licht, das die hellen, nur zart abgetönten Wände, den feinen weißen Stuck, die Freskenbilder und die Vergoldungen des Altars zum Leuchten bringt, stand ursprünglich der dem heiligen Karl Borromäus geweihte Altar, über dessen Aussehen und Verbleib nichts bekannt ist. Großartig verwandelt präsentiert sich allerdings an dieser Stelle die Marienkapelle in den Tagen der Karwoche, wenn an Stelle des Karlsaltars ein die ganze Raumhöhe einnehmendes Heiliges Grab aufgebaut wird, eine alte Tradition im Dom, in dem es zeitweilig sogar zwei Heilige Gräber gegeben haben muss. Einige der prachtvollen Teile des Aufbaues stammen vom 1782 abgebrochenen ehemaligen Kreuzaltar, wie man einem Stich von Johann David Cueriger entnehmen kann, der anlässlich der Heiligsprechung des Johannes Nepomuk und der damit verbundenen Festdekorationen 1729 entstanden ist. Zum Heiligen Grab gehört natürlich vor allem ein annähernd lebensgroßer Grabchristus, der den Eindruck des toten, kraftlos dahingesunkenen Körpers wiedergibt. Die Skulptur wurde – wie viele größere Bildhauerarbeiten – Georg Petel zugeschrieben, ist aber nachweislich beinahe 100 Jahre jünger: Es hat sich im Bistumsarchiv ein Kapitelsbeschluss vom Januar 1701 erhalten (BO 578), der von einem neuen Christusbild »Von Mahler Und bilthau(er)arbeit« spricht, ohne allerdings einen Namen zu nennen. Stilistisch gehen aber Zitat, Zeit und Figur durchaus zusammen.

Das große Schutzengelbild, das mit dem Namen Bergmüllers signiert und 1714 datiert ist, stammt aus der nicht mehr existenten Karmelitenkirche, von wo aus es während der Säkularisation in Staatsbesitz überging und schließlich 1987 aus dem Kunsthandel erworben werden konnte. Es ersetzt das mit den vier Emblemata bei Bergmüller nachbestellte große Gemälde, das über dem Eingang – wohl zum Dom hin – angebracht war und das der Bestellung des Domkapitels nach dem Dom, das gesamte Domkapitel und die erste Patronin der Diözese, die Muttergottes, mit der Überschrift »Sub tuum prae-

sidium« zeigen sollte; über sein Aussehen und seinen Verbleib ist nichts bekannt.

Auf einem jüngeren Tisch, der heute als Kredenztisch verwendet wird, steht seitlich des Marienaltars eine große Reliquientafel mit der Darstellung des Schweißtuches im Zentrum, umgeben von etlichen Reliquien, in Klosterarbeit gefasst und in symmetrisch angeordneten Rocailles gerahmt. Laut enthaltener Authentik wurden die Reliquien 1748 beglaubigt. Ein zwar altes, aber erst bei der letzten Restaurierung erworbenes und eingepasstes Gestühl rundet die Einrichtung der Kapelle ab und macht sie zu einem Beispiel hochrangiger spätbarocker Architektur mit einer noblen, auch inhaltlich sehr durchdachten Ausstattung.

Das wundertätige Marienbild, ehemals Bestandteil eines Epitaphs im Kreuzgang, war übrigens nicht das einzige Bildwerk, das dergestalt aufgewertet wurde: Es haben sich Nachrichten erhalten, dass annähernd gleichzeitig versucht wurde, einem weiteren, dem »U:L:Fr: kleineren bild im unteren Creizgang […] allwoh der eingang Zue St. Ottilia altar ist« eine ähnliche Bedeutungssteigerung angedeihen zu lassen. 1684 wird diesem Bild ein Gitter genehmigt, zwei Jahre später ein Opferstock, sodass das geopferte Geld nicht gestohlen werden kann.

Selbst im dritten Viertel des 18. Jahrhunderts spielt sich noch einmal ein ähnlicher Vorgang ab, diesmal ist es die Schmerzhafte Muttergottes auf dem Weldenschen Epitaph, die nacheinander ein Gitter, einen Opferstock und eine Ewiglicht-Ampel erhält.

Die Marienkapelle wurde nach und nach mit eigenen Paramenten ausgestattet, wozu viele der gestifteten »ohnnuzbahren pretiosis« »Versilberet« wurden (Domkapitelprotokolleinträge vom November 1750, März/April 1751). Am 5. Juli 1757 wird beschlossen, »Zu dennen Canon-Taffeln auf dem Altar […] silberne Rämel […] Von silber Von der ohnehin wohlbemittelten Capell beyschaffen Zulassen.«

Dass die Marienfigur sich auch fernerhin großer Beliebtheit und entsprechenden Verehrungen erfreute, geht aus den erhaltenen Inventaren der »Muttergotteskapelle« von 1778 hervor, in dem von der Ewiglicht-Stiftung in einer Ampel vor dem Marienbild sowie etlichen »Mutter Gottes Röcklein« und »Kindsröcklein« sowie »Manschet« und »Hemetler« sowie »ein ganz goldner Vorstecker« gesprochen wird, die im Inventar 1789 noch näher beschrieben werden. Außerdem gibt es »Korallene in Vergoldetes Silber gefaßte Rosenkränze«, zwei »große Vergoldete mit Silber gezierte Kronen für die Mutter-Gottes« und »Eben solche kleinere fürs Jesus Kind«, zwei »Vergoldete mit Silber gezierte Szepter« und »ganz silberne Herzen«, also die klassische Barockausstattung für ein viel verehrtes und geliebtes Gnadenbild.

179

Ecce Homo – Ein Meisterwerk von Georg Petel

Von der ehemals reichen barocken Ausstattung des Augsburger Doms aus dem 17. und 18. Jahrhundert sind heute, abgesehen vom Kirchenschatz und einzelnen Gemälden, hauptsächlich noch die teilweise künstlerisch aufwendig gestalteten Grabmäler erhalten. Zusammen mit den barocken Altären wurde auch ein Großteil der zeitgleichen bildhauerischen Ausstattung im Zuge der Regotisierung nach Mitte des 19. Jahrhunderts beseitigt. Was man heute noch an barocker Kunst im Dom bewundern kann, hat in einigen Fällen seinen früheren Bestimmungsort gewechselt und den ursprünglichen Zusammenhang verloren.

Die meisten der barocken Skulpturen im Bestand stellen Christus dar, sei es als Gekreuzigter, als Grabfigur oder etwa als Kerkerheiland. Auch die zweifellos bedeutendste Barockskulptur des Augsburger Doms, ein Meisterwerk des bedeutenden Georg Petel aus der Zeit um 1630, zeigt Christus und ist gemeinhin unter dem Namen »Ecce Homo« bekannt und in der süddeutschen Kunstgeschichte ein fester Begriff.

Die naturalistisch gefasste lebensgroße Skulptur stammt allerdings nicht aus der ursprünglichen Domausstattung und kam erst im frühen 19. Jahrhundert aus der ehemaligen Dominikanerkirche St. Magdalena – dem heutigen Römischen Museum – in den Dom. Ihr Standort hat seitdem mehrfach gewechselt.

Als eine der Hauptgrablegen der Augsburger Patrizier war St. Magdalena in der Renaissance und im Barock reich ausgestattet worden, darunter befanden sich auch Meisterwerke berühmter italienischer Maler wie Lanfranco und Tintoretto. Aus einer alten Beschreibung ist bekannt, dass es in der Kirche noch eine weitere Figur von Petel gegeben hat: eine Madonna, die jedoch, bedingt durch die Säkularisation, bei der Schließung der ehemaligen Ordenskirche im frühen 19. Jahrhundert verloren ging. Von seinem Ecce Homo wissen wir außerdem, dass er zunächst an einem Pfeiler in St. Magdalena angebracht war, bevor er in den Jahren um 1720 schließlich in einen eigens für ihn geschaffenen Nebenaltar einbezogen wurde.

Georg Petel wurde um 1601 im oberbayerischen Weilheim als Sohn eines bedeutenden Kunstschreiners geboren. In diesen Jahren entwickelte sich gerade die dortige Bildhauerkunst zu einer überregional bedeutsamen Blüte. Weilheimer Meister arbeiteten, abgesehen von vielen süddeutschen Klöstern und Kirchen, häufig auch für die bayerischen Herzöge und späteren Kurfürsten in München. Parallel erhielten sie außerdem wichtige Aufträge aus Augsburg, wie die prachtvolle Ausstattung in St. Ulrich und Afra bezeugt. Seine Ausbildung erfuhr der junge Petel zunächst in der Geburtsstadt und anschließend in München. Für die abschließende künstlerische Entwicklung zu einem der bedeutendsten Bildhauer seiner Zeit nördlich der Alpen waren jedoch nicht zuletzt Studienreisen nach Italien und nach Flandern zum Hauptmeister der barocken Malerei, Peter Paul Rubens, von großer Bedeutung. Die meisten seiner Skulpturen entstanden in Augsburg, wo er seit dem Ende seiner Wanderjahre bis zu seinem frühen Tod infolge einer verheerenden Pestepidemie 1634 lebte. Ein Großteil seiner Werke bezeugt den nachhaltigen Eindruck, den die hochbarocke Kunst von Rubens auf ihn ausübte. Auch die Skulptur im Augsburger Dom wirkt in ihrer muskulösen Statur und der sorgsamen Detailgestaltung bis hin zu den Adern, die die Muskelspannung verdeutlichen, wie ein dreidimensional gewordener Christus aus einem Rubens-Gemälde.

Die 1964 freigelegte Originalfassung des Ecce Homo unterstreicht diesen Eindruck kongenial. Man vermutet, dass sie vom damaligen Augsburger Stadtmaler Caspar Strauß ausgeführt wurde, da Petel um die Entstehungszeit nachweislich bei einer Kreuzgruppe für das Spital mit ihm zusammengearbeitet hat.

Mit dem lateinischen Begriff »Ecce Homo« wird speziell der Moment umschrieben, in dem Jesus von Pilatus auf dem Balkon seines Palasts dem Volk mit dem Ausspruch »Seht (welch) ein Mensch« präsentiert wird. In St. Ulrich und Afra in Augsburg hat sich hierfür ein ganz klassisch aufgefasstes Beispiel eines anonymen Bildhauers aus dem frühen 17. Jahr-

Detail des Ecce Homo von Georg Petel

hundert erhalten. Hier weist die Skulptur alle in der Darstellungstradition des Ecce Homo gängigen Merkmale wie den Umhang und das Spottzepter auf, und auch die frontale Ausrichtung der dortigen Skulptur ist thematisch völlig stimmig, da bekanntlich die Vorweisung auf dem Balkon des Palasts gemeint ist.

Petels ebenfalls unter dem Begriff bekannte Figur im Dom passt dagegen nicht so recht in die gewohnte Ikonographie. Sie zeigt eine Körperdrehung, die von der Fußstellung über den Oberkörper bis zur Kopfhaltung vollkommen motiviert ist und bis ins kleinste Detail stimmt.

Besonders eine Entwurfszeichnung von Petel, die sich in Kopenhagener Museumsbesitz erhalten hat, offenbart die Unterschiede zum klassischen Ecce-Homo-Typus. Im Vergleich mit dieser Zeichnung versteht man erst die halb geschlossene Haltung beider Hände: In seiner Rechten hielt er demnach ehemals ein Rutenbündel, in der Linken eine Geißel. Diese waren zweifellos ehemals vorhanden und gingen als lose eingesteckte, fragile Einzelteile zu einem unbekannten Zeitpunkt

verloren. Eine Figurengruppe des Künstlers, die sich heute im Bayerischen Nationalmuseum in München befindet, zeigt gewissermaßen die szenische Ausgestaltung des Themas zusammen mit den beiden Schärgen, von denen der eine ein entsprechendes Rutenbündel und der andere eine Geißel zum Schlag bereithält.

Daher müsste man die Augsburger Skulptur eigentlich korrekt als »Geißel-Heiland« bezeichnen, eine Thematik, die erst in späteren Jahrzehnten ihre eigentliche große Blüte in der heimischen barocken Kirchenlandschaft erleben sollte. Beide Themen gehören zwar grundsätzlich in denselben Themenkreis der Passion Christi, doch befördert die Stille der Vorweisungsszene als Ecce Homo eine andere Facette von Andacht als die drastischere Geißelung.

Auch wenn der seit geraumer Zeit gängige Titel der Figur sich genau betrachtet als nicht ganz korrekt erweist, ändert die Benennung nichts an der großen Faszination, die von diesem eindringlich aufgefassten Meisterwerk barocker Bildhauerkunst ausgeht.

REGOTISIERUNG IM
19. JAHRHUNDERT

Die Regotisierung des Doms

Der Dom ist in seinem heutigen Erscheinungsbild ganz wesentlich das Ergebnis tiefgreifender Veränderungen im 19. und 20. Jahrhundert, was das vermeintlich geschlossene Raumbild zunächst vergessen lässt. Veränderungen und Modernisierungen, die Anpassung an ästhetisches Empfinden und an liturgische Forderungen der Zeit gehören zur Lebendigkeit eines stets in seinem ursprünglichen Zweck genutzten Baudenkmals und prägen über die Jahrhunderte die sich immer wieder verändernde Baugestalt des Doms. In entscheidenden Instandsetzungsphasen seit etwa 1808 wurde unter dem Diktum der Stilreinheit beziehungsweise der Originalität jeweils ein historischer Zustand konstruiert, der in dieser Form aber niemals tatsächlich existiert hat. In diesen Veränderungen sind am Dom zu Augsburg gleichzeitig denkmalpflegerische Positionen abzulesen, die auch ihrerseits immer zeitbedingten Forderungen und Wandlungen unterworfen sind.

Die Umgestaltung des barocken Doms beginnt im Jahr 1808. Nach der Einverleibung der freien Reichsstadt Augsburg und als in Folge der Säkularisation der Besitz des Fürstbischofs und des Domkapitels dem bayerischen Saat zufiel, begann das junge Königreich Bayern das über die Jahrhunderte gewachsene bauliche Ensemble südlich des Doms – die Johanneskirche, die finstere Gräd und die Kapellenanbauten – abzureißen. Die auf diese Weise entstandene Freifläche diente als Exerzier- und Paradeplatz der landesherrlichen und militärischen Selbstvergewisserung des aufstrebenden Territorialstaats. Seine Umwandlung in eine Grünanlage für Erholungszwecke – ein stadtplanerischer Gedanke, der mit der Entfestigung der Städte zu Beginn des 19. Jahrhunderts zunehmende Bedeutung erlangte – erfolgte erst in der zweiten Jahrhunderthälfte. Die Freilegung der der Stadt zugewandten Domseite wurde jedoch weniger als Verlust, sondern vielmehr als Gewinn begriffen, die ihr nun, unverstellt durch die zahlreichen Anbauten, ein »majetätisches Aussehen« verlieh.

Die niemals auf Fernwirkung angelegte Südfront erhielt in der Folgezeit eine ästhetische Aufwertung; zuerst 1815, als bislang durch Anbauten verdeckte Unregelmäßigkeiten an Giebeln und Fenstern bereinigt wurden, und dann 1837/38 am südlichen Querhaus durch die Erneuerung und Vergrößerung des Maßwerkfensters, den Einbau eines Radfensters und den neuen Bogenfries entlang der Giebellinie. Infolge des Wegfalls der Anbauten als Widerlager war die Anfügung der seitlichen Strebepfeiler nötig geworden und das Bronzeportal in ein neu geschaffenes Portal an der südlichen Seitenschiffswand an die Stelle der abgebrochenen Johann-von-Nepomuk-Kapelle versetzt worden. Das Formenrepertoire der baulichen Veränderungen entsprach dabei ganz den Vorstellungen von einer Annäherung an mittelalterliche Bauformen, wie sie die staatlichen Baubehörden, denen der Kirchenbau unterstellt war, unter den maßgeblichen Persönlichkeiten Friedrich Gärtner, Joseph Daniel Ohlmüller und Georg Friedrich Ziebland vertraten.

Die einschneidende Maßnahme dcs 19. Jahrhunderts aber war die konsequente Erneuerung des gesamten, bis dato barock ausgestatteten Domraums im Sinne der Neugotik, die in zwei Phasen zwischen 1852 und etwa 1864 erfolgte und bis ins frühe 20. Jahrhundert hinein andauerte. Nachdem ab 1828/29 in Köln mit der Restaurierung des Doms begonnen worden war, in Regensburg und in Bamberg die mittelalterlichen Dome eine gründlichen Renovierung und Stilbereinigung erfahren hatten, mit der Mariahilfkirche in München zwischen 1831 bis 1839 ein neugotisches Gesamtkunstwerk entstanden war, in Ulm ab 1844 das Münster weitergebaut wurde und seit den 1840er Jahren die Neugotik in den ländlichen Kirchenbau der Diözese Augsburg einzuziehen begann, wollte man mit einiger Verzögerung auch beim Dom im Wetteifer mit anderen Bistümern in den Forderungen der Zeit nicht nachstehen. Die Gotik galt im Zuge der romantischen Wiederentdeckung und Idealisierung des Mittelalters als der christliche Stil schlechthin, und als vermeintlich genuin deutsche Kunstschöpfung war er aufs engste mit der

Der neugotische Hochaltar um 1960 vor dem Abbruch

Blick ins Mittelschiff mit neugotischer Ausstattung im Zustand um 1905

deutschen Nationalbewegung verbunden. In Augsburg hatte die spätmittelalterliche Überformung des romanischen Doms die Gotik zur beherrschenden Architektursprache gemacht, die von der im Stilempfinden des 19. Jahrhunderts unerträglichen Barockausstattung ganz erheblich gestört wurde. Die Stilreinheit war in der Epoche des Historismus eine selbstverständliche Forderung, die letztlich die Rückführung eines Kunst- oder Bauwerks in einen Zustand des Vollkommenen anstrebte, der in dieser Form nie existiert hatte.

Die Entbarockisierung des Augsburger Doms setzte 1852 unter Bischof Peter von Richarz (1836–1855) mit der Umgestaltung des Ostchors ein. Erste Überlegungen zu einer Regotisierung der Bischofskirche existierten seit wenigstens 1847, als die Anfertigung eines »altdeutschen« Fensters durch den damals hochgeschätzten, mehrfach im Bistum tätigen Maler Liberat Hundertpfund geplant war. Den Entwurf für das 1852 eingesetzte Chorscheitelfenster mit der Darstellung der Marienkrönung lieferte dann aber Johann Schraudolph, der sich damals als Professor an der Münchner Kunstakademie und mit der Ausmalung des Doms zu Speyer, Richarz' früherem Wirkungsort, im königlichen Auftrag auf dem Höhepunkt seiner Künstlerkarriere befand und als gebürtiger Oberstdorfer überdies ein Kind der Diözese Augsburg war. Für die Herstellung des Fensters war die noch unter König Ludwig I. gegründete Königliche Glasmalereianstalt in München unter der Leitung Max Emanuel Ainmillers zuständig, die unter anderem die Fenster im Regensburger und Kölner Dom eingeglast hatte. Die Wiederbelebung der Glasmalerei als Schöpfung mittelalterlicher Kirchenkunst war ein besonderes Anliegen der Romantik und erfuhr durch die großen Domrestaurierungen einen entsprechenden kunsthandwerklichen Aufschwung. Ebenso waren es Münchner Bildhauer, nämlich Anselm Sickinger mit seiner florierenden Werkstatt für christliche Kunst und sein Mitarbeiter Joseph Knabl, die den neuen, ganz in gotischen Formen gehaltenen Hochaltar schufen, der unter dem neuen Fenster zur Aufstellung kam. Die Beauftragung von Münchner akademisch gebildeten Künstlern markiert zugleich, dass die unter Ludwig I. zentralisierte Kunstpolitik nun auch in Augsburg ihre Wirkung entfaltete.

Mit der Umgestaltung der Orgelemporen, die dabei eine neugotische Brüstungsverkleidung erhielten, und dem neugotischen Prospekt der Epistelorgel am südlichen Langchor kam die Umgestaltung des Ostchors, des wichtigsten Orts im Kirchenraum, 1855 zu einem Abschluss.

Die Regotisierung des weiteren Innenraums wurde dann zwischen 1859 und 1865 unter Bischof Pankratius von Dinkel (1858–1894) durchgeführt. Zur Finanzierung des gewaltigen Vorhabens rief er 1859 den Diözesanbauverein St. Ulrich ins Leben, dem eine Kommission von 17 kirchlichen und welt-

Chororgel (Werk von F. B. Maerz; Gehäuse von C. Port, 1904)

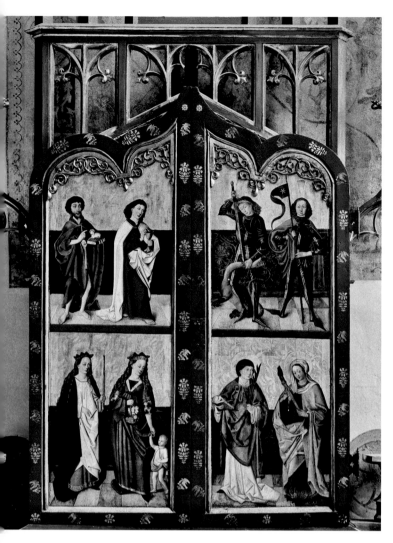

Geschlossene Flügel am Antoniusaltar in der Fastenzeit

Pfarrherrn gegen die Abgabe und baten darum, den Sammlungsbetrag oder wenigstens einen Teil davon für die Instandsetzung der eigenen Kirche einbehalten zu dürfen oder setzten die Diözesanverwaltung davon in Kenntnis, dass aus den genannten Gründen keine Sammlungen vorgenommen werden konnten.

Weitere Geldmittel für die neue Domausstattung erschloss die Kommission 1862 mit ihrer Entscheidung, überflüssig gewordenes Mobiliar nicht mehr abzubrechen – 1852 hatte man sich des mächtigen barocken, heute verschollenen Hochaltars wohl schlichtweg durch seine Zerstörung entledigt –, sondern sorgsam zu demontieren und an »geringerem Orte«, damit waren die Pfarrgemeinden des Bistums gemeint, wieder aufbauen zu lassen. Wir wissen von elf Altären, die auf diese Weise veräußert wurden, sechs von ihnen konnten an ihren neuen Aufstellungsorten in Bachern, Osterbuch, Hohenwart und Diedorf identifiziert werden. Nur in Einzelfällen ist bekannt, wo weitere Objekte hingelangten: Schmiedeeiserne Gitter und der Kreuzweg wurden vom Dominikanerinnenkloster St. Ursula angekauft und an das Kloster Wettenhausen weitergegeben, die Chorstühle aus der Gertrudkapelle kamen zusammen mit dem Altar nach Diedorf und der Tabernakel des barocken Herz-Jesu-Altars ziert heute den Hochaltar in St. Peter am Perlach.

In Langhaus und Chorumgangskapellen wurden bis 1864 neue Altäre aufgestellt, 1863 der Bronzealtar im Westchor erhöht und ergänzt, 1864 eine neue Kanzel nach dem Entwurf und mit eigenhändigem Skulpturenschmuck des Münchner Bildhauers Caspar Zumbusch von dem Augsburger Kistler Ignaz Ebner gefertigt und 1865 das westliche Chorgestühl ergänzt. Die gesamte Raumschale erhielt eine dunkle Tönung, grau für tragende Glieder und braun für füllende Flächen, die noch an der 1934 angelegten Befundtreppe im Ostchor besichtigt werden kann. Zwischen 1875 und 1883 folgten neue Kreuzwegstationen von Joseph Beyrer (München) und Beichtstühle, 1892 bis 1894 neue Westchorfenster von Carl de Bouché (München), 1897 das Petrus Canisius-Denkmal von Georg Busch (München, 1925 zum Altar umgewandelt) und 1904 der neue Orgelprospekt südlich am Chor von der Augsburger Kunstanstalt Carl Port.

Im Gegensatz zur ersten Regotisierungsphase und zur typischen Vorgehensweise in anderen Kirchen, gerade auch im Münchner Liebfrauendom, zu dem man aus Augsburg immer wieder blickte und an dessen Neuausstattung teilweise dieselben Künstler beteiligt waren, bestückte man das Dominnere aber nicht hauptsächlich mit neugotischen Kunstwerken. Eine genauere Betrachtung verdienen die neu angeschafften Altäre, denn lediglich beim Herz-Jesu-Altar von Joseph Knabl, Ignaz Ebner und den Gebrüdern Scherer

lichen Persönlichkeiten vorstand. Obgleich sich die Tätigkeit des Vereins auf die Erneuerung des Doms konzentrierte, bestand sein Zweck zu gleichen Teilen auch in der Renovierung von St. Ulrich und Afra sowie der Einrichtung eines Knabenseminars für Priesterausbildung. Das Gründungsjahr war nicht zufällig gewählt; ebenfalls 1859 wurde der Ausbau der Regensburger Domtürme beschlossen und vom Erzbistum München und Freising ein derartiger Verein zur Neugestaltung der Frauenkirche gegründet. Für die Sammlung der monatlichen Beiträge für den St. Ulrichsverein waren die örtlichen Seelsorger im Diözesangebiet zuständig, was sich jedoch trotz des verhältnismäßig geringen Mitgliedsbeitrags insbesondere auf dem Land nicht ganz einfach gestaltete. Die Lebensverhältnisse in den Dörfern waren ärmlich – nicht selten zählte ein Großteil der Bewohner zu den Tagelöhnern – und die Kirchengebäude vielerorts baufällig. Dementsprechend wehrten sich nicht nur Gläubige, sondern auch

Neugotischer Altar der Antoniuskapelle mit spätgotischen Tafelbildern und Relief

Geschlossene Flügel am Annaaltar in der Fastenzeit

sowie dem Mariae-Schmerzen-Altar handelt es sich um komplette Neuschöpfungen. Für die anderen Altäre bezog der Dombauverein St. Ulrich entweder über den Kunsthandel ausgesuchte Gemälde und Skulpturen im altdeutschen Stil oder aus diözesanen Pfarreien, die ihre Schätze vielleicht aus mangelndem Sachverstand, vielleicht nicht immer freiwillig, aber sicherlich in ständiger Geldnot dem Dom überließen.

Zwischen 1860 und 1862 wurden ein Flügelaltar aus Ebenhausen (Lkr. Pfaffenhofen a. d. Ilm), dessen Tafelbilder man der Ulmer Schule zuschrieb, ein Altar aus dem Besitz des säkularisierten Augustinerchorherrenstifts Heilig Kreuz in Augsburg, dessen Gemälde man für Werke des berühmten Augsburger Malers Hans Burgkmair hielt, ein Altar aus der Kapelle in Oberreithen (Lkr. Ostallgäu), die berühmten Gemälde des großen Augsburgers Hans Holbein aus österreichischem Privatbesitz und die spätgotischen Flügelbilder eines ehemaligen Altars, die in der Pfarrkirche in Unterknöringen

(Lkr. Günzburg) aufbewahrt wurden, erworben. Bei den von den Kirchenstiftungen angekauften Objekten handelte es sich offenbar nicht um Altäre, die noch in liturgischem Gebrauch waren, sondern wohl eher um deponierte Stücke oder Objekte, die in den Kunsthandel kommen sollten.

Gleichzeitig mit den im Diözesangebiet unternommenen Reisen zur Begutachtung interessanter Objekte trat der St. Ulrichsverein in Kontakt zum Kunsthandel. Vom Augsburger Antiquitätenhändler Mathias Munk erwarb man neben verschiedenen Schnitzfiguren 1861 einen altdeutschen, dem heiligen Georg gewidmeten Altar. Zahlreiche gotische Skulpturen schwäbischer und fränkischer Provenienz stammten aus der umfangreichen Sammlung mittelalterlicher Kunstschätze von Joseph Otto Entres, der nicht nur als Kunsthändler, sondern auch als Bildhauer an der Domerneuerung beteiligt war. Entres führte in München eine vielbeschäftigte Kunstanstalt, die schon König Max und König Ludwig mit ihrem Besuch beehrt hatten, und plante, ein Museum für altdeutsche Kunst einzurichten. Aus Platzgründen begann er ab etwa 1850 Sammlungsstücke zu veräußern.

Die Weiterverwendung der spätgotischen Originale im Dom wurde durchaus unterschiedlich gehandhabt. Der aus der Heilig-Kreuz-Kirche übernommene Altar scheint in seinen Bestandteilen wohl weitgehend unverändert in die Gertrudkapelle übernommen und durch bildhauerische Ergänzungen, die Marienkrönung aus Unterzeismering (Lkr. Starnberg) sowie die neugotische Figur des Schmerzensmanns ergänzt worden zu sein. In anderen Fällen wurden offenbar komplette Altäre auseinandergenommen, die Skulpturen abgenommen, Altarflügel mit den geschätzten Tafelmalereien gespalten und die originale Rahmenarchitektur in der Regel entsorgt. Von dem Oberreithener Flügelaltar etwa ist aus den Archivalien bekannt, dass er neben den Gemälden elf Bildhauerabteilungen mit insgesamt 80 Figuren barg, wiederverwendet wurden aber lediglich die Tafeln mit den Szenen aus dem Marienleben (Augustinuskapelle). Eine ähnliche Behandlung ist auch bei dem Georgsaltar aus dem Kunsthandel zu vermuten, der aus einem mehrfigurigen Figurenschrein mit dem heiligen Georg zu Pferd, Schnitzwerken in der Predella und den Flügeln mit Darstellungen aus der Vita Marias und des heiligen Nikolaus bestand. Da sich weder identifizierbare Schnitzfiguren noch die Nikolausvita auf einem der um 1860 neu aufgestellten Altäre wiederfinden, muss man davon ausgehen, dass auch in diesem Fall lediglich Einzelnes wiederbenutzt wurde, falls man dessen Ausschlachtung aus uns unbekannten Gründen nicht gänzlich verwarf.

Wiederverwertbares wurde zusammen mit anderen spätgotischen Einzelbildwerken kompilativ in eigens für sie neu hergestellte Altäre eingebaut und in Neufassung beziehungs-

Neugotischer Altar der Annakapelle mit spätgotischen Bildwerken

Mittelbild mit Marientod und Marienkrönung, Altar der Augustinuskapelle

darin, dass man das Stück um 1725 in den neuen spätbarocken Hochaltar der dortigen Filialkirche übernommen hatte, wo es sich noch heute befindet. Vielleicht hatte sich der St. Ulrichsverein damals vergeblich um den Erwerb des Stücks bemüht und musste sich dann mit der Replik zufriedengeben. Das Triptychon im Altar der Wolfgangkapelle, das Christoph Amberger 1554 für den Ostchoraltar geschaffen hatte, ist das einzige Stück der historischen Domausstattung, das in die Neuausstattung eingefügt wurde.

Bei der Herstellung der neugotischen Altäre musste man bisweilen formale Kompromisse eingehen, um die unterschiedlichen Maße der aus verschiedenen Zusammenhängen stammenden spätgotischen Stücke in eine Rahmenarchitektur zu integrieren. Am Altar der Annakapelle beispielsweise wurden für das gewünschte Format die auf den Flügelaußenseiten eingesetzten Gemälde mit den beiden Kirchenvätern um einen maßwerksverzierten Sockel verlängert. Die neugotischen Rahmenarchitekturen orientierten sich auch nicht konsequent am Altarbauschema der Spätgotik. Besonders auffallend sind in dieser Hinsicht die acht Langhausaltäre mit den Holbein- und Stockertafeln, in denen man die ehemaligen Altarflügel zu Retabelgemälden von nach barockem Prinzip angelegten Altarbauten in neugotischem Gewand machte.

Für die Restaurierung der Gemälde und Skulpturenfassungen waren die Augsburger Alois Deschler, Carl Glocker und vor allem Andreas Eigner verantwortlich. Von dem Augsburger Kunstschreiner und Bildhauer Johann Kragler stammen die bildhauerischen Ergänzungen und neuen Gehäuse der Altäre mit den Holbeintafeln, in der Gertrud-, Augustinus- und Wolfgangkapelle sowie der Kreuzaltar. Der Altar der Konradkapelle hingegen ist als Werk Entres' bezeugt. Die Altarentwürfe stammten wohl mehrheitlich aus der Hand Georg von Stengels, dem zuständigen Bauinspektor an der Kreisregierung in Augsburg.

Die Integration spätgotischer originaler Stücke in die neuen Altäre, besonders der Ankauf der Holbeintafeln und des Altars mit den vermeintlichen Burgkmairgemälden, stehen für ein nahezu museales Interesse an altdeutscher Kunst, das über eine historistische, künstliche Schaffung von Traditionslinien mittels einer historischen Rückbindung hinausging. In ähnlicher Weise hatte man gegen 1840 bei der radikalen Regotisierung des Rottweiler Heilig-Kreuz-Münsters unter der Leitung Carl Alexander Heideloffs kunsthistorisch bedeutsame Werke in die Neuausstattung eingegliedert.

Als maßgebliche Persönlichkeit des Augsburger Konzepts wird man Andreas Eigner ansehen dürfen, der nicht nur als Restaurator an der Domerneuerung beteiligt war, sondern in seiner Eigenschaft als Generalinspektor der 1835 eröffneten königlichen Gemäldegalerie in Augsburg seinen Platz in der

weise teils großflächiger Übermalung dem neugotischen Geschmack angeglichen. Auf diese Weise wurde Neues und Altes zu einer künstlichen stilistischen Einheit verschmolzen. Bildhauerische, skulpturale Ergänzungen im Stil der alten Meister wurden wohl vor allem dann vorgenommen, wenn keine spätmittelalterlichen Originale zur Verfügung standen. Dies war etwa auch der Fall bei der Antoniusfigur im Altar der Antoniuskapelle und der Gertrudenbüste im Altar der Gertrudkapelle, deren Patrozinium wie diejenigen der anderen Chorumgangskapellen aus der Barockzeit übernommen wurde. Auffallend ist, dass in einem einzigen Fall eine neugotische Kopie eines spätgotischen Reliefs in einen der neuen Domaltäre eingebaut wurde. Es handelt sich um das Relief mit der Beweinung Christi am Mariae-Schmerzen-Altar, dessen Original in Höselhurst (Lkr. Günzburg) eine der bedeutendsten altdeutschen Schnitzarbeiten im Diözesangebiet ist. Seine Wertschätzung über die Jahrhunderte zeigt sich auch

Neugotischer Altar der Augustinuskapelle mit geschlossenen Flügeln in der Fastenzeit

Gemälde der Darstellung im Tempel am Altar der Augustinuskapelle

Gemälde der Heimsuchung am Altar der Augustinuskapelle

siebzehnköpfigen Kommission des St. Ulrichsvereins hatte. Vielleicht kam über ihn der Kontakt zu Joseph Otto Entres zustande, welcher wiederum als Lehrer Joseph Knabls mit dem in Augsburg beschäftigten Münchner Künstlerkreis verbunden war. Ein Teil der staatlichen Gemäldesammlung, die sich auf die Werke der sogenannten Augsburger und Ulmer Schule, Stiftungen Augsburger Familien und lokal bedeutsame Bilder konzentrierte, speiste sich aus der Säkularisationsmasse aufgehobener Klosterkirchen; komplette Altäre waren nicht sammlungswürdig. Umgekehrt gab die Galerie aber ebenso aus ihren Depots Bilder entsprechenden Inhalts an ärmere Kirchenstiftungen als Altargemälde ab, der Austausch mit den Dorfgemeinden bestand also auch auf dieser Ebene.

Zusammen mit der Gründung des Dombauvereins war auch ein Programm zur Beseitigung der architektonischen Mängel verabschiedet worden. In erster Linie sollten mit dem Abbruch der verbliebenen angebauten Kapellen- und Neben-

räume die Freilegungstendenzen der ersten Hälfte des 19. Jahrhunderts fortgesetzt werden. Selbst die spätbarocke Marienkapelle stand zur Disposition, man entschied sich dann aber für ihre Erhaltung, da sie für bestimmte Kultuszwecke nicht entbehrlich war, doch sollte ihr Zugang nur vom Kreuzgang aus ermöglicht, sie also zumindest auf diese Weise dem gotischen Dominneren entzogen werden. Ausgeführt wurden von diesen Punkten der Abriss der Kreuz- und der Josephskapelle am südlichen Kirchenschiff und von nördlich gelegenen Nebenräumen. 1863 wechselte das Bronzeportal erneut seinen Standort in das neu geschaffene Brautportal, weil auch an bisheriger Stelle das Mauerwerk infolge des Kapellenabbruchs starke Risse zeigte. Das neugotische Tympanon schuf der Münchner, vom Königshof protegierte Bildhauer Johann Nepomuk Hauttmann.

Ab 1869, nach weitgehender Fertigstellung des Innenraums, konzentrierte sich die Domerneuerung zunehmend

Flügelaltar der Gertrudkapelle, großenteils spätgotisches Werk um 1510

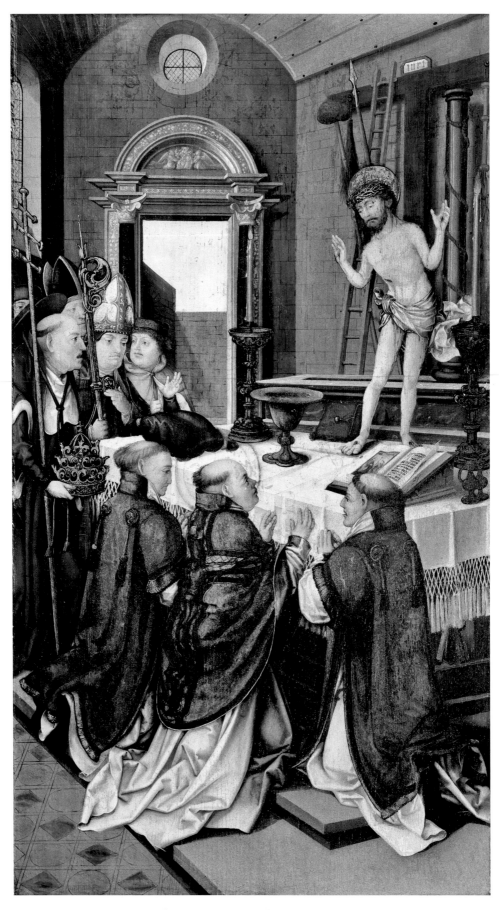

Messe des hl. Gregor, Renaissanceflügelbild in der Gertrudkapelle

Hl. Hieronymus, Renaissanceflügelbild in der Gertrudkapelle

Blick auf den Dom von Süden mit neugotischem Querhausgiebel und erneuerten Portalteilen (Aufnahme um 1895)

auf die Beseitigung baulicher Schäden, zunächst noch mit Einzelmaßnahmen wie der Auswechslung schadhafter Maßwerkelemente oder Sockelsteine am Ostchor, der Ableitung des Dachwassers am südlichen Seitenschiff durch neu hergestellte Wasserspeier oder der Erneuerung abgewitterter Giebelsteine am südlichen Seitenschiff.

Der gesamte Ostchor war mit seinen stark, teilweise bis zur Unkenntlichkeit, verwitterten Sandsteinarbeiten in einem desolaten Zustand, das Südportal musste wegen abstürzender Teile 1879 gesperrt werden. Ab 1882 wurden die Strebepfeiler am Ostchor durch Auswechslung schadhafter Hausteinarbeiten nach und nach erneuert, wobei die gotischen Wasserspeier ersatzlos abgeschlagen wurden. Nach der Bereitstellung staatlicher Mittel konnte im Jahr 1890 mit der Renovierung des Südportals begonnen werden, die der Augsburger Stein-

metz Heinrich Müller ausführte, der sich bei vorangegangenen Renovierungsarbeiten in Augsburg (St. Ulrich, Stadtmetzg), Nördlingen, Bayreuth und Regensburg einen Namen gemacht hatte. Für die Neuanfertigung baulicher Gliederungselemente wie Gesimse und Abdeckplatten wurden weitere Steinmetzfirmen beauftragt.

An der äußeren Portalrahmung ließ man den Zinnenaufsatz wie auch den Architektur- und Figurenschmuck komplett erneuern, dasselbe galt bei den Ostchorpfeilern. In damals üblicher Vorgehensweise wurden verwitterte Architekturglieder und Skulpturen abgenommen und durch neu angefertigte Stücke ersetzt. Die gotischen Originale wurden in die Werkstatt Müllers transportiert und dienten als Modellvorlagen, wobei die Anfertigung originalgetreuer Kopien nicht das Anliegen der Renovierungskampagne war. Wie bei der Innen-

Blick ins nördliche Seitenschiff mit Theklaaltar

renovierung galt es auch am Äußeren des Doms, einen voll-endeten Zustand im Sinne eines idealisierten Mittelalters her-beizuführen; das schützenswerte Original besaß noch keine Aura. Millers Arbeiten konnten und wollten ihre Entstehung im späten 19. Jahrhundert nicht verbergen. An den in situ verbliebenen Originalen wurden Ergänzungen mittels an-modellierter Gipsabgüsse vorgenommen, die die Oberflächen ruinierten und auf der subjektiven, freien Interpretation der Überreste beruhten. Am Christophorus eines südlichen Chorpfeilers, so die zeitgenössische Kritik, waren die Ergän-zungen nicht im rechten Verhältnis vorgenommen worden, die zunächst beabsichtigte Ergänzung einer verstümmelten Statue als Sebastian war alles andere als gesichert, beim heili-gen Ulrich, ebenfalls an einem der Chorpfeiler, handelte es sich um die Nachschöpfung einer Statue am Nordportal und drei als Afra, Hilaria und Katharina gedeutete Heilige, deren vorgesehener Aufstellungsort unklar bleibt, waren komplette Neuschöpfungen, bei denen er sich nur ganz allgemein an spätmittelalterlichen Vorbildern orientierte. Bei der Behand-lung der Verkündigungsgruppe war auf Anweisungen des Ge-neralkonservatoriums darauf zu achten, die am Original vor-genommenen, nachmittelalterlichen Überarbeitungen bei der Neuanfertigung zu verbergen und sich an spätgotischem Fal-tenwurf zu orientieren. Kritik an der Arbeit Müllers erhob das Generalkonservatorium der Kunstdenkmale und Alter-tümer Bayerns erstmals 1895. In diesem Jahr wurde mit einem Erlass die bislang der Staatsbauverwaltung überlassene Restaurierung von Kirchen von einem Gutachten des Gene-ralkonservatoriums und der Plangenehmigung durch das Staatsministerium abhängig gemacht. Die von nun an stär-kere Hinzuziehung des Generalkonservatoriums bedeutete allerdings noch keinen Wandel in der Beurteilung der gängi-gen Renovierungspraxis. Zwar forderte der Generalkonser-vator Wilhelm Heinrich Riehl, sich bei der Rekonstruktion etwa mittels historischer Fotografien und Gipsabgüssen stär-ker am Original zu orientieren und die Modelle der neuen Skulpturen begutachten zu lassen, doch die Diskussion um die Domerneuerung drehte sich lediglich um die Frage nach Müllers Eignung und seinem künstlerischen Potential. Scharf ging ein Artikel in der Augsburger Postzeitung 1897 mit ihm ins Gericht, in dem im Zusammenhang mit dem »dickköpfi-gen Christophorus« und der »unübertrefflich plumpen Hei-ligen mit der Lilie« sowie der »plumpen Gestalt« des Welten-richters mit den Engeln und Heiligen von einer ganzen »Gesellschaft verkommener Gestalten« die Rede ist. »Nach dem Unglück der Domportalerneuerung« hoffte der Autor dieses Artikels, dass das Nordportal »von diesen Händen ver-schont« bliebe. Die denkmalpflegerischen Aufsichtsbehörden hatten tatsächlich überlegt, den Christophorus, der als »ziem-

Ritterfigur am Ostchor, 1900 nach Modell von Anton Pruska

lich mißglückt« galt, nochmals anfertigen zu lassen und bei der Verkündigungsgruppe ein »höheres Maß an künstlerischer Ausführung« gewünscht, schließlich aber doch deren Versetzung genehmigt.

Wie sehr weiterhin ästhetische Maßstäbe die Erneuerung der Skulpturen beeinflussten, zeigt der Fortgang der Arbeiten nach Müllers unerwartetem Tod im Jahr 1899. Für die Anfertigung der Ritterfigur samt architektonischem Rahmen an einem der nördlichen Chorstrebepfeiler wurde 1900 auf Anregung des Generalkonservatoriums der Nürnberger Steinmetz Johannes Göschel verpflichtet, dessen Referenz seine Arbeiten für die dortige Sebalduskirche waren. Das Modell dazu lieferte Anton Pruska, Lehrer an der Kunstgewerbeschule in München und Schöpfer der bildhauerischen Arbeiten an der Außenseite des Bayerischen Nationalmuseums in München, dessen Direktion in Personalunion mit dem Amt des Generalkonservators verbunden war. Pruskas Aufgabe bestand nicht nur darin, eine mittelalterliche Ritterfigur zu ersetzen, die man als den heiligen Mauritius, einen Johanniter oder Templer deutete, sondern auch in der Verbesserung der als künstlerisch nicht besonders wertvoll geltenden Vorlage. Völlig frei erfunden war die Figurengruppe des von Adam und Eva flankierten Propheten auf den Fialen darüber, und indem man für die Ausführung witterungsbeständigeren Muschelkalk wählte, entfernte man sich auch im Material vom ursprünglichen Zustand. Übrigens hielten Fachleute keine 40 Jahre später diese neue Skulptur wieder für gotisch und deuteten sie als König Karl IV.

In der inzwischen aufkeimenden Wertschätzung des Originals sorgte man sich nun immerhin um den Verbleib der abgenommenen Skulpturen, nachdem sie in der Werkstatt Müllers nicht mehr benötigt wurden. Kurzzeitig war 1898 überlegt worden, die Figuren dem bayerischen Nationalmuseum zu überlassen, doch nach deren Einstufung als künstlerisch minderwertig erlosch das Interesse an ihnen sogleich wieder. Drei der Sandsteinfiguren von den Rücklagen am Südportal tauchten 1957 im Kunsthandel wieder auf, wurden von der Diözese angekauft und bei dem anderen abgenommenen Skulpturenbestand in der Krypta gelagert, später im Kreuzgang und heute im Depot des Diözesanmuseums.

Ansicht des Südportals nach Abschluss der Erneuerungen um 1895

Der Weingartner Altar von Hans Holbein dem Älteren

Von einem der berühmtesten Meister der süddeutschen Spätgotik, Hans Holbein dem Älteren (um 1465–1524), hängen vier Tafeln aus einem ehemaligen Altar in Weingarten an den Langhauspfeilern des Augsburger Doms. Wie die Tafeln des Altars von Unterknöringen von der Hand des Ulmer Malers Jörg Stocker wurden auch die Holbein'schen Altarbilder im Zuge der Regotisierung angeschafft. Aus Schriftquellen des Jahres 1862 erfahren wir, dass beim Bischof zwei Bilder abgeholt und ins Archiv transportiert, dort im April 1862 vom Schreinermeister Ignaz Ungelehrt auseinandergesägt, auf ein Brett geleimt und furniert wurden. Der königliche Augsburger Galeriekonservator Andreas Eigner hat diese Arbeit begutachtet und für meisterhaft befunden. Im Oktober empfing er selbst 410 Gulden vom St. Ulrichsverein für die Restaurierung der Flügelbilder mit Marias Tempelgang und der Beschneidung Christi. Es ist bislang noch nicht genauer erforscht, wo sich die Gemälde direkt vor dem Ankauf befanden. Sie wurden wohl um 1715 im Zusammenhang mit dem barocken Neubau der Klosterkirche in Weingarten entfernt. 1786 waren sie im Besitz des Privatgelehrten und Arztes Johann Franz Joseph von Wocher in Levis bei Feldkirch und sind dann beim kaiserlichen und königlichen Feldzeugmeister Gustav von Wocher (1781–1858) in Wien nachweisbar, wo sie sich zu Beginn des 19. Jahrhunderts befanden. Über die Erben gelangten die Tafeln wieder nach Vorarlberg und wurden angeblich in Bregenz vom Augsburger Bischof Pankratius von Dinkel für die stolze Summe von 6000 Gulden erworben. Archivalisch ist dieser Ankauf jedoch bislang nicht fassbar.

Künstler und Datierung sind unzweifelhaft geklärt, da sich auf dem Gürtel der am linken Bildrand stehenden Frau bei der Beschneidung folgende Inschrift befindet: MICHEL ERHART PILDHAVER 1493 HANNS HOLBAIN MALER O MATER NOBIS MISERERE. Es ist das früheste genau datierte Werk des älteren Holbein. Durch die Inschrift ist die Zusammenarbeit des herausragenden Ulmer Bildhauers Michel

Erhart (um 1440/50–um 1522) und des Augsburger Malers Hans Holbein dem Älteren erwiesen. Beide Künstler vertrauen sich in der für diese Zeit typischen Formulierung »o mater nobis miserere« der Muttergottes an und erhoffen demütig, dass sie sich ihrer erbarme. Michel Erhart schuf für die Dionysiuskapelle in St. Ulrich und Afra einen Altar, der 1487 aufgerichtet worden war. Vermutlich dürfte er bei dieser Gelegenheit den um 1465 geborenen Hans Holbein kennengelernt und nach Ulm gelockt haben, denn 1493 ist der Maler in den Akten als Bürger von Ulm bezeugt. Der Grund für den Umzug war vielleicht der Auftrag am Weingartner Altar. Erhart benötigte gerade im Jahr 1493 einen exzellenten auswärtigen Maler, da andere Meister wie die Ulmer Hans Schüchlin und Bartholomäus Zeitblom sowie der Memminger Bernhard Strigel im selben Jahr mit Arbeiten für den Blaubeurer Hochaltar befasst und damit nicht abkömmlich waren. Das Weingartner Retabel ist demzufolge komplett in Ulm entstanden, das neben Augsburg zu den führenden Zentren spätgotischer Bildschnitzerkunst und Malerei in Süddeutschland zählte. Nach vager Überlieferung war es für die Marienkapelle des Benediktinerklosters bestimmt. Die Schreinfiguren von Michel Erhart sind heute verloren. Eine Rekonstruktion des Altars ist demnach nicht mehr möglich, aber man wird aufgrund des Bildprogramms der vier Tafeln ebenfalls ein Marienthema annehmen können. Die Geburt Christi, die auf den Flügelbildern ja fehlt, wäre als mittlere Hauptszene sehr gut vorstellbar, ebenso eine Madonna mit Kind und weitere Figuren.

Die vier Darstellungen aus dem Marienleben sind jeweils in eine Hauptszene im Vordergrund und eine Nebenszene im Hintergrund unterteilt. So zeigt das Opfer Joachims auch die Verkündigung an Joachim. Die Nebenszene der Geburt Mariens stellt die Begegnung ihrer Eltern Anna und Joachim unter der Goldenen Pforte dar. Der Tempelgang Mariens ist mit der Heimsuchung verbunden und die Beschneidung mit der Marienkrönung. Ursprünglich waren die Tafeln beidseitig bemalt und dienten als Flügel des Altars. Im geschlossenen

Ablehnung von Joachims Opfer, Hans Holbein d. Ä.

Zustand konnte man einst links das Opfer Joachims und rechts die Geburt Mariens sehen. Die Tafeln, die im geöffneten Zustand des Altars nur an Feiertagen sichtbar waren und aus diesem Grund auch einen kostbaren, vergoldeten Hintergrund besitzen, zeigten Marias Tempelgang und die Darbringung Jesu im Tempel.

Das System der Bildaufteilung ist bei allen vier Gemälden gleich: Die Szenen spielen sich vor oder auf architektonischen Bühnen ab, die an einer Seite in der Höhe den gesamten Bildraum einnehmen, während auf der anderen Seite nach etwa zwei Dritteln der Bildfläche eine Mauer eingeschoben ist, hinter der sich Landschaften mit den Nebenszenen präsentieren.

Die erste Darstellung zeigt die Ablehnung von Joachims Opfer, eine Geschichte, die sich nicht in der Bibel findet, aber im apokryphen Evangelium des Jakobus wiedergegeben wird. Im Gemälde steht Joachim bildmittig vor dem Altar mit einem Aufsatz, auf dem in hebräischer Sprache der Beginn des Bußgebetes, ferner abermals die Datierung 1493, steht. Sein Begleiter folgt ihm linker Hand. Beschämt blickt der schon alte Joachim zu Boden, da sein Geldopfer aufgrund seiner Kinderlosigkeit abgewiesen wurde. Der rechts neben dem Altar befindliche Hohepriester wischt es achtlos vom Altartisch. Ein junger Mann wohnt dieser unschönen Begegnung im Hintergrund bei. Nach der Erzählung flüchtete sich Joachim aufs Land, um von dieser Schmach Abstand zu gewinnen und erfährt hier von einem Engel, dass sich der Kinderwunsch doch erfüllen wird. Holbein zeigt ihn links oben im Hintergrund in einer Landschaft mit Schafen, während er die freudige Botschaft des Engels entgegennimmt.

In der Geburt Mariens im nächsten Bild liegt Anna auf einem Himmelbett mit Vorhängen. Zu ihren Füßen badet eine grazile Magd das neugeborene Kind in einem Zuber und prüft mit ihrem Fuß fürsorglich die Temperatur des Badewassers. Zwei weitere Mägde rechts tragen der Wöchnerin auf einem runden, gedeckten Tischchen die Mahlzeit auf. Der Blick des Betrachters wird in den Hintergrund gelenkt, wo sich Anna und Joachim in einer Umarmung vor der Goldenen Pforte begegnen.

Die Außen- und damit Werktagsseite des rechten Altarflügels war Marias Tempelgang vorbehalten. Nach dem Protoevangelium des Jakobus' ist Maria als Dreijährige zum Tempel nach Jerusalem gebracht worden, um von den Priestern und den Tempeljungfrauen erzogen zu werden. Im Bild schreitet das Mädchen mit leicht erhobenen Armen die Treppe hinauf zu den am Eingang des Tempels wartenden Geistlichen. Ein älteres Ehepaar naht unten von links heran, rechts sieht man ihre Eltern Joachim und Anna sowie einen weiteren Mann, dessen Blick sich sehr deutlich an den Betrachter wendet. Die Nebenszene hinter der gemauerten Balustrade stellt die Begegnung der beiden schwangeren Frauen Elisabeth und Maria vor. Elisabeth umfasst mit beiden Händen in herzlichem Gestus Marias Rechte. Symbolisch aufgeladen ist das Relief des Sündenfalls in der Torarchitektur dahinter, die mit der Reinheit Mariens und ihrer Sündenlosigkeit kontrastiert.

Das Tafelbild der linken Flügelaußenseite entspricht im Bildaufbau einer Darstellung Jesu im Tempel: Die in der Bildmitte stehende Maria präsentiert ihren Sohn, während der Hohepriester vorsichtig sein Beinchen umfasst und ein Leintuch hält. Rechts ist jedoch eine Nische mit einem Altar zu sehen, vor dem ein Tisch mit Schale und Messer steht, also zur Beschneidung notwendige Utensilien. Es ist hier demnach nicht die 40 Tage nach der Geburt stattfindende Präsentation des Säuglings und Reinigung der Wöchnerin im Tempel gezeigt, sondern die Übergabe des Neugeborenen an den Hohepriester, um das Beschneidungsritual durchzuführen. Eine ganze Reihe von Zeugen begleitet Maria und ihren Sohn. Besonders auffällig hat Holbein dabei eine Dienerin im grünen Gewand mit Zopffrisur in Szene gesetzt, die den Bildbetrachter intensiv anblickt, wie das auch eine weitere Frau im hellroten Gewand ganz links außen tut. Sie präsentiert ihren Gürtel, auf dem sich die erwähnte Inschrift mit Künstlernamen und Datierung wiederfindet. Der goldene Hintergrund ist von einer Malerei unterbrochen, welche die durch Jesus und Gottvater vollzogene Marienkrönung darstellt.

Die Malereien des Weingartner Flügelaltars gehören zu den frühesten bekannten Gemälden Hans Holbein des Älteren, einem Künstler, der am Übergang von der Spätgotik zur Renaissance steht. Eine Auseinandersetzung mit der gleichzeitigen Kunst Italiens hat hier noch nicht stattgefunden. Es gibt noch keinen Ansatz von echter Zentralperspektive, das heißt dass die Linien noch nicht auf einen einzigen Punkt zufluchten, sondern meist parallel nebeneinander verlaufen, was sich besonders gut an den Steinfliesen des Fußbodens nachvollziehen lässt. Die Figuren sind überschlank und leicht überlängt und besitzen noch nichts von einer in der Renaissancezeit zu beobachtenden Fülligkeit und körperlichen Präsenz. Holbein folgt in der Figurenauffassung noch ganz dem gotischen Ideal. Ferner imitieren die Faltenwürfe seiner Gewänder nicht die natürliche Bewegung des Körpers, vielmehr sind es kunstvolle Draperien, die den Körper eher verdecken als ihn nachformen. Obwohl Hans Holbein auf Bewährtes zurückgreift, ist sein differenzierter Malstil von hoher Qualität. Meisterhaft spielt er mit Farben, setzt sie abgemischt, zart und dezent, in feinen Farbverläufen nebeneinander und kombiniert fast nie reine Komplementärfarben, so wie das viele andere Meister der deutschen Spätgotik tun. Seine Farben sind mit anderen gemischt und wirken dadurch gedeckt; wenn sie mit Bleiweiß gemischt wurden, sind sie sehr leuchtend und strahlend. Holbein verwendet die Farbe in einer modellierenden Art und Weise, deshalb ist sein Stil ein sehr malerischer. Die Gesten, die er seinen Figuren zuweist, sind unaufgeregt, aber voller Eleganz und Würde. Die individuellen Gesichter sind sehr fein differenziert, manche von ihnen tragen porträthafte Züge und scheinen Personen seiner Umwelt wiederzugeben, wie beispielsweise die Frau mit dem langen Zopf im Bild der Beschneidung oder das Ehepaar links im Vordergrund bei der Darstellung des Tempelgangs. Durch kleine Nuancen versucht Holbein außerdem, die Stimmungen seiner Akteure auszudrücken. So hat zum Beispiel Joachim bei der Zurückweisung seines Opfers die Mundwinkel nach unten gezogen und seinen Blick gesenkt, während der Hohepriester

Joachim forsch und hart anschaut. Die Magd, die Maria badet, lässt er sehr ernst und konzentriert an die Sache herangehen, gleichzeitig malt er sie lieblich und anmutig. Den Bildern wohnt eine hohe Stille, Innerlichkeit und Festlichkeit inne.

Wie geschätzt dieses Werk schon bei Holbeins Zeitgenossen war, zeigt die Tatsache dass alle Szenen des Weingartner Altars vom äußerst produktiven Bocholter Kupferstecher Israhel van Meckenem dem Jüngeren (um 1440–1503) nachgestochen wurden. Ferner finden sich auch in den Werken von Bartholomäus Zeitblom, Bernhard Strigel und einem weiteren schwäbischen Meister einige Motivübernahmen aus den Holbein'schen Tafeln. Man darf davon ausgehen, dass der Ulmer Bildhauer Michel Erhart alle diese Persönlichkeiten im Jahr 1493 um sich gruppiert hatte, um durch sie die Tafelmalereien des Blaubeurer Hochaltars und des Marienaltars für das Kloster Weingarten ausführen zu lassen. In diesem höchst leistungsfähigen Ulmer Zentrum hat folglich ein reger und sicher auch wechselseitig befruchtender künstlerischer Austausch stattgefunden.

Es lässt sich außerdem eindeutig feststellen, dass Hans Holbein dem Älteren wiederum der Dreikönigsaltar aus St. Columba in Köln vor Augen stand. Er wurde um 1455 von Rogier van der Weyden, einem der Hauptmeister der altniederländischen Malerei, geschaffen und ist heute in der Alten Pinakothek in München zu bestaunen. Ob Holbein den Altar in Köln gesehen hat, ihm Entwürfe oder Stiche zur Verfügung standen oder ihn eine angebliche niederländische Reise nähere Kontakte mit van der Weydens Kunst ermöglichten, entzieht sich unserer Kenntnis. Jedenfalls zitiert er in seiner Weingartner Beschneidung nicht nur die Komposition der Übergabe des Christusknaben an den Hohepriester, sondern übernimmt aus dem Columba-Altar vor allem die Figur der Magd mit den Tauben, die sich in der Frau mit Zopf im grünen Gewand hinter Maria wiederfindet.

Mariengeburt, Hans Holbein d. Ä.

Tempelgang der Maria, Hans Holbein d. Ä.

Der Unterknöringer Altar von Jörg Stocker

An den dritten und vierten Langhauspfeilern von Westen ausgehend hängen vier spätgotische Tafeln des sogenannten Knöringer Altars, die in neugotischen Rahmenaufbauten untergebracht sind. Nach den Schriftquellen erwarb der St. Ulrichsverein im Februar 1862 zwei beidseitig bemalte Altarflügel aus der Pfarrkirche St. Martin in Unterknöringen bei Günzburg für 1000 Gulden. In einer Holzkiste verpackt wurden sie per Zug nach Augsburg transportiert. Im März, Juni und Juli 1862 wurde der Restaurator A. Deschler mit insgesamt 265 Gulden für die Restaurierung der Gemälde entlohnt, worunter insbesondere die Spaltung der Holztafeln zu verstehen ist. Die dadurch entstandenen vier Einzelbilder zeigen die Geburt Christi, die Anbetung der Heiligen Drei Könige, den Marientod und die Krönung Mariens. Die Tafeln wurden ebenso wie diejenigen des Weingartner Altars von Hans Holbein dem Älteren und weitere spätgotische Kunstwerke in den Umgangskapellen des Ostchors im Zusammenhang mit der Regotisierung des Augsburger Doms (1852–1863) unter Bischof Pankratius von Dinkel erworben.

Die Hauptszene der Geburt Christi, einst die Innenseite des linken Altarflügels, ist als auf den Jesusknaben ausgerichtete Dreieckskomposition angelegt. Maria und Josef flankieren das nackte Kind, das auf ein Leintuch gebettet ist. Während Maria mit vor der Brust gekreuzten Armen vor ihrem Sohn kniet, beleuchtet Josef, auf seinen Wanderstab aufgestützt, mit einer Laterne den neugeborenen Knaben von rechts. Drei im Maßstab kleinere Engel stehen dahinter und beten das Kind an. Das mit Stroh gedeckte Dach des Stalls liegt auf einem Mauerstück auf, vor dem drei schwebende Engel singend Jesus huldigen, während Ochs und Esel zwischen den Engelsgruppen ebenfalls auf Christus blicken. Links im Stall stehen ein Zuber und ein Tisch mit einem Pfännchen, einem Kelch, der die Form eines Messkelches hat, und Brot. Messkelch und Brot verweisen auf die eucharistischen Gaben und damit auf den Opfertod Christi. Die rück-

wärtige Mauer ist links und rechts niedriger als das Mittelstück und bildet somit Nischen aus, die einen Blick in die Weite zulassen. Links ist die Verkündigung an die Hirten gezeigt, rechts sind bereits erste Hirten am Stall angelangt und blicken auf das Geschehen im Inneren. Dahinter zeigt sich eine Ansicht der Stadt Ulm.

Die Anbetung der Könige, die sich ursprünglich auf der Innenseite des rechten Altarflügels befand, besitzt dieselbe Stallarchitektur. Ihre Mitte ist nun aber durch einen kleinen gemauerten Raum bestimmt, aus dessen Eingang Ochs und Esel hervorlugen. Maria sitzt etwas aus der Mitte gerückt und präsentiert ihren Sohn. Zwei der Könige knien bereits vor dem Kind, während der dritte, als Mohr wiedergegebene, am rechten Bildrand steht und ein kostbares Gefäß vor sich her trägt. Josef steht als Pendant ihm gegenüber am linken Bildrand und hält die Krone des ältesten Weisen, der die Hände nach dem Jesusknaben ausstreckt. Wiederum öffnen sich links und rechts Ausblicke auf Landschaften beziehungsweise eine weitere Stadtansicht von Ulm.

Die Marienkrönung war einst auf die Außenseite des linken Altarflügels gemalt. Die Szene ist in eine Art Gestühl eingebunden. Während die bereits gekrönte Maria mit gefalteten Händen auf dem Boden kniet, halten Jesus und Gottvater ihre Hände segnend über sie. Eine von einem ›Eselsrücken‹ abgeschlossene und reich mit Rankenwerk verzierte Rückwand hebt die Szene optisch hervor. Über singenden Engeln erscheint die Heilig-Geist-Taube. Weitere musizierende Engel stehen in streng symmetrischer Anordnung links und rechts neben dieser vorhangartigen Rückwand.

Der Marientod, der ursprünglich die Außenseite des rechten Altarflügels schmückte, ist in einem Raum dargestellt, in den das Sterbebett leicht diagonal eingepasst ist. Die schweren Brokatvorhänge des Baldachinbettes, das von den zwölf Aposteln umstanden ist, sind aufgeschoben. Johannes entzündet eine lange Stabkerze, die Maria in der Rechten hält, die anderen Apostel blicken stumm auf das Geschehen, beten, blättern im aufgeschlagenen Evangelienbuch, halten Rauchfass und Weihwasserkessel oder schlagen Marias Schleier zurück.

Zeitlich wird der Knöringer Altar meist in das Jahr 1484 datiert. Grund für diese Datierung sind die baugeschichtlichen Zusammenhänge der Pfarrkirche St. Martin in Unterknöringen: Die alte Pfarrkirche wurde 1481 abgerissen und von Grund auf neu gebaut. Für den 29. Oktober ist die Weihe von drei Altären überliefert, für den 31. Oktober die Weihe von zwei weiteren. Natürlich ist damit die Weihe von festen Steinaltären mit Stipes und Mensa angegeben und meint nicht die auf solchen Altären aufgesetzten Bildtafeln (Retabeln). Dennoch besteht eine sehr große Wahrscheinlichkeit, dass bei der Altarweihe auch die dazugehörigen Bildwerke fertig waren oder nur unwesentlich später auf den Altarblock gesetzt wurden.

Der Maler des Knöringer Altars orientierte sich bei seinen Darstellungen insbesondere an der Druckgrafik des Malers Martin Schongauer (1445/50–1491), ein in Colmar geborener Sohn einer aus Augsburg zugewanderten Goldschmiedefamilie. Seine Kupferstiche waren damals sehr geschätzt und weit verbreitet. Auch unser Altarbildmaler kannte sie: So ist die Maria der Geburt Christi eindeutig Schongauers »Kleiner« Geburt Christi entlehnt, das Jesuskind und das Requisit der Laterne aus der »Großen« Geburt Christi entnommen. Der ältere König des Anbetungsbildes ist eine spiegelbildliche Wiedergabe des Weisen des entsprechenden Schongauer-Stichs. Beim Marientod kopierte der Altarmaler Schongauers Komposition weitgehend und adaptierte Details wie den das Evangelienbuch haltenden Apostel, die Armhaltung Mariens oder den die Stabkerze übergebenden Johannes.

Während die Erwerbungsakten die einstigen Altargemälde aus Unterknöringen dem Ulmer Maler Bartholomäus Zeitblom (nachweisbar zwischen 1482 bis etwa 1519) zuschrieben, hat man bereits 1907 die Ähnlichkeiten der Malerei des Knöringer Altars und des Ennetacher Altars erkannt. Für den letzteren ist eine Inschrift überliefert, der zufolge der Maler Jörg Stocker (nachweisbar in Ulm von 1481 bis 1527) am Johannestag 1496 diese Tafel aufgerichtet habe. Es handelt sich dabei eigentlich um mehrere Altarbilder eines Flügelaltars mit zwei Wandlungen: Die Außenseite zeigte eine Kreuztragung, die sich über zwei Bilder erstreckte, bei der ersten Wandlung des Altars wurden die Verkündigung, Geburt Christi, Beschneidung und Anbetung der Könige sichtbar. Diese Gemälde werden heute einzeln in den Fürstlich Hohenzollernschen Sammlungen in Sigmaringen aufbewahrt. Seit dieser durchaus nachvollziehbaren Meistergleichsetzung der beiden Altarretabel wurde der Zuschreibung der Augsburger Dombilder an Jörg Stocker nicht mehr widersprochen. Kennzeichnend für sein Werk sind seine flächenhaft aufgebauten, hintereinander gestaffelten »Bildbühnen« mit den Hauptfiguren in der vordersten Ebene, seine Vorliebe für aufwendige, zum Teil gemalte, zum Teil punzierte Ornamente bei Gewändern, Vorhängen und Tapeten, die Art der Untermalung mit breiten Pinselstrichen und einer kräftigen Konturierung der Figuren und Gegenstände, die sich auch beim Malstil deutlich abzeichnet. Ferner verwendete er seine Figurentypen leicht abgewandelt immer wieder, auch die Requisiten, einmal entworfen, wurden von ihm versatzstückhaft in anderen Gemälden weiterverwendet, sodass dem Werk Stockers neben dem Knöringer und Ennetacher Retabel unter anderem auch Altargemälde in der Pfarrkirche St. Martin in Oberstadion bei Ehingen und drei Tafeln im Ulmer Museum zugeschrieben werden können.

Wie glaubhaft nachgewiesen werden konnte, schöpfte Jörg Stocker aus dem Mustervorrat des Michael Wolgemut (1434/37–1519), dem berühmten Lehrer Albrecht Dürers, der in Nürnberg eine für damalige Verhältnisse riesige Werkstatt unterhielt: So verwendete Stocker ein bestimmtes Granatapfelmotiv der Wolgemut-Werkstatt, die dieser augenscheinlich schon von seinem Lehrmeister Hans Pleydenwurff (um 1420–1472) übernommen hatte. Für rapporthaft wiederkehrende Ornamente bei Pressbrokaten, Gravuren oder gemalten Teilen, die ja immer die gleichen Abmessungen haben mussten, wurden Model hergestellt, die immer wiederverwendet werden konnten. Gewöhnlicherweise verblieben solche Model im Eigentum der Werkstatt und gingen, wenn sie noch brauchbar und zeitgemäß waren, an den Werkstattnachfolger weiter. Michael Wolgemut heiratete die Witwe Barbara Pleydenwurff und übernahm damit die Werkstatt samt Inventar. In spätgotischer Zeit gehörte die Pleydenwurff-Werkstatt sicher zu den führenden Betrieben in Franken.

Es ist archivalisch nicht bezeugt, wo Jörg Stocker ausgebildet wurde, aber es spricht einiges dafür, dass ihn seine Gesellenzeit nach Nürnberg geführt hat. Einerseits kann er dieses bestimmte Granatapfelornament nur direkt in Nürnberg kennengelernt haben, andererseits gibt es einen weiteren Grund für diese Annahme: In der Nürnberger Lorenzkirche existiert ein um 1465 entstandenes dreiteiliges Altarwerk, das sogenannte Dreikönigstriptychon, das in den Umkreis Hans Pleydenwurffs eingeordnet wurde. Auf der Geburtsdarstellung sind – wie beim Knöringer Altar – hinter dem auf einem Tuch liegenden Christkind drei Engel eingefügt. Es ist sehr gut vorstellbar, dass diese Bildidee Stockers von der unmittelbaren Kenntnis des Dreikönigstriptychons stammt.

In diesem Zusammenhang ist ferner interessant, dass die neuere Forschung nachweisen konnte, dass auch Martin Schongauer aufgrund der vielen Motivübernahmen die Pleydenwurff-Werkstatt in Nürnberg gekannt haben muss. Es ist

Geburt Christi, Jörg Stocker

Anbetung der Könige, Jörg Stocker

belegt, dass sich Schongauer 1465 in Leipzig aufhielt und auf seinem Weg von Colmar könnte er durchaus über Nürnberg dorthin gewandert sein und bei Pleydenwurff Station gemacht haben. Wir können also feststellen, dass sich sowohl der Ulmer Maler Jörg Stocker als auch der Colmarer Maler Martin Schongauer desselben Ideenkatalogs bedienen, der deutlich auf Hans Pleydenwurff und seinen Schüler Michael Wolgemut hinweist. Ferner ist verschiedentlich belegbar, dass Stocker die Kupferstiche Schongauers nicht nur kannte, sondern augenscheinlich besaß. Es liegt daher die Annahme nahe, dass sich die beiden Künstler um 1465/70 in Nürnberg kennengelernt haben. Archivalisch belegbar ist diese Hypothese nicht, aber es fällt einfach auf, wie sehr sich beide an der zeitgenössischen Nürnberger Malerei orientierten, obwohl sie selbst aus ganz anderen Kunstgegenden stammten.

Jörg Stocker orientierte sich bei seinem Unterknöringer Altar, der seinem Frühwerk zuzuordnen ist, an der damals hochaktuellen Druckgrafik eines Martin Schongauer in Col-

mar. Selbst der so berühmte Albrecht Dürer, der eine Generation Jüngere, reiste nach Colmar, um den begnadeten Zeichner Martin Schongauer in Colmar kennenzulernen, der aber schon verstorben war. Wenngleich die Tafeln Jörg Stockers nicht die künstlerische Qualität der Holbein-Tafeln des Weingartner Altars erreichen, etwa in Hinblick auf die Differenziertheit der Gesichter und Gesten, sind sie dennoch von sehr guter handwerklicher Qualität, wie besonders an den Ornamenten abzulesen ist.

Die Freisinger Heimsuchung von Sigmund Haring

In der Konradkapelle des Augsburger Doms sind auf dem Altar zwei neugotische Schreine aufeinandergestellt. Der untere enthält ein spätgotisches Tafelbild mit einer Heimsuchung, das den Besucher durch seine delikate Malweise begeistert. Es wurde zu einem unbekannten Zeitpunkt aus der Sammlung des Münchner Bildhauers Joseph Otto Entres erworben, gehörte aber sicher zu den Neuerwerbungen, die in der Zeit der Regotisierung des Doms (1859–1863) mannigfach getätigt wurden.

Der Maler lässt die Heimsuchung nicht im Gebirge, wie es das Lukasevangelium angibt, sondern in einer Phantasielandschaft mit Büschen, einem Flusslauf mit einer Burganlage und dem offenen Meer stattfinden. Die beiden Frauen stehen an einem Weg und reichen sich ungewöhnlicherweise die Hand. In der Bildtradition steht Maria meist links und Elisabeth rechts; man wird diese Positionierung entgegen anderslautender Äußerungen auch bei diesem Tafelbild annehmen und die nur unwesentlich jünger wiedergegebene Figur im blauen Kleid und rosafarbenen Mantel, der in reichem Faltenwurf fällt, als Maria bezeichnen dürfen, die Person im dunkelgrauen Kleid und plakativen roten Mantel als Elisabeth. Dafür spricht auch die Kopfbedeckung, die in ihrer steifen Ausformung und dem noch erkennbaren Kinnband als Haube angesprochen werden kann; sie war sichtbares Zeichen für den verheirateten Stand einer Frau und ist damit das zu Elisabeth passende Attribut. Die Jungfrau Maria trägt indes einen losen Schleier als Kopfputz, der den Haaransatz deutlich erkennen lässt. Elisabeth senkt als Zeichen ihrer Ehrfurcht die Augen; auch Marias Blick ist nicht auf Elisabeth bezogen, sondern schweift nachdenklich in die Ferne. Farbigkeit und Bildkomposition sind ganz auf die in Frontalansicht wiedergegebene Elisabeth ausgerichtet. In elegant-manierierter Haltung öffnet sie den tiefroten Mantel und präsentiert ihren schwangeren Leib. Das Wunder Gottes, der unfruchtbaren Elisabeth einen Sohn zu schenken, ist deutlich auffälliger ins Bild gesetzt als die ebenso wundersame Jungfrauengeburt Mariens; die

Menschwerdung Gottes wurde beim Treffen mit Elisabeth geoffenbart. Ganz offensichtlich geht es hier aber in erster Linie um die Geburt des Johannes des Täufers, dem bestimmt war, Christus den Weg zu bereiten.

Diese Betonung von Elisabeth als Mutter des Täufers Johannes erklärt sich durch den Ort, an dem diese Tafel ursprünglich aufgestellt war. Sie gehörte nämlich zusammen mit einem ›Bethlehemitischen Kindermord‹ im Germanischen Nationalmuseum in Nürnberg, einer ›Kreuzigung Christi‹ im Freisinger Diözesanmuseum und einem ›Marientod‹ in Privatbesitz zu einem ehemaligen Altar in der Freisinger Johanneskirche. Die ursprünglich beidseitig bemalten, im breiten Format angelegten Tafeln waren bereits im frühen 18. Jahrhundert nicht mehr im Altarkontext untergebracht, sondern hingen einzeln an der Wand. Später finden sie sich im Pfarrhof von St. Georg in Freising. Wann genau die Tafeln gespalten wurden und somit vier Einzelbilder entstanden, entzieht sich unserer Kenntnis. Die einstigen Schreinfiguren, vermutlich zwei Johannes- und eine Marienfigur, dürften sich in St. Johann in Erding und in St. Johannes Baptist in Ismaning erhalten haben.

Dank archivalischer Neuentdeckungen konnte der Maler, der bislang unter dem Notnamen »Meister der Augsburger Heimsuchung« oder »Meister der Freisinger Heimsuchung« in die Fachliteratur eingeführt war, kürzlich mit dem in Freising ansässigen Meister Sigmund Haring identifiziert werden, der dort 40 Jahre lang offenbar ausschließlich für kirchliche Auftraggeber gearbeitet hat. Sigmund Haring wurde am 25. Mai 1461 mit etwas über vier Pfund für einen Altar in der Johanneskirche entlohnt. Demnach sind der Altar und damit die Heimsuchungstafel im Augsburger Dom zeitlich ein bis drei Jahrzehnte früher anzusetzen als bislang geschehen.

Die Nähe der Tafel zur niederländischen Malerei der Jahrhundertmitte wurde bereits festgestellt und dem ist, was die feierliche Anmut der weiblichen Gesichter und Gesten, die Art der Gewanddrapierungen, die Betonung der Hinter-

Detail der Freisinger Heimsuchung

grundlandschaft, die Überlängung der Figuren und vor allem das Kolorit betrifft, auch nicht zu widersprechen. Besonders nahe steht Sigmund Haring hierbei Dierick Bouts, einem Hauptmeister der altniederländischen Malerei, der in Löwen (Leuven) ansässig war. Es ist unzweifelhaft, dass Haring Werke dieses Meisters gekannt haben muss: So fällt beispielsweise auf, dass er sehr ähnliche Sträucher mit Weißhöhungen malt. Es ist in diesem Zusammenhang erwähnenswert, dass Haring in den Freisinger Schriftquellen der Jahre 1451 und 1457 nicht vorkommt, was wohl darauf schließen lässt, dass sich Haring zu dieser Zeit auswärts befand. Wenn es bislang auch keinen archivalischen Beleg für eine niederländische Reise des Meisters gibt, so ist sie aufgrund der stilistischen Merkmale seiner Malerei dennoch wahrscheinlich. Motivisch kann die Heimsuchung jedoch nicht von der niederländischen Malerei beeinflusst worden sein. Bislang wurde das Motiv der Handreichung außer Acht gelassen, das sich weder in der niederländischen, noch in der französischen oder italienischen Kunst findet. Vielmehr scheint es sich in der Zeit um 1430/40 in Schwaben und Wien zu entwickeln,

wobei noch unklar bleibt, ob es in diesen Zentren unabhängig voneinander entstand, von Schwaben nach Wien oder umgekehrt vermittelt wurde. Es findet sich beispielsweise in einer der Chorgestühlwangen des Augsburger Doms, die wohl bei der Weihe des Ostchors im Jahr 1431, für den sie bestimmt war, fertiggestellt war. Auch der mutmaßlich in Augsburg entstandene Marienaltar im Diözesanmuseum St. Afra, ein aus Solnhofer Kalksteinplatten der entsprechenden Zeit zusammengesetzter Altar, besitzt eine Heimsuchung mit dem Handreichungsgestus. Das Motiv findet sich auch in Werken der Wiener Spätgotik, etwa beim Meister des Friedrichaltars in der Zeit um 1430/40 sowie beim Meister des Albrechtsaltars in der Zeit um 1435/40. Später entstandene Kunstwerke des schwäbischen, bayerischen und österreichischen Kunstraums scheinen ikonographisch von diesen Darstellungen abhängig zu sein. Die Frage ist, über welche Wege Sigmund Haring Kenntnis von diesem sehr selten anzutreffenden Motiv erlangt haben könnte. Letztendlich muss offen bleiben, ob dabei eher eine Orientierung in den süddeutschen Osten oder Westen maßgeblich war. Für beide Annahmen gibt es Argumente: Der anonyme Schnitzer des Augsburger Chorgestühls hat augenscheinlich auch das 1441 datierte Chorgestühl für St. Veit in Freising geschaffen. Dieses hat zwar keine figürlichen Reliefs, dennoch könnte der Schnitzer das Handreichungsmotiv in Freising bekannt gemacht haben. Andererseits ist durch Schriftquellen erwiesen, dass der Wiener Maler Jakob Kaschauer 1443 den damaligen Freisinger Hochaltar im Dom aufgestellt hat und auch für den Transport von Wien nach Freising entlohnt wurde. Auch er könnte das Motiv also von Wien aus vermittelt haben, wenn es nicht gar selbst auf den nicht erhaltenen Reliefs oder Malereien der Flügel vorkam. In diesem Fall hätte Haring dieses äußerst spezielle Detail vor Augen gehabt und zitieren können.

Heimsuchung von Sigmund Haring, um 1461

20. JAHRHUNDERT

Purifizierung von 1934 und moderne Veränderungen

Stand im 19. Jahrhundert die Wiederbelebung altdeutscher christlicher Kunst durch freie Nachschöpfung oder Verbesserung und Komplettierung des Zustands im Vordergrund der denkmalpflegerischen Bemühungen, so etablierte sich zu Beginn des 20. Jahrhunderts mit dem neuen Generalkonservator Georg Hager zunehmend der durch Alois Riegel und Georg Dehio maßgeblich geprägte moderne Denkmalbegriff: Erhaltung der Originalsubstanz, Betonung des Altertumswertes und die Losung vom Konservieren statt Restaurieren wurden zum Primat der Domrestaurierungen.

Moderne denkmalpflegerische Ansätze vertrat schon der 1893 als Kreisbauassessor nach Augsburg berufene und mit der Domrenovierung betraute Architekt Ferdinand Schildhauer, der jedoch als einsamer Vorkämpfer in Opposition zu seinen Vorgesetzten stand. Er verfasste gegen Ende des 19. Jahrhunderts die erste wissenschaftlich fundierte Baugeschichte des Doms und setzte sich vergeblich für eine planmäßige Inangriffnahme der Renovierung am Domäußeren sowie historische Treue bei Ergänzungen ein. Er beklagte die rabiate Entfernung gelockerter oder als überflüssig betrachteter Sandsteinarbeiten, die Zerstörung von Oberflächen durch direktes Anmodellieren von Ergänzungen in Gips und die Nichtberücksichtigung von Resten polychromer Steinfassungen.

Das Vorgehen bei der überfälligen Restaurierung des dem Verfall preisgegebenen Nordportals orientierte sich dann an den neuen Grundsätzen der Denkmalpflege. Von einer Auswechslung der in Sandstein gearbeiteten Figuren und Architekturglieder war nun nicht mehr die Rede, allerdings auch deshalb, weil für eine derart aufwendige Arbeit die finanziellen Mittel nicht ausreichten. Zur Vorbereitung der Maßnahmen ließ man 1913 Materialproben zur Härtung des Sandsteins anlegen und über Jahre beobachten sowie den Skulpturenschmuck zur Dokumentation des Erhaltungszustands in Gips abformen. An der Instandsetzung hielt man zunächst nach Ausbruch des Ersten Weltkriegs auch auf ministerieller Ebene aus Gründen der Arbeitsbeschaffung fest, musste aber bald erkennen, dass dies nicht möglich war, denn das für die Planung und Koordinierung der Arbeiten zuständige Landbauamt war personell ausgedünnt, seine Mitarbeiter sowie qualifizierte Handwerker im Krieg oder gefallen. Bis auf die Anbringung eines Dachs zum Schutz der Passanten vor herabfallenden Gesteinsbrocken geschah in den nächsten Jahrzehnten nichts.

Zur Bewältigung der immensen Bauaufgaben, die nach Kriegsjahren, Materialknappheit und Hyperinflation mit der Konsolidierung der Wirtschaft auch auf dem Gebiet der Kirchenrestaurierungen auf den Staat zukamen – es standen ebenfalls Instandsetzungen an den Domen in Bamberg, Regensburg, München, Passau und Würzburg an –, stellte das bayerische Innenministerium 1923 den Nürnberger Architekten Josef Schmitz als Dombaumeister und Fachberater der Obersten Baubehörde bei den Erhaltungsarbeiten ein. Schmitz, der in dieser Funktion auch die Instandsetzung des Doms in Augsburg leitete, konnte auf eine langjährige Erfahrung bei der Restaurierung der großen gotischen Nürnberger Kirchen zurückblicken. Auf seine Initiative hin übernahm 1927 das Germanische Nationalmuseum in Nürnberg, in dessen Gelehrtenausschuss er Mitglied war, Teile der Gipsabgüsse vom Nordportal, von denen wiederum einige Stücke die Zerstörungen des Zweiten Weltkriegs überstanden. 1924 wurde in Augsburg mit der Außenrestaurierung begonnen, denn selbst die erst gegen Ende des 19. Jahrhunderts ausgeführten Maßnahmen hatten sich als nicht witterungsbeständig erwiesen, und bedenkliche statische Verhältnisse waren an verschiedenen Bauteilen aufgetreten. In drei Bauabschnitten war bis 1926 geplant, zunächst den schwer beschädigten Westchor mit dem Querhaus, dann die Domsüdseite gegen den Fronhof, den Südturm, Teile des Ostchors und schließlich die Nordseite mit dem Nordportal instand zu setzen, tatsächlich aber dauerten die Arbeiten bis zum Ausbruch des Zweiten Weltkriegs an, ohne zu einem Abschluss zu kommen.

Ansicht des Ostchors mit Heimsuchungsfenster von J. Oberberger (1954) und Bronzeplastiken von J. Henselmann (1962/85)

Propheten vom Nordportal (abgewitterte Originale)   Propheten vom Nordportal (vergröberte Kopien)

Schmitz Bestreben ging dahin, den ursprünglichen Zustand der Bauten wiederherzustellen und die Zutaten des 19. Jahrhunderts dort zu tilgen, wo es aus Kostengründen vertretbar war. In dieser Hinsicht erfuhren die Fassadenflächen gravierende Veränderungen. Zum einen wurde der 1837/38 umgestaltete Giebel des südlichen Querhauses nach dem Vorbild alter Stiche und seines nördlichen Pendants rückgebaut und dabei das funktionslose Rosettenfenster, das lediglich in den Dachraum führte, entfernt; abgenommen wurden auch die neugotischen Wasserspeier und die nach rheinischem Vorbild erneuerten Maßwerkfenster am südlichen Seitenschiff. Zum anderen hatte man sich entschlossen, am Langhaus und den westlichen Gebäudeteilen den Putz abzuschlagen und das verfugte Backsteinmauerwerk sichtbar zu belassen. Schon 1909 war bei den ersten Putzuntersuchungen am Südturm überlegt worden, ob das Mauerwerk in romanischer Zeit nicht unverputzt gewesen sein könnte. Es gab jedoch auch im Jahr 1924 Stimmen, die Zweifel an der Historizität des Sichtmauerwerks hatten. Allen voran war es wiederum Schild-

hauer, der bemerkenswerte Verfechter behutsamer Restaurierung und inzwischen Oberregierungsbaurat a. D., der wegen des Konglomerats der zu unterschiedlichen Zeiten verbauten verschiedenartigen Materialien und vorhandener, allerdings nicht weiter untersuchter und teils sogar abgeschlagener Putzreste im Dachraum über den gotischen Gewölben überzeugt war, dass die Außenwände ursprünglich verputzt waren, was auch heute die herrschende Meinung ist.

Zwei Faktoren beeinflussten dieses Restaurierungskonzept mit der partiellen Rückführung in den Zustand der Romanik ganz maßgeblich. Zum einen ging es parallel mit einer Zeitströmung, die der Romanik gegenüber der Gotik einen höheren künstlerischen Stellenwert einräumte; in den Jahren zwischen den beiden Weltkriegen sollte im Kirchenbau zunehmend die romanisierende, flach gedeckte Basilika vorherrschen. Zum anderen hatte die expressionistische Architekturströmung die Backsteinarchitektur, deren Materialästhetik seit dem ausgehenden 19. Jahrhundert geschätzt und gebaut war, stark befördert. Nicht zufällig entstand in Augs-

Heimsuchung und Stammbaum Christi, Ostchorfenster von Josef Oberberger (1954)

Freilegeprobe der mittelalterlichen Wandfassungen im Mittelschiff (1934)

Schäden an der Portalplastik führen sollte. Am gotischen Ostchor beließ man den Putz, was nicht nur eine konservatorische, sondern auch eine ästhetische Entscheidung war, denn man fürchtete die Monotonie eines reinen Backsteinbaus.

Die nächste Kampagne, die den Gedanken des Originalzustands weiterführte, war die Innenrestaurierung im Jahr 1934 unter der Leitung Toni Roths, Künstler und zwischen 1928 und 1937 Konservator am Bayerischen Landesamt für Denkmalpflege. Sein ambitioniertes Konzept sah nichts Geringeres vor, als den Augsburger Dom als die erste gotische Bischofskirche Deutschlands in ihrer »Originalfassung« zu zeigen. Zunächst war der Grundgedanke der Maßnahme gewesen, den Raum von Schmutz, Ruß und Altersschäden zu reinigen und ihm ein neues, helleres farbliches Gepräge zu verleihen, denn die Fassung aus dem 19. Jahrhundert, deren Ton man mit »verschmutztem Packpapier« verglich, drückte bei den ohnehin nicht besonders hohen Baumassen sehr auf die Raumwirkung. Nach ersten Aufdeckungsproben, die Klarheit über das Farbkonzept liefern sollten, hatte man an den Wänden unter sieben Tüncheschichten eine gotische Fassung entdeckt und im Obergaden des Mittelschiffs relativ gut erhaltene romanische Putzflächen und Malereien. Der Entscheidung für eine komplette Freilegung und Konservierung der Wand- und Gewölbeflächen, Rippen und Schlusssteine ging ein längerer, etappenweiser Freilegungsprozess voraus, den Dombesucher und Presse aufmerksam verfolgten. Das Generalvikariat bevorzugte zunächst die Neutünchung, weil es einen stimmungsvollen Kirchenraum wollte und kein von den Gläubigen womöglich unverstandenes »Museum«. Seine wie auch die Bedenken Anderer konnten schließlich auch mit dem Argument zerstreut werden, dass sowohl die schöpferische Kraft eines Zeitstils als auch die Geldmittel für die Riesenaufgabe einer künstlerisch befriedigenden Neugestaltung fehlten.

Die in Fachkreisen vielbeachtete denkmalpflegerische Sensation bestand nun darin, die Raumschale nicht auf der Grundlage historischer Befunde neu zu streichen, sondern die Originalsubstanz mit speziell für den Zweck hergestellten Werkzeugen freizulegen und Fehlstellen lediglich durch Retuschen einzustimmen. Ein Novum stellte auch die bei der Antoniuskapelle sichtbar belassene Befundtreppe dar, die zwar nicht auf das gesamte Kircheninnere übertragbar ist, aber für diesen Raumteil die Schichtenabfolge der Wandfassung ablesbar ließ. Die stark übertünchten Schlusssteine, Säulen und Rippen wurden ebenfalls freigelegt und ihre farbige Fassung, soweit man sie feststellen konnte, retuschiert. Größte Aufmerksamkeit schenkte man dabei den alten künstlerischen Materialien und Techniken, deren Erforschung das große Verdienst von Max Doerner war, Toni Roths Lehrer,

burg zeitgleich mit der äußeren Domrestaurierung die mit Hartbrandklinkern verkleidete Kirche St. Anton nach dem Entwurf von Michael Kurz, an deren Beispiel Fachleute diskutierten, ob die Backsteinarchitektur in der süddeutschen Architekturlandschaft überhaupt historisch verwurzelt war. Den Verfechtern der heimischen Bautradition konnte der steinsichtige Augsburger Dom neben der tatsächlich niemals verputzten Münchner Frauenkirche oder dem Ulmer Münster als weiterer historischer Beleg gelten.

Die freigelegten Backsteinmauern des südlichen Domseitenschiffs erhielten eine Tönung mit Leinöl, die dem Eindruck nasser Oberflächen nahe kam, um die Wandtextur farblich zu beleben, denn es war die starke malerische Reflexwirkung, die man an den modernen Klinkerbauten so schätzte. Mit Leinöl ließ man auch Teile des Südportals behandeln, da man mit dessen konservatorischer Wirkung den Verfall der gotischen Plastik hinauszuzögern hoffte. Allerdings wurde der Überzug an den Fassadenflächen durch allmähliches Austrocknen im Laufe der Jahre fleckig und der Sandstein durch diese Versiegelung am Feuchtigkeitsaustausch gehindert, was zu weiteren

Marmorkanzel von Karl Killer (1946) und Rückwandfresko von Franz Nagel, im Hintergrund Magnificat-Orgel (1989)

Freund und Vorgänger auf dem Lehrstuhl für Maltechnik an der Akademie der Bildenden Künste in München. Der Zementverputz an den unteren Wandpartien wurde entsprechend der alten Putzflächen in Material und Struktur erneuert, die Bemalung lediglich auf diesen neu aufgetragenen Kalkmörtelflächen rekonstruiert, für die in mehreren Lagen aufgetragenen Retuschen wurde täglich frisch hergestelltes Topfenkasein verwendet. Nach diesen Kriterien wurde auch die Marienkapelle restauriert. Dort entfernte man den schablonenhaften braunen Anstrich, legte den Grundton der Raumschale und des mehrfach überstrichenen Stucks frei, reinigte, fixierte und retuschierte die Freskomalerei und präsentierte den Altar mit dem gotischen Gnadenbild in seiner konservierten Fassung.

Auch die »Wiederherstellung« des romanisch-gotischen Doms konnte – aller nach damaligem Verständnis bester wissenschaftlicher Herangehensweise zum Trotz – nur eine subjektive Annäherung und das Ergebnis ästhetischer Überlegungen sein. Äußerst problematisch ist aus heutiger Sicht, dass auf der Suche nach der gotischen Urfassung nicht nur sämtliche spätere Tüncheschichten entfernt, sondern auch die 1591 erneuerten Gewölbemalereien unwiederbringlich zerstört wurden. Die unseren Standards nicht mehr genügende Freilegungsmethode hat die gotische Putzoberfläche großflächig gestört, ebenso wenig gibt man sich heute mit der damaligen Befundung und ihrer Dokumentation zufrieden. Es herrscht aber Konsens darüber, dass die 1934 freigelegten Fassungen tatsächlich die Erstfassungen nach der schrittweise voranschreitenden gotischen Einwölbung des Doms sind. Was damals zutage kam, überraschte Fachwelt und Laien gleichermaßen: Der westliche Bauteil mit Chor mit Querhäusern war ursprünglich grau getönt mit gebrochen weißer Quaderung (um 1330), das Langhaus mit den Seitenschiffen hingegen weiß mit rot aufgemalten Quadern (um 1340) und der Ostchor mit Kapellenkranz in lichtem, zartem Grau (um 1420).

Die freigelegten Fassungen standen aber niemals gleichzeitig nebeneinander, was man schon 1934 in Erwägung gezogen, aber nicht weiter untersucht hatte. Es fehlten damals auch grundlegende Forschungen zu Raumfassungen des Mittelalters, die zur Entscheidung dieser Frage vergleichend hätten herangezogen werden können. Die Verlockung der Freilegung einer faszinierenden Erstfassung und das Bestreben, die bauliche Abfolge auch in der dekorativen Note und den daraus resultierenden Stimmungswert des nicht einheitlich entstandenen mittelalterlichen Raums zu zeigen, interessierte die Denkmalpflege mehr als ein konkreter geschichtlicher Zustand.

Während der voranschreitenden Abnahme der Tüncheschichten waren immer neue Reste freskaler figürlicher und ornamentaler Bemalung aus unterschiedlichen mittelalterlichen Zeiten zutage gekommen. Den monumentalen Christophorus (1491), die weinenden Frauen (um 1420) mit der aus einer früheren Periode stammenden Umzeichnung des Schmerzensmanns (2. Viertel 14. Jahrhundert), die Architekturmalerei an einem südlichen Ostchorpfeiler (frühes 15. Jahrhundert), die Wappenmalerei der Antoniuskapelle (frühes 15. Jahrhundert) und in erster Linie natürlich den sensationellen romanischen Fries im Obergaden (11. Jahrhundert) – wobei man nicht vergaß, darauf hinzuweisen, dass die Mäanderformen dem Hakenkreuz sehr ähnlich waren – legte man frei, ebenso die von den Schlusssteinen ausstrahlenden Gewölbemalereien (um 1325, 1340, 1420) und die gotischen Schriftzüge im Westbau (1334). Die Entscheidung darüber, welche Überlieferung als wertvolle Bereicherung des Denkmälerbestands sichtbar blieb und was wieder übertüncht wurde, war letztlich ästhetisch motiviert. Die sich im Mittelschiff wirkungsvoll gegenüberliegenden Ornamentbänder sind nur ein Teil der an dieser Stelle vorgefundenen romanischen Freskenreste. Auf romanische Horizontalbänder und weitere Fragmente war man auch in Westchor und im westlichen Querarm gestoßen, deckte sie aber wieder zu, wohl weil sie an diesen Stellen durch die später eingezogenen gotischen Gewölbe unterbrochen und zerschnitten waren.

In gewisser Weise hinterließ die Inneninstandsetzung von 1934 ein archäologisches Präparat, aber ein aufgeschlagenes Geschichtsbuch des Doms wollte man gerade nicht, vielmehr einen harmonischen, zu religiöser Versenkung einladenden Raum. Um ein optisch befriedigendes Gesamtbild zu erzielen, legte man einen dämpfenden Leimfarbanstrich über die gesamte Raumschale, der sämtliche Schmuckelemente harmonisch zusammenschloss.

Künstlerisch kongruent zur Rückführung des Doms in seine ursprünglich nüchterne romanisch-gotische Gestalt umfasste das Arbeitsprogramm zur Innenrestaurierung auch die Vereinfachung der Ausstattung. Wesentliche Maßnahmen des Konzepts konnten jedoch vor Ausbruch des Zweiten Weltkriegs nicht mehr durchgeführt werden. Soweit es finanziell vertretbar war, tilgte man den historistischen Überschwang des 19. Jahrhunderts, den man inzwischen als doktrinär konstruiert verabscheute. Die Altäre der Chorumgangskapellen, die den Blicken der Gottesdienstbesucher weitgehend entzogen waren, erhielten eine zurückhaltende Fassung, die Übermalungen des 19. Jahrhunderts an Skulpturen und Gemälden wurde abgenommen. Weitreichender waren die Maßnahmen an den Altären im Kirchenschiff, die man als störende Fremdkörper wahrnahm. An den acht Seitenaltären an den Mittelschiffspfeilern wurden die Mensen mit den neugotischen Blendgliederungen durch schlichte

Steinblöcke und das Maßwerksgespinst der Aufbauten durch einfache Rechteckrahmen mit in die Predella eingelassenen Täfelchen ersetzt. Vereinfachen ließ man auch die Altararchitektur des Thekla- und des Mariae-Schmerzen-Altars. Eine tiefgreifende Umwandlung erfuhren der Kreuzaltar, dessen Kruzifix an einen neutralen Hintergrund gehängt und mit zwei, den Depotbeständen der Diözese entnommenen spätgotischen Engeln ergänzt wurde, und der Herz-Jesu-Altar, dessen Schnitzreliefs auf der Innenseite durch moderne Malereien von Josef Maria Beckert ersetzt wurden.

Aus Kostengründen unangetastet blieb der Hochaltar; auch musste man sich vorerst damit begnügen, von den Beichtstühlen und der Kanzel den neugotischen Zierrat abzunehmen und die ungeliebten Westchorfenster wenigstens durch farbige Tönung auf die neue Raumwirkung abzustimmen. Beim großen Chorscheitelfenster im liturgisch bedeutenden Ostchor hingegen wollte man den Aufwand nicht scheuen. Den Auftrag zur Schaffung einer künstlerisch hochwertigen Glasmalerei erhielten Josef Oberberger und der Bildhauer Bernhard Bleeker, die in diesem Werk den Stil romanischer Fenster in die Gegenwart übertrugen. Bleeker, mit Toni Roth befreundet, war Akademieprofessor in München, von der Reichsführung der NSDAP hochgeschätzt, seit 1932 Alt-Parteigenosse und 1933 aus der katholischen Kirche ausgetreten. Da er 1943 zum zweiten Mal austrat, musste er zuvor wieder eingetreten sein, was wahrscheinlich 1934 im Zusammenhang mit dem Domfensterauftrag geschah.

Das Schraudolph-Fenster ist heute verschollen; seine Spur verliert sich 1936, als das Heimatmuseum Oberstdorf Interesse an dem Fenster zeigte. Die demontierten Teile der neugotischen Ausstattung ereilte ein ähnliches Schicksal wie gut 70 Jahre zuvor das verschmähte Barockmobiliar: Man ließ ihren Wert schätzen und versuchte, so viel wie möglich zu veräußern, was aufgrund des veränderten Zeitgeschmacks allerdings gar nicht so einfach war. Der heilige Michael vom Herz-Jesu-Altar wurde nach Zusamaltheim verkauft, wo er in einer Nische am Pfarrhaus aufgestellt werden sollte, nach Westheim zur Wallfahrtskirche gingen die Herz-Jesu-Statue und die Kreuzwegstationen, für die man 1936/37 vier Kapellen errichten ließ, zwei Apostelfiguren von den Langhausaltären wurden kostenlos an eine neu errichtete Schulkapelle in Freihung abgegeben. Die Kirchenväter der neugotischen Kanzelbrüstung befinden sich heute in der Pfarrkirche St. Thaddäus in Augsburg-Kriegshaber.

Unter wirtschaftlichen Gesichtspunkten war die Dominstandsetzung ein willkommener Motor zur Arbeitsbeschaffung für zahlreiche heimische Handwerker. Gleichwohl gab es keine Zuwendungen von staatlicher oder kommunaler Seite unter den nationalsozialistischen Machthabern. Öffent-

liche Sammlungen zugunsten der Restaurierung waren verboten; besonders das Winterhilfswerk, das Sach- und Geldspenden für bedürftige »Volksgenossen« auch mit aggressiver Straßensammlung eintrieb und den Staat somit von Sozialausgaben entlastete, achtete darauf, dass die Kollekten tatsächlich nur innerhalb des Doms stattfanden. Der Erlös aus einer 1936 genehmigten Lotterie – das staatliche Glückspiel war schon im 19. Jahrhundert ein probates Mittel zur Finanzierung von Kirchenbauten – reichte nicht aus, um das Instandsetzungsprogramm zu erfüllen.

Die Außenrestaurierung am Ostchor schritt mit der Auswechslung von Gesimsen, Filialbekrönungen und des Maßwerks an den Kapellenfenstern bis 1939 voran, der administrative Aufwand allerdings wurde immer größer. Ab 1938 war im Zusammenhang mit dem zweiten Vierjahresplan und in Vorbereitung auf den Krieg durch die Ausrichtung des gesamten Wirtschaftslebens auf Rüstung und Autarkie die Beschaffung von Baumaterial vielfach nur noch über die Zuteilung auf Bezugsscheinen möglich.

Die Kriegszerstörungen des Doms waren vergleichsweise gering, was nicht zuletzt dem damaligen Domkaplan Aichele und seiner aus Freiwilligen bestehenden Brandwache zu verdanken war, die mit ihrem unermüdlichen Einsatz das Schlimmste verhinderten. Der Dachstuhl der Marienkapelle war abgebrannt und ein Teil des Kreuzgangs im Nordflügel zerstört, aber ansonsten mussten bis 1959 in erster Linie Erschütterungsschäden an Fenstern, Maßwerk und Dachstuhl beseitigt werden. Einschneidende Maßnahmen fanden erst in der zweiten Hälfte des 20. Jahrhunderts statt. Einen enormen Eingriff in die bauliche Substanz stellte die Umgestaltung der Altarsituation nach den Maßgaben des Zweiten Vatikanischen Konzils (1962–1965) dar. Die Situierung des Hochaltars am östlichen Ende des langgestreckten Ostchors, weit abgerückt von der zum Gottesdienst versammelten Gemeinde, war schon länger als liturgischer Mangel empfunden worden. Bereits 1934 hatten Gemeindemitglieder mit Hinweis auf den christozentrischen Gedanken den Wunsch nach einem in der Mitte des Doms an der Stelle des Maialtars aufgestellten Altar formuliert. Ein 1968 ausgeschriebener Wettbewerb zur Neugestaltung der Altarsituation sollte Klarheit über die endgültige künstlerische Lösung bringen, die ein provisorisches, dem Ostchor vorgesetztes Altarpodium dauerhaft ersetzen sollte. Die zwischen 1970 und 1972 realisierte Umgestaltung des Ostchors unter der Leitung von Alexander von Branca ist ein Gemeinschaftswerk zusammen mit dem Architekten Fritz Döbler und den Bildhauern Blasius Gerg und Hermann Jünger. Aus liturgischen Erwägungen und mit dem unbedingten modernen Gestaltungswillen der Zeit wurde dabei massiv in die historische Substanz des Ostchors eingegriffen und intak-

Erneuerter Bauschmuck am Ostchor im Stil der 1960er Jahre

ter mittelalterlicher Bestand zerstört; die Schutzbedürftigkeit der Vergangenheitsüberlieferung stand damals nicht im Mittelpunkt des allgemeinen Interesses. Völlig unbekannt ist, inwieweit die Veränderungen auch die Unterkonstruktion des Chorbereichs störte. Immer wieder wurde über viele Jahrzehnte von verschiedener Seite die Frage nach der Existenz einer Ostkrypta gestellt und 1970, bevor das Bodenniveau des Chors abgesenkt wurde, wäre der ideale Zeitpunkt für begleitende archäologische Grabungen oder zumindest für die Dokumentation der vorgefundenen Situation gewesen. Vom neuen Chorboden mit Hochaltar, Bischofsitz und Ambo führen seither vier Stufen zum vorgelagerten, sich über das erste Joch des Mittelschiffs erstreckenden Podest für den Zelebrationsaltar hinab, das sich nochmals um fünf Stufen über das Bodenniveau des Kirchenschiffs erhebt. Die näher am Volk platzierte Altarinsel machte die Versetzung der Seitenaltäre um jeweils einen Pfeiler nach hinten notwendig. Weitreichend war der Entschluss, die im 15. Jahrhundert zwischen

die Pfeiler eingebauten und seither unveränderten Chorschranken abzusenken, die Dienste aus der bündigen Mauer zu schälen und das intakte Chorgestühl durch die Abnahme der Rückwände und Baldachine nur noch als Torso stehen zu lassen. Durchsetzen ließ sich letztgenannte Maßnahme, die bereits 1968 im Ausschreibungstext angeboten worden war, wohl nur, weil man glaubte oder glauben machen wollte, dass dieses erst im 19. Jahrhundert während der neugotischen Ausstattungsphase unter Verwendung älterer Teile eingebaut worden sei. Auftraggeber und der Architekt wollten eine konzentrierte Raumwirkung auf die liturgische Nutzung des Raumteils erreichen, die dem Empfinden nach Hochaltar und Chorgestühl durch ihr formales Gewicht störten, das sie erst mit dem Abbruch des Lettners um das Jahr 1655 erhalten hatten. Brancas Verständnis funktionaler Architektur war weniger auf die materiellen und konstruktiven Eigenschaften fokussiert als vielmehr auf ihre Nutzung, ein Ansatz der auf den stark polarisierenden Sakralbau der Moderne zwischen

Hochaltar im Zustand von 1962 vor der Konzilsreform mit der
Kreuzgruppe von Josef Henselmann

den bei der Erneuerung nicht beachtet, Befunde nicht dokumentiert und den Bogenabschluss über den fünf spitzbogigen
Blenden wollte man als spätere Zutat zunächst ebenfalls entfernen. Man verwendete widerstandsfähigeren Muschelkalk
an Stelle des Sandsteins im gotischen Original und ließ unter
der Leitung des versierten Bildhauers Rudo Göschel, wahrscheinlich ein Verwandter des im 19. Jahrhundert am Dom
beschäftigten Johann Göschel, Kopien herstellen, die wegen
des hohen Verwitterungsgrades auf der Grundlage der Gipsabgüsse von 1913 und historischer Fotografien basierten.
Auch wenn man damals keine frei gestalteten Nach- oder
Neuschöpfungen versetzte und das Material Muschelkalk anders zu bearbeiten ist als der feinkörnige Sandstein, können
die neuen Portalfiguren mit der graphisch-flächigen Behandlung der Oberfläche und der Stilisierung von Detailformen
ihre Entstehung in der Nachkriegszeit nicht verbergen.

Die Innenrestaurierung von 1981 bis 1984 mit Fortsetzungen bis 1987 war der Beitrag der Diözese Augsburg zum
2000-jährigen Stadtjubiläum im Jahr 1985. Das Hauptanliegen war die Reinigung der 1934 freigelegten Raumschale,
deren Zustand stark unter den Auswirkungen der damals
gegen den Rat von Toni Roth eingebauten Heizung gelitten
hatte. Man griff dabei aber entscheidend in die Farbgestaltung
ein, indem man im westlichen Bereich die graue Wandfassung aufgab und die weiße mit roter Quaderung rekonstruierend übertrug. Neue wissenschaftliche Befunde hatten bestätigt, dass dieses Dekorationsschema nach dem gotischen
Umbau des Langhauses auf den Westteil ausgedehnt worden
war. Die Erkenntnis einer einheitlichen Wandfassung fiel auf
fruchtbaren Boden und kam den Kritikern des 1934 hinterlassenen Zustands sehr entgegen.

Lange zog sich die Realisierung des seit den 1980er Jahren
projektierten Sakramentsaltars am Ostende des südlichen Seitenschiffs hin, der den neugotischen, 1934 veränderten Herz-
Jesu-Altar ersetzen sollte. Nach mehreren Planänderungen
konnte das Werk schließlich durch Linde Mötz-Grübl, die
Witwe des beauftragten, inzwischen verstorbenen Bildhauers
Reinhold Grübl, im Jahr 1996 abgeschlossen werden. Die
kontroversen Diskussionen um den Altar waren damit jedoch
nicht verstummt. Daher wurde 2014 eine Neugestaltung in
klassisch-schlichten modernen Formen nach Entwürfen des
Allgäuer Architekten Wilhelm Huber beschlossen, die Georg
Petels »Ecce Homo« in ihrem Zentrum aufnimmt.

Insgesamt blieben die Veränderungen im Kirchenraum bis
zu den jüngsten gestalterischen Eingriffen letztlich eine Fortschreibung des Konzepts von Toni Roth. Dazu zählten die
neue Kanzel von Karl Killer (1946), die Entfernung des beschädigten Westchorfensters (1950) und der Ersatz für die
kriegszerstörten Fenster in Scheitel, Obergaden und Kapel

den Weltkriegen zurückgeht: Denn, so stellte er die Frage,
»was ist denn die Funktion einer Kirche? Die Funktion einer
Kirche ist, die Menschen aus der Zerstreutheit in die Sammlung zu führen. Wenn ich Sammlung will, muß der Raum so
sein, dass er Sammlung zuläßt.«

Eine nicht weniger extreme Behandlung erfuhr das Nordportal mit seiner Totalerneuerung. Bereits 1934 waren von
den seither im Dom präsentierten wertvollen Originalstücken
19 der 24 Freifiguren zum Schutz vor weiterer Zerstörung
durch Auto- und Industrieabgase ins Innere verbracht worden, und es waren ausgerechnet die zu Beginn des 20. Jahrhunderts mit Steinschutzmittel behandelten Teile, die damals
die fortgeschrittensten Zerstörungen zeigten. Der Portalarchitektur hatte man nur noch den »Reiz einer Ruine« zugestanden, die in einigen Jahrzehnten völlig erneuert werden
müsste. Zwischen 1962 und 1967 wurde diese Maßnahme mit
der kompletten Auswechslung der Skulpturen, Ornamente
und Architekturglieder durchgeführt. Im Prinzip ging man
die Aufgabe nicht recht viel anders an, als man das bereits im
19. Jahrhundert getan hatte. Reste von farbiger Fassung wur

lenkranz des Ostchors, die wiederum Josef Oberberger zwischen 1954 und 1967 ausführte. 1962 ersetzte endlich Josef Henselmann, ein Schüler von Karl Killer, durch eine Kreuzgruppe mit ursprünglich vorgesetztem steinernem Altartisch den neugotischen Hochaltar, dessen skulpturaler Schmuck im Depot der Diözese eingelagert wurde. Von ihm stammt ebenfalls der neue Bischofsthron. Nun erfasste die Moderne auch den bis zu diesem Zeitpunkt unangetasteten Canisius-Altar, der 1934 bereits in neugotischen Details reduziert worden war und im Jahr 1963, passend zu den anderen Langhausaltären, mit einer schlichten Rahmenarchitektur versehen wurde. Die Öffnung der Krypten unter dem Westchor (1977–1981), die Umgestaltung weiterer Altäre und die schließlich 2010 erfolgte Erneuerung der künstlerischen Verglasung im Westchor waren ebenfalls bereits 1934 vorgesehen gewesen.

Bei den beiden großen Maßnahmen in der ersten Hälfte des 20. Jahrhunderts stand die Wiederherstellung eines »unverfälschten« Zustands im Vordergrund. Nach dem Zweiten Weltkrieg fanden die gravierendsten Veränderungen im Anschluss an das Zweite Vatikanische Konzil und anlässlich der 2000-Jahrfeier der Stadt Augsburg statt. Freilich aber musste die formulierte Absicht, dem Denkmal nicht »den Stempel irgendeiner heutigen, dem Irrtum unterworfenen Deutung aufzudrücken«, selbst bei Toni Roths behutsamen und respektvollen Umgang mit der originalen Substanz letztlich eine Illusion bleiben, denn jede Konzentration auf ein bestimmtes historisches Zeitfenster geht mit der Eliminierung von vorangegangenen und nachfolgenden Epochen einher oder anders ausgedrückt, als ästhetisches Wollen über Erhaltungsnotwendigkeiten hinaus.

Figurengruppen von Josef Knabl und Anselm Sickinger vom ehem. neugotischen Hochaltar (um 1855; heute im Depot der Diözese)

Folgende Doppelseite: Detail aus den Bronzetüren von Max Faller (2000/2001) und Gesamtansicht des Brautportals

Gedanken zu dem Fenster-Triptychon im Westchor

In den Fenstern des Westchors habe ich mich mit den Wiederkunftsperspektiven auseinandergesetzt, das heißt mit den unvorstellbaren Vorhersagen der Parusie. – Kunst, die sich für das Aufscheinen jenseitiger Wirklichkeiten offenhalten möchte, ist auf Chiffren angewiesen, auf Zeichen, die Inhalte sowohl verbergen als auch *ent*bergen. In ihnen west eine Vielfalt von tieferen Zusammenhängen, die, obschon begrifflich kaum zugänglich, dennoch Erkenntnismittel sind. Karl Jaspers bezeichnete Symbole dieser Art als »Chiffren des Seins«. Gerade im Bereich Religion repräsentieren sie numinose Wirklichkeit und machen sie zugleich wahrnehmbar.

Zu den wichtigsten Ausdrucksträgern innerhalb meiner Bildsemantik zählen seit langem zwei bedeutungsträchtige Chiffren: die gestreckte U-Form und das monumentale Wundmal, das von den Verbrennungen meiner Bandcollagen herrührt.

Das Südwestfenster, links, lässt die »Ouvertüre« der endzeitlichen Parusie aufscheinen: die Entrückung. Ein Teil der unten angedeuteten Kastengräber ist noch verschlossen. Nur einige von ihnen sind bereits geöffnet. Aus ihnen auferstehen die im Glauben an Christus Jesus Entschlafenen. Sie werden gemeinsam mit den noch Lebenden ihrem HERRN entgegengerückt (1 Thess 4,16–17). Gleichzeitig verweist schon dieses Fenster im oberen Teil auf die Ankunft des Weltenrichters. Bei Matthäus Kapitel 24, Vers 27 heißt es, er »wird für alle sichtbar kommen, wie ein Blitz, der von Ost nach West über den Himmel zuckt«. Der Blitz als auch der auf die Menschen ausgerichtete HERR und seine auferstehenden Nachfolger sind in strahlendem Weiß dargestellt.

Im Mittelfenster kulminiert das Endzeitgeschehen. Direkt unter dem Maßwerk lastet die vielsagende Brandform. Etwas Dunkles verglüht, zerbricht. Dabei an den Text des Markusevangeliums (Mk 13,24–27) zu denken, ist naheliegend und an die konkrete Parusie-Erwartung von Petrus (2 Pet 3,10) nicht weniger: »Es wird aber des Herren Tag kommen, wie ein Dieb in der Nacht. Dann wird der Himmel unter tosendem Lärm vergehen, die Himmelskörper verglühen im Feuer, und die Erde und alles, was auf ihr ist, wird zerschmelzen.«

Gleich darunter erscheint der weiße Thron Gottes, der Bezug nimmt auf den steinernen romanischen Bischofssitz, welcher gewissermaßen die Basis dieses Fensters bildet. Auf dem Thron »sitzt« der richtende Christus in festlichem Goldgelb. Am unteren Ende des Glasteppichs sind diesmal *alle* Gräber geöffnet, denn nun kann keiner mehr im Grab bleiben und auf ein definitives Todsein spekulieren. *Alle* Menschen müssen vor dem Richter antreten. Wie in der klassischen Ikonographie schweben links die Seligen ihrem HERRN entgegen und auf der rechten Seite, der »Todseite« eines Bildes, stürzen die beschmutzten Abgewiesenen – die Verweigerer des Errettungsgeschenks Jesu – in einen rotglühenden Abgrund, den die Bibel mit Hölle bezeichnet.

Das dritte Fenster fokussiert jenes Sein der erlösten Gerechten. Allein schon die beruhigten Ordnungen des Bildes spiegeln das Friedensklima der *himmlischen Ewigkeit* wider. Die Seligen haben ihr endgültiges Ziel erreicht. In weißen Gewändern scharen sie sich als *familia dei* anbetend um den HERRN. Jesus trägt ein goldenes Gewand und die Erlösten preisen ihn in seiner Herrlichkeit, deren Aura sich in leuchtendem Orange nach unten ausbreitet. Wie im hohepriesterlichen Gebet (Joh 17) reflektiert auch mein Nordwestfenster die in Vers 24 zur Sprache kommenden Anliegen Jesu: »Vater, du hast sie mir gegeben, und *ich* will, dass sie mit mir dort sind, wo ich bin. Sie sollen meine Herrlichkeit sehen, die du mir gegeben hast.«

Beinahe ausgesondert, zumindest aber hervorgehoben, beherrscht die rechte untere Ecke des Fensters eine seltsam beunruhigende Bildmetapher: Vor einer großen lodernden Flamme zeigt sich einmal mehr das für meine Intentionen so wichtige nach oben ausgestreckte U-Zeichen für »Mensch«. Ich erinnere damit an den Märtyrertod der heiligen Afra. Sie wird ja in der Diözese Augsburg besonders verehrt.

Auferstehungschiffren (linkes Fenster)

Wiederkehr Christi (Mittelfenster)

Wie auch immer: Die in meiner eher karg anmutenden Formsprache angedeuteten Phasen der Parusie warten letzten Endes auf die Interpretation des *Betrachters*, denn erst in ihm kommt nämlich ein Kunstwerk zur Vollendung. Das hält im Übrigen auch ein Satz der Semiotik fest. Wegen ihres vorbegrifflichen Charakters war Kunst seit eh und je den rein diskursiven Möglichkeiten menschlicher Kultur weit überlegen. Auch heute noch kann sie uns zum Quellgrund alles vorbegrifflichen Begreifens leiten und bereichern. Dass dies auch meinen drei Fenstern im Augsburger Dom gelingen möge, wünsche ich mir sehr.

Johannes Schreiter, 2009

Die Ausführung der Fenster übernahm das Glasstudio Wilhelm Derix, Taunusstein. Sämtliche dafür notwendigen opaken Echtantikgläser wurden in der Glashütte Lamberts Waldsassen GmbH hergestellt.

Chiffren der erlösten Gerechten und der hl. Afra (rechtes Fenster)

ENTWURF: JOHANNES SCHREITER

AUSFÜHRUNG: DERIX GLASSTUDIOS TAUNUSSTEIN 20×10

Rundgang durch den Dom
Stichpunkte zur Ausstattung

AUSSENBAU · SÜDSEITE

Sogenanntes **Brautportal** aus dem 19. Jahrhundert mit Tympanon (1877) von Johann Nepomuk Hauttmann zeigt Dompatronin Maria, von den Bistumspatronen St. Ulrich und Afra verehrt. Anstelle des zeitweilig hier befindlichen Bronzeportals des 11. Jahrhunderts (heute im Diözesanmuseum) seit 2001 neues Bronzeportal des Münchner Bildhauers Max Faller mit 28 Szenen zur Schöpfung (von den Verheißungen des Alten Bundes zur Erfüllung im Neuen Bund).

Großes Südportal, ab ca. 1356 von Mitgliedern der Parler-Werkstatt geschaffen, zahlreiche Szenen aus dem Marienleben, seitlich Skulpturen der Apostel, oberhalb Jüngstes Gericht; dieses wie auch die zum Chorumgang hin folgenden Skulpturen (Verkündigungsgruppe; hll. Anna [?], Christophorus, Johannes d. T., Ulrich, Andreas) um 1890 durch Heinrich Müller erneuert oder als Nachempfindung neu geschaffen; von Anton Pruska die Skulptur eines Ritters am Chorumgang an einem Strebepfeiler zur Nordseite hin.

Auf dem Domvorplatz der **Brunnen der Bistumspatrone**, 1986 von Josef Henselmann.

AUSSENBAU · NORDSEITE

Nordportal, heute Kopie bzw. Nachempfindung (1960er Jahre) anstelle der Originalskulpturen der Portalanlage von 1343; die Originale selbst heute überwiegend im Inneren angebracht, zum Schutz vor Verwitterung; Szenen aus dem Marienleben, seitlich Skulpturen der hll. Ulrich und Afra sowie Elisabeth von Thüringen (?) und Adelheid. Über dem Portal Schauwand mit Darstellung der »Sedes Sapientiae« (Thron des Königs Salomo), um 1965 erneuert nach verwitterten Vorlagen um 1370.

INNENRAUM · MITTELSCHIFF (siehe Grundriss S. 251)

Im südlichen Obergaden: **Prophetenfenster [1]**, wohl um 1135/40: von Ost nach West Jona, Daniel, Hosea, König David und Moses (Letzterer um 1550 weitgehend erneuert).

An den westlichen Pfeilern: **Tafelbilder des Unterknöringer Altars [2]**, um 1484 von Jörg Stocker aus Ulm: Geburt Christi (im Hintergrund Verkündigung an die Hirten), Anbetung der Könige, Tod Mariens, Marienkrönung.

Vor einem Pfeiler der Nordseite: **Marmorkanzel [3]**, 1946 von Karl Killer aus München, mit Darstellungen von Christus als Lehrer, dem Bistumspatron St. Ulrich und dem langjährigen Domprediger St. Petrus Canisius. Hintergrundmalerei am Pfeiler von Franz Nagel, Taube des Hl. Geistes, Maria und die Evangelisten.

An einem Pfeiler der Südseite: **Canisiusaltar [4]**, 1897 von Georg Busch aus München zunächst als neugotisches Denkmal errichtet (Figur des Petrus Canisius im Kreise wichtiger Zeitgenossen, unten Relief Canisius als Lehrer), nach der Heiligsprechung 1925 zum Altar erweitert, um 1960 mit einfachem neuem Rahmen statt des neugotischen Gehäuses und mit kleinen Gemälden von Toni Roth zum Leben des Heiligen versehen.

An den östlichen Pfeilern: **Tafelbilder des Weingartner Altars [5]** von Hans Holbein dem Älteren, 1493 (datiert in einer Inschrift im Bild der Beschneidung): Abweisung von Joachims Tempelopfer (Nebenszene: Verkündigung der Mariengeburt), Geburt der Maria (Nebenszene: Begegnung von Anna und Joachim vor der Goldenen Pforte), Tempelgang der Maria (Nebenszene: Heimsuchung), Beschneidung Christi (Nebenszene: Marienkrönung); die kleinen spätgotischen Gemälde in der Predella der jeweiligen Altartafel mit je zwei Passions-

Originaler spätgotischer Türzieher vom Nordportal (heute im Diözesanmuseum St. Afra)

szenen von einem weniger bedeutenden, vielleicht ober-schwäbischen Maler um 1480, nicht original zugehörig.

Skulptur **Madonna über Engel mit Handorgel [6]**, qualitätvolle Arbeit um 1490 unbekannter Herkunft.

Skulptur **hl. Josef [7]**, Kopie der 1950er Jahre nach einem hochbarocken Original in Bobingen aus der Landsberger Luidl-Werkstatt.

Skulptur **hl. Ulrich [8]**, mittleres 14. Jahrhundert, Ende der 1960er Jahre aus dem Kunsthandel erworben und mit den Attributen des Bistumspatrons versehen.

INNENRAUM · IM ZENTRUM DES OSTCHORS

Hauptaltar und Ambo [9], 1971 von Blasius Gerg nach liturgischer Neuordnung des Chorraums mit veränderter Treppenanlage geschaffen.

Chororgel [10] Prospekt zum Chor 1903/04 durch Werkstätte Port aus Augsburg neu gestaltet, gleichzeitiges Orgelwerk von Franz Borgias Maerz, München.

Unterbau des Chorgestühls [11] von ca. 1430 (geschnitzte Abschlusswangen heute im Diözesanmuseum), an der Nordseite angrenzend **Bischofsthron**, 1962 von Josef Henselmann.

Bronze-Kreuzgruppe [12], von den Aposteln getragen, 1962 von Josef Henselmann (ehem. als Teil eines Hochaltars konzipiert, nach der Umgestaltung von 1970/71 ohne Altartisch), 1985 durch die Propheten bzw. Vorläufer Christi erweitert: König David, Ezechiel, Jesaja, Esther, Daniel, Johannes der Täufer.

Weiheinschrift [13] von 1431, an der rechten Seite eine etwa gleichzeitig geschaffene gotische **Sitznische**.

Ostchormittelfenster [14] des Münchner Künstlers Josef Oberberger, 1954: Heimsuchung Mariens und Stammbaum Christi.

INNENRAUM · IM SÜDLICHEN SEITENSCHIFF

Wandfresko [15] um 1430, trauernde Marien am Grab, in älterer Schicht Umrisse eines Schmerzensmanns um 1340.

Gedenktafel [16] für den Besuch von Papst Johannes Paul II. im Jahr 1987, von Klaus Backmund.

Einzelscheiben von spätgotischen Glasgemälden [17] (ehem. aus St. Ulrich und Afra): Anbetung der Könige; hl. Ursula mit Stifterin.

Beweinung Christi, Relief um 1510/20 aus dem Kreis des Meisters von Rabenden am Kreuzaltar im Nordschiff

243

Sakramentsaltar [18], Neugestaltung nach Entwurf von Architekt Wilhelm Huber vorgesehen; im Zentrum sogenannter Ecce Homo von Georg Petel, um 1630.

INNENRAUM · IM CHORUMGANG
beginnend im Süden

Teilbestand der Originalskulpturen vom Nordportal [19] (um 1340/43).

Gedenktafeln [20] für den Besuch von Papst Pius VI. 1782 in Augsburg (Ignaz Ingerl) und für den Domorganisten und Komponisten Karl Kraft († 1978; Bildhauer Egon Stöckle).

Grabmal für Bischof Hartmann von Dillingen [21] († 1286).

Lukaskapelle [22]: Spätrenaissance-Marmoraltar um 1595 (Themen: Gnadenstuhl zwischen Petrus und Paulus, unterhalb: Opferung Isaaks, eherne Schlange, oberhalb: Christus rettet Adam und Eva aus der Vorhölle, bekrönend Skulpturen der Madonna zwischen den hll. Jakobus und Heinrich II.; hölzerne Predella mit Verkündigungsbild erst gegen 1690), im Boden davor Grabmal des Altarstifters, Bischof Johann Otto von Gemmingen († 1598).

Spätgotische Doppelnische zum Chor hin: Ölberggruppe [23], 1591 von Veit Eschay.

Östliche Nische zum Chor: Große Domkrippe [24], Skulpturengruppe aus dem letzten Drittel des 16. Jahrhunderts.

Antoniuskapelle [25]: spätgotischer Flügelaltar um 1500, aus Ebenhausen bei Ingolstadt erworben (Themen: Maria zwischen zwei nicht identifizierten hll. Päpsten, Flügelbilder hll. Ulrich und Nikolaus, im geschlossenen Zustand: hll. Johannes d.T. und Johann Evang., hll. Lucia und Dorothea, hll. Michael und Georg, hll. Diakon und Hiliaria); im neugotischen Gesprenge Skulptur des hl. Antonius (Johann Baumeister) um 1860, in der Predella spätgotisches Relief mit Auferstehung Christi; an der Westwand: Gemälde Kreuzigung Christi, um 1660/70 von Johann Heinrich Schönfeld (signiert); darunter spätbarocke Grabmäler für Anna Eleonora Fugger, Domherr Franz Anton von Königsegg und Fürstbischof Alexander Philipp von Pfalz-Neuburg.

Annakapelle [26]: neugotischer Flügelaltar mit spätgotischen Skulpturen um 1480/1500, wohl meist mittelfränkischer Herkunft (Anna Selbdritt, auf den Flügeln hll. Sebastian und Ka-

tharina, außen Hieronymus und Ambrosius; Außenfiguren hll. Nikolaus und Augustinus; im Gesprenge Kreuzigung), qualitätvolles fränkisches Tafelbild mit Anbetung der Könige in der Predella; an der Westwand: gotische Wappentafel der Familie Ilsung.

Konradkapelle [27]: neugotischer Altarschrein mit bedeutendem Tafelbild der Heimsuchung, um 1461 vom Freisinger Maler Sigmund Haring für die dortige Johanniskirche geschaffen. Seitlich spätgotische Skulpturen der hll. Christophorus und Sebastian, in der Bekrönung Weihnachtsrelief und zwei unbekannte hll. Bischöfe; seitlich am Boden bedeutendes Bronzegrabmal für den 1302 verstorbenen Bischof Wolfhard von Roth, von einem Bildhauer Otto (Wachsmodell) und einem Erzgießer Konrad ausgeführt. An den Seitenwänden Grabepitaphien der Spätrenaissance für Bischof Johann Eglof von Knöringen und das Ehepaar vom Berg. Farbverglasung von Josef Oberberger um 1965.

Gertrudkapelle [28]: im Kernbestand spätgotischer, zweistöckiger Altarschrein von ca. 1510/15, ehemals in Hl. Kreuz in Augsburg. Original zugehörig das Relief des Marientodes und die qualitätvollen Frührenaissance-Flügelbilder (mit Marter der 10 000 und den 14 Nothelfern bzw. rückseitig der Gregorsmesse und dem hl. Hieronymus als Büßer; in der Bekrönung eine Allerheiligen-Darstellung bzw. rückseitig die hll. Ursula und Agnes bzw. Dorothea und Apollonia). Nicht original zugehörig die spätgotische Schnitzgruppe der Marienkrönung, ebenso wohl die Skulptur des Schmerzensmanns. An den Seitenwänden große Rotmarmorgrabepitaphien der Bischöfe Friedrich von Zollern und Heinrich von Lichtenau, offenbar beide um 1506/08 vom Augsburger Bildhauer Hans Beierlein (Peurlin) geschaffen. Ornamentale Wandfresken der Frührenaissance. Im Mittelfenster drei Medaillons mit Passionsszenen, um 1415 von einer Münchner Werkstatt geschaffen; Seitenfenster um 1962 von Josef Oberberger.

Augustinuskapelle [29]: Neugotischer Altarschrein mit Tafelbildern der Renaissance, 1579 datiert; durch ein Abtswappen als ehem. Bestandteil der Ausstattung der Klosterkirche Steingaden ausgewiesen und wohl altbayerischen Ursprungs. Meist nach Vorlagen der bekannten Dürer-Holzschnitte gestaltete Szenen des Marienlebens (Begegnung an der Goldenen Pforte, Tempelgang, Mariae Geburt und Verkündigung) um die zentrale Darstellung von Marientod und darüber Marienkrönung, im geschlossenen Zustand die hl. Sippe. In die Predella zwei Einzeltafeln eingelassen (Darstellung im Tempel, Heimsuchung). Die Altarstatuetten der hll. Joachim, Anna und Augustinus neugotisch, von Otto Entres um 1860.

Seitenfiguren der Kreuzgruppe von Josef Henselmann im Ostchor (1985 ergänzt)

In Nischen der Seitenwände Tumba-Grabmäler für Bischof Petrus von Schaumburg in drastischer Vergänglichkeitssymbolik und Johann von Werdenberg mit allen Zeichen der bischöflichen Würde. Architekturmalereien der Renaissance an den Seitenwänden und frühbarockes Gemälde mit Christus als Schmerzensmann. Farbverglasung von Josef Oberberger um 1965.

Wolfgangkapelle [30]: Neugotischer Altarschrein mit Figur des hl. Wolfgang von Johann Baumeister, die **Tafelbilder** mit Maria im Kreise der Bistumspatrone, bedeutende Renaissance-Arbeiten des Augsburger Porträtmalers Christoph Amberger von 1554, ehemals Teile des damaligen Hochaltars. In einem Glasschrein an der Predella wertvolles hochbarockes Elfenbein-Kruzifix. An der Außenwand der Kapelle stattliches Epitaph des Weihbischofs Sebastian Breuning, 1605 von Christoph Murmann d. J. geschaffen. An der Westseite monumentales hochbarockes Epitaph für Fürstbischof Johann Christoph von Freyberg, um 1713 wohl in der Sturm-Werkstatt in Füssen geschaffen, im Boden davor die ältere Grabplatte von 1690.

Grablege der Weihbischöfe [31]: Grablege der 1970er Jahre mit Gestaltung von Friedrich Koller (Petrus als Fischer); gegenüber **Epitaph** des Fürstbischofs Josef von Hessen-Darmstadt (um 1770 von Paul Sebastian Ingerl).

Sogenannte **Türkenfahne [32]**, Kopie einer im Original stark verfallenen osmanischen Heeresfahne, die von Markgraf Ludwig Wilhelm von Baden 1689 erbeutet und dem Augsburger Dom gestiftet wurde.

Tympanon und weitere Originalskulpturen des Nordportals [33], in den 1930er und 1960er Jahren am ursprünglichen Standort abgenommen und zum Schutz vor Verwitterung im Inneren aufgestellt, seitlich unterhalb der **Ulrichsbrunnen**, 1955 von Karl Roth.

INNENRAUM · IM NÖRDLICHEN SEITENSCHIFF

Kreuzaltar [34], heute ohne den ehem. neugotischen Aufbau, im Zentrum bedeutendes **Kruzifix** um 1500 aus dem Nürnberger Kreis um Veit Stoß. Neugotische trauernde Engel. In einem kleinen Schrein auf der Altarmensa filigrane Figurengruppe der **Beweinung Christi**, der Münchner Werkstatt des sogenannten Meisters von Rabenden nahestehend (um 1520).

Marienfenster [35], um 1490 in der Straßburger Werkstatt des Peter Hemmel von Andlau geschaffen (Verkündigung, Christi Geburt, Marienkrönung).

Sogenannte **Magnificat-Orgel [36]**, 1989 in der Augsburger Werkstatt Kubak gebaut.

Gedenkstein für Kaiser Otto III. [37], 1513 in der heimischen Werkstatt von Hans Daucher nach Konzeption des bekannten Humanisten Konrad Peutinger geschaffen zum Angedenken an die in Augsburg beigesetzten Eingeweide des 1002 gestorbenen Kaisers; Stiftung von Kurfürst Friedrich III. von Sachsen.

INNENRAUM · IM NORDQUERHAUS

Bischofsgalerie [38]: 1489 begonnene, für alle Bischöfe des Mittelalters fiktive Porträts, seit dem 16. Jahrhundert jedoch weitgehend getreue Bildnisse aller bis zum jeweiligen Zeitpunkt verstorbenen Augsburger Bischöfe.

Tumba-Grabmal [39] des Ehepaars Hirn, 1425 für die Goldschmiedekapelle bei St. Anna geschaffen und 1889 in den Dom versetzt; an den Seitenwänden u. a. Grabstein des Bischofs Friedrich Spät von Faimingen († 1331).

Skulptur Kerkerheiland [40] (1769).

Theklaaltar [41]: neugotischer Schrein um 1860 mit spätgotischer Reliefgruppe der Kreuzigung, in der Predella etwa gleichzeitige Darstellung der Beweinung Christi, in der Bekrönung Skulpturen der hll. Barbara und Katharina und des Weltenrichters, alle gegen 1500 entstanden und um 1860 erworben.

INNENRAUM · KRYPTA

Zum Mittelschiff hin die jüngere Erweiterung (1. Hälfte 12. Jahrhundert), hier an der Ostwand relativ gut erhaltene, sich überlagernde romanische bzw. frühgotische Fresken (Thronender Christus / Kreuzigung); innerer Kernraum der Krypta, ottonischer Bau um 995/1000: hier romanische, jedoch stark ergänzte Madonna und vermutlich oberitalienische (bzw. Tessiner?) Petrusfigur (2. Hälfte 15. Jahrhundert), beide Skulpturen aus dem Kunsthandel.

Originales Tympanon vom Nordportal und Ulrichsbrunnen (1955)

INNENRAUM · IM WESTCHOR
Einblick vom Abschlussgitter

Farbfenster [42] zum Thema der Wiederkehr Christi am Jüngsten Tag, 2010 von Johannes Schreiter.

Altar [43], um 1447 für den Ostchor entstanden, im 16. Jahrhundert in den Westchor versetzt; seltener gotischer Metallaufsatz mit Kreuzgruppe in der Bekrönung, fehlende Teile 2012 in modernen Medien durch Erwin Wiegerling nach alten Kupferstichen frei ergänzt.

Romanischer Bischofsthron [44] und romanischer Wandbaldachin (links), beide wohl gegen 1100 entstanden, vielleicht ehemals zusammengehörig.

Chorgestühl [45], in Teilen wohl noch mit der archivalischen Überlieferung von Zahlungen im Jahr 1483 an den Schreiner Ulrich Glurer in Bezug zu bringen; um 1495/1500 offenbar vollendet; an den Wangen kleine Figurengruppen, überwiegend mit Kampfszenen (meist als Sieg des Guten über das Böse bzw. Vorläufer für Christus und Maria aus dem Alten Testament).

Spätgotischer Messingleuchter [46] um 1440, darunter das heutige Taufbecken (ursprünglich barockes Weihwasserbecken).

Angrenzend in der gotischen Hilariakapelle (nicht öffentlich zugänglich) Spätrokoko-Altarretabel [47] mit Gemälde um 1800 von Konrad Huber aus Weißenhorn: Darstellung im Tempel (Altar aus Dillingen in den Dom übertragen).

INNENRAUM · IM SÜDQUERHAUS

Wandmalerei Christophorus [48], datiert 1491, Ulrich Apt d. Ä. zugeschrieben; seitlich Spuren eines älteren Christophorus um 1290/1300, der Kopf über den später eingezogenen Gewölben im Dachraum erhalten, ebenso Spuren einer noch früheren Malerei.

Salomo-Fenster [49], entstanden um 1340.

Bruder-Konrad-Säule [50], Rotmarmor, 1947 von Georg Chorherr; zum Gedenken an die weitgehende Verschonung des Doms im Zweiten Weltkrieg.

Einblick in die gotische Andreaskapelle [51] (mit hochbarockem Kruzifix und Kriegerdenkmal von 1952).

Mariae-Schmerzen-Altar [52] mit Schnitzrelief der Beweinung Christi, Kopie um 1860 nach einem spätgotischen Original in der Kirche von Höselhurst (Lkr. Günzburg).

INNENRAUM · IM SÜDLICHEN UND NÖRDLICHEN SEITENSCHIFF

Kreuzwegzyklus von Karl Roth, 1936.

MARIENKAPELLE

1720/21 nach Entwurf von Gabriel de Gabrieli erbaut; Fresken zum Marienleben, ursprünglich von Johann Georg Bergmüller, um 1986 weitgehend rekonstruiert nach schwerer kriegsbedingter Beschädigung der Originale 1944. Spätbarocker Altar mit gleichzeitigen Seitenfiguren der Bendel-Werkstatt und hochgotischer Madonna um 1330. An der Rückwand (an dieser Stelle ehemals Durchgang zum Kreuzgang, der ursprüngliche Standort der Madonna dort gegenüber) heute Altarbild (Johann Georg Bergmüller, 1714) mit Schutzengel-Darstellung, aus der im frühen 19. Jahrhundert abgebrochenen barocken Karmelitenkirche stammend, erst 1987 für den Dom erworben.

KREUZGANG

Umfassungsmauern z. T. noch romanisch (freigelegte architektonische Fragmente, darunter Portal), Südflügel schon um 1330 zugunsten der Verbreiterung der Seitenschiffe aufgegeben; um 1470 Beginn des spätgotischen Umbaus wohl durch Hans von Hildesheim, Vollendung wohl unter Burkhard Engelberg. Enthält etwa 400 Epitaphien, die künstlerisch und ikonographisch bedeutendsten meist aus dem 14., 15. und frühen 16. Jahrhundert. Am Westflügel angebaut die hochgotische Katharinenkapelle (mit weiteren Steinreliefs der Renaissance). Vom Nordflügel Übergangsmöglichkeit ins Diözesanmuseum St. Afra (z. T. in historisch- und baukünstlerisch hochrangigen Räumen wie der ehem. Blasiuskapelle und dem romanischen Kapitelsaal untergebracht) mit weiteren bauarchäologischen Funden zum karolingischen Dom und bedeutenden Kunstwerken aus dem bestehenden Bauwerk, darunter das berühmte Bronzeportal des 11. Jahrhunderts.

Rückblick durch die nördlichen Seitenschiffe zur Gedenktafel für Kaiser Otto III. am Pfeiler

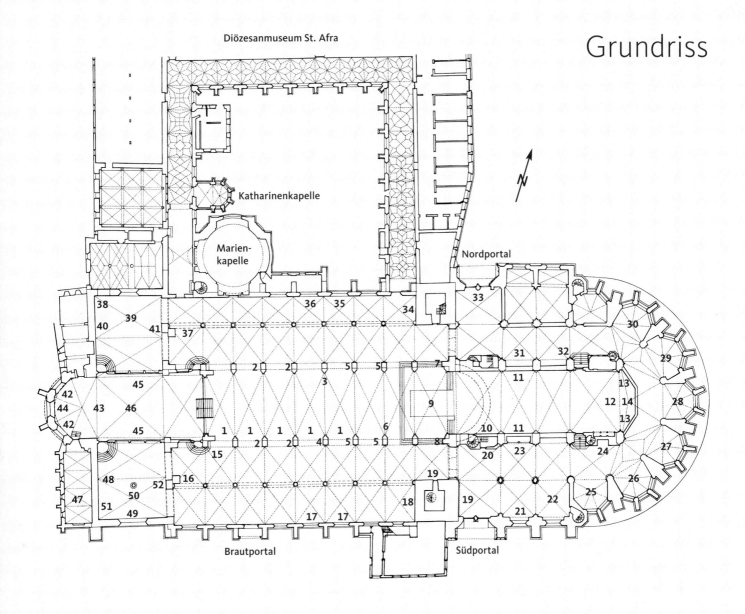

Grundriss

Diözesanmuseum St. Afra

Katharinenkapelle

Marien-kapelle

Nordportal

Brautportal

Südportal

1 Prophetenfenster
2 Tafelbilder des Unterknöringer Altars
3 Marmorkanzel
4 Canisiusaltar
5 Tafelbilder des Weingartner Altars
6 Madonna über Engel mit Handorgel
7 Hl. Josef
8 Hl. Ulrich
9 Hauptaltar und Ambo
10 Chororgel
11 Unterbau des Chorgestühls / Bischofsthron
12 Bronze-Kreuzgruppe
13 Weiheinschrift / Sitznische
14 Ostchormittelfenster
15 Wandfresko (trauernde Marien)
16 Gedenktafel Papst Johannes Paul II.
17 Einzelscheiben von spätgotischen Glasgemälden
18 Sakramentsaltar / Ecce Homo

19 Originalskulpturen vom Nordportal
20 Gedenktafeln Papst Pius VI. und Karl Kraft
21 Grabmal für Bischof Hartmann von Dillingen
22 Lukaskapelle
23 Ölberggruppe
24 Große Domkrippe
25 Antoniuskapelle
26 Annakapelle
27 Konradkapelle
28 Gertrudkapelle
29 Augustinuskapelle
30 Wolfgangkapelle
31 Grablege der Weihbischöfe
32 Türkenfahne
33 Tympanon und weitere Originalskulpturen des Nordportals
34 Kreuzaltar
35 Marienfenster

36 Magnificat-Orgel
37 Gedenkstein für Kaiser Otto III.
38 Bischofsgalerie
39 Tumba-Grabmal des Ehepaars Hirn
40 Skulptur Kerkerheiland
41 Theklaaltar
42 Farbfenster (J. Schreiter)
43 Altar
44 Bischofsthron / Wandbaldachin
45 Chorgestühl
46 Messingleuchter
47 Hilariakapelle
48 Wandmalerei Christophorus
49 Salomo-Fenster
50 Bruder-Konrad-Säule
51 Andreaskapelle
52 Mariae-Schmerzen-Altar

»Kirchenmaus«, Detail am Fuß der aufwendigen gotischen Sitznische im Ostchor

Literaturverzeichnis

Arnold 1979
Matthias Arnold [Bearb.]: *Architektur des 19. Jahrhunderts in Augsburg. Zeichnungen vom Klassizismus bis zum Jugendstil*, Ausst. Kat. Augsburg, Städtische Kunstsammlungen Augsburg (10. März bis 27. Mai 1979), hg. von Städtische Kunstsammlungen, Augsburg 1979

Aumüller 2010/11
Thomas Aumüller u.a.: »Der Augsburger Dom. Ein verkannter Großbau der ersten Jahrtausendwende. Neue Befunde zu Architektur und Dekorationssystem«, in: *Jahrbuch der Bayerischen Denkmalpflege*, Bd. 64/65 (2010/11), Berlin/München 2012, S. 9–56

Babucke/Bakker/Schaub 2000
Volker Babucke / Lothar Bakker / Andreas Schaub: »Archäologische Ausgrabungen im Museumsbereich«, in: Peter Rummel (Hg.): *Das Diözesanmuseum St. Afra in Augsburg* (Jahrbuch des Vereins für Augsburger Bistumsgeschichte, Jg. 34), Augsburg 2000, S. 99–128

Bakker 2004
Lothar Bakker: »Frühes Christentum und Siedlungskontinuität von der Spätantike zum frühen Mittelalter in Augsburg – ein Überblick«, in: Manfred Weitlauff / Melanie Thierbach (Hg.): *Hl. Afra. Eine frühchristliche Märtyrerin in Geschichte, Kunst und Kult* (Jahrbuch des Vereins für Augsburger Bistumsgeschichte, Jg. 38), Lindenberg im Allgäu 2004, S. 42–51

Bakker/Mäder/Thierbach 2007
Lothar Bakker / Renate Mäder / Melanie Thierbach: »Vorkarolingische und karolingische Zeugnisse der Simpert-Zeit in Augsburg«, in: *Der heilige Bischof Simpert – der fast vergessene Dritte im Bunde*, Ausst. Kat. Sonderausstellung im Diözesanmuseum St. Afra (14. September bis 21 Oktober 2007), hg. von Melanie Thierbach, Augsburg 2007, S. 48–51

Becksmann 1995
Rüdiger Becksmann: *Deutsche Glasmalerei des Mittelalters*, Bd. 1 (Voraussetzungen, Entwicklungen, Zusammenhänge), Berlin 1995

Becksmann 2006
Rüdiger Becksmann: »Die Augsburger Propheten und die Anfänge der monumentalen Glasmalerei im Mittelalter«, in: Martin Kaufhold (Hg.): *Der Augsburger Dom im Mittelalter*, Augsburg 2006, S. 74–97

Bellot 2009
Christoph Bellot: »Altar der Lukaskapelle«, in: *Der Augsburger Dom in der Barockzeit*, Ausst. Kat. Augsburg, Diözesanmuseum St. Afra (29. April bis 26. Juli 2009), hg. von Melanie Thierbach, Augsburg 2009, S. 275–276

Bellot 2011
Christoph Bellot: »Zur Neuausstattung von St. Ulrich und Afra zwischen 1600 und 1612«, in: Manfred Weitlauff (Hg.): *Benediktinerabtei St. Ulrich und Afra in Augsburg (1012–2012). Geschichte, Kunst, Wirtschaft und Kultur einer ehemaligen Reichsabtei* (Jahrbuch des Vereins für Augsburger Bistumsgeschichte, Jg. 45), S. 856–902

Bischoff 1999
Franz Bischoff: *Burkhard Engelberg. »Der vilkunstreiche Architector und der Statt Augspurg Wercke Meister«* (Schwäbische Geschichtsquellen und Forschungen. Schriftenreihe des Historischen Vereins für Schwaben, Bd. 18), Augsburg 1999

Böttger 1984
Peter Böttger: »Die Portale und Skulpturenpfeiler des Ostchores – Restaurierungskonzepte seit 1890, dargestellt aufgrund der Akten im Bayer. Landesamt für Denkmalpflege«, in: *Das Südportal des Augsburger Domes. Geschichte und Konservierung* (Arbeitshefte des Bayerischen Landesamtes für Denkmalpflege, Bd. 23), München 1984, S. 31–64

Böttger 1987
Peter Böttger: »Die Innenrestaurierung des Augsburger Doms 1981–1987«, in: *Jahrbuch der Bayerischen Denkmalpflege*, Bd. 41 (1987), München 1991, S. 28–41

Braun 1829
Placidus Braun: *Die Domkirche in Augsburg und der hohe und niedere Clerus an derselben*, Augsburg 1829

Bredekamp 2000
Horst Bredekamp: *Sankt Peter in Rom und das Prinzip der produktiven Zerstörung. Bau und Abbau von Bramante bis Bernini* (Kleine kulturwissenschaftliche Bibliothek, 65), Berlin 2000

Busch-Hofer 2000
Roswitha Busch-Hofer: *Bildhauer Georg Busch (1862–1943). Förderer christlicher Kunst*, Lindenberg im Allgäu 2013

Chevalley 1987
Denis André Chevalley: »Zur Ausstattungsgeschichte des Augsburger Doms«, in: *Jahrbuch der Bayerischen Denkmalpflege*, Bd. 41 (1987), München 1991, S. 18–27

Chevalley 1990
Denis André Chevalley: »Die Neugotik und die Regotisierung des Augsburger Doms«, in: *Jahrbuch des Vereins für Augsburger Bistumsgeschichte*, Jg. 24 (1990), S. 228–243

Chevalley 1995
Denis André Chevalley: *Der Dom zu Augsburg* (Die Kunstdenkmäler von Bayern NF 1), München 1995

Dassmann 1993
Ernst Dassmann: *Die Anfänge der Kirche in Deutschland. Von der Spätantike bis zur frühfränkischen Zeit*, Stuttgart/Berlin/Köln 1993

Dassmann 2001
Ernst Dassmann: »Augsburg«, in: *Reallexikon für Antike und Christentum*, Supplement-Band 1, Stuttgart 2001, S. 693–718

Diemer/Diemer 2013
Dorothea Diemer / Peter Diemer: »Die Bronzetür des Augsburger Domes«, in: *Zeitschrift des Deutschen Vereins für Kunstwissenschaft*, 65 (2011), Berlin 2013, S. 9–92

Epple/Straßer 2012
Alfons Epple / Josef Straßer: *Johann Georg Bergmüller (1688–1762). Die Gemälde*, Ausst. Kat. Ausstellung im Schaezlerpalais (19. Februar bis 15. April 2012), Lindenberg im Allgäu 2012

Exner 2001
Matthias Exner: »Ein romanisches Wandbild des hl. Christophorus in Altenstadt. Befund und Ikono-

graphie«, in: *Der Welf. Jahrbuch des Historischen Vereins Schongau. Stadt und Land 2000/01*, St. Ottilien 2001, S. 7–28

Exner 2011
Matthias Exner: »Von der bauzeitlichen Ausmalung zur romanischen Neufassung. Die Wandmalereibefunde in ihrem historischen Kontext« (in: *Der Augsburger Dom – ein verkannter Großbau der ersten Jahrtausendwende*), in: *Jahrbuch der Bayerischen Denkmalpflege*, Bd. 64/65, Berlin/München 2012, S. 38–49

Fried/Frank 2003
Pankraz Fried / Rainer Frank: *Die ehemalige fürstbischöfliche Residenz zu Augsburg. Heutige bayerische Regierung von Schwaben*, Lindenberg im Allgäu 2003

Friesenegger 1930
Josef Maria Friesenegger: *Führer durch den Dom in Augsburg*, Augsburg 1930

Gatz 2001
Erwin Gatz (Hg.): *Die Bischöfe des Heiligen Römischen Reiches. 1198 bis 1448. Ein biographisches Lexikon*, Berlin 2001

Gerhardo 1973
Gerhardo: »Vita sancti Oudalrici episcopi Augustani«, in: Hatto Kallfelz (Hg.): *Lebensbeschreibungen einiger Bischöfe des 10. bis 12. Jahrhunderts* (Freiherr vom Stein Gedächtnisausgabe, Bd. 23), Darmstadt 1973

Giese 1982
Wolfgang Giese: »Zur Bautätigkeit von Bischöfen und Äbten des 10. bis 12. Jahrhunderts«, in: *Deutsches Archiv für Erforschung des Mittelalters*, Bd. 38 (1982), S. 388–438

Gottlieb 1985
Gunther Gottlieb u. a. (Hg.): *Geschichte der Stadt Augsburg von der Römerzeit bis zur Gegenwart*, Stuttgart ²1985

Groll 1996
Thomas Groll: *Das neue Augsburger Domkapitel von der Wiedererrichtung (1817/21) bis zum Ende des Zweiten Weltkriegs (1945). Verfassungs- und Personengeschichte* (Münchener Theologische Studien I/34), Sankt Ottilien 1996

Groll 2011
Thomas Groll: »Augsburg, Domkapitel«, in: *Historisches Lexikon Bayerns*, URL: www.historisches-lexikon-bayerns.de/artikel/artikel_45277 [Erstellung: 25.02.2011; letzter Zugriff: 08.02.2014]

Haas 1994
Walter Haas: »Die alten Obergadenfenster der Augsburger Domes«, in: *Jahrbuch der Bayerischen Denkmalpflege*, Bd. 28 (1970/71), München 1973, S. 101–108

Hagen/Wegener-Hüssen 1994
Bernt von Hagen / Angelika Wegener-Hüssen: *Stadt Augsburg. Ensembles, Baudenkmäler, Archäologische Denkmäler* (Denkmäler in Bayern, Bd. 83), München 1994

Hagen/Wegener-Hüssen 2004
Bernt von Hagen / Angelika Wegener-Hüssen (Hg.): *Landkreis Günzburg. Ensembles, Baudenkmäler, archäologische Denkmäler* (Denkmäler in Bayern, Bd. 91), München 2004

Härting 2003
Carola Härting: *Der Augsburger Domkreuzgang. Kurzführer*, Donauwörth 2003

Haupt 1961
Karl Haupt: *Ehemalige franziskanische Niederlassungen in Augsburg*, Landshut 1961

Hecht/Hecht 1979
Josef Hecht / Konrad Hecht: *Die frühmittelalterliche Wandmalerei des Bodenseegebietes*, Bd. 1, Sigmaringen 1979

Heiss 2009
Ulrich Heiss: »Vier Kapellen und nicht mehr? Das Barocke in Bau und Raum des Augsburger Domes«, in: *Der Augsburger Dom in der Barockzeit*, Ausst. Kat. Augsburg, Diözesanmuseum St. Afra (29. April bis 26. Juli 2009), hg. von Melanie Thierbach, Augsburg 2009, S. 12–24

Henselmann 2011
Rupert Henselmann (Hg.): *Bildhauer Josef Henselmann(1898–1987). Sein Weg ins 20. Jahrhundert*, Lindenberg im Allgäu 2011

Hoeynck 1889
Franz A. Hoeynck: *Geschichte der kirchlichen Liturgie des Bisthums Augsburg*, Augsburg 1889

Horn 1991
Michael Horn: »Zur Geschichte der Bischöfe und Bischofskirche von Augsburg«, in: Stefan Weinfurter (Hg.): *Die Salier und das Reich*, Bd. 2 (Die Reichskirche in der Salierzeit), Sigmaringen 1991

Huber 1996
Brigitte Huber: *Denkmalpflege zwischen Kunst und Wissenschaft. Ein Beitrag zur Geschichte des Bayerischen Landesamtes für Denkmalpflege* (Arbeitshefte des Bayerischen Landesamtes für Denkmalpflege, Bd. 76), München 1996

Husslein-Arco/Pirker-Auerhammer 2013
Agnes Husslein-Arco / Veronoka Pirker-Auerhammer (Hg.): *Wien 1450. Der Meister von Schloss Lichtenstein und seine Zeit*, Ausst. Kat. Ausstellung des Belvedere in der Orangerie des Unteren Belvedere in Wien (8. November 2013 bis 23. Februar 2014), Wien 2013

John/Rainer 2008
Timo John / Konrad Rainer: *Spuren der Mönche auf der Insel Reichenau im Bodensee*, Lindenberg im Allgäu 2008

Kaufhold 2006 a
Martin Kaufhold (Hg.): *Der Augsburger Dom im Mittelalter*, Augsburg 2006

Kaufhold 2006 b
Martin Kaufhold: »Der Dom im mittelalterlichen Augsburg. Stationen einer spannungsreichen Geschichte«, in: ders. (Hg.): *Der Augsburger Dom im Mittelalter*, Augsburg 2006, S. 9–26

Keller 1986
Hagen Keller: *Zwischen regionaler Begrenzung und universalem Horizont. Deutschland im Imperium der Salier und Staufer 1024 bis 1250* (Propyläen Geschichte Deutschlands, Bd. 2), Berlin 1986

Keller 2008
Hagen Keller: *Die Ottonen*, München 2008

Kießling 1999
Rolf Kießling (Hg.): *Die Universität Dillingen und ihre Nachfolger. Stationen und Aspekte einer Hochschule in Schwaben. Festschrift zum 450jährigen Gründungsjubiläum*, Dillingen/Donau 1999

Kluge 2012
Mathias Franc Kluge: *Die inneren Organe Ottos III. und ihr vergessenes Grab. Herrschergedenken zwischen Bedeutungswandel und Überlieferungschance*, in: *Archiv für Kulturgeschichte*, Bd. 94 (2012) S. 59–86

Kobler 1984
Friedrich Kobler: »Baugeschichte des Ostchors, kunsthistorischen Beurteilung der Portalskulpturen«, in: *Das Südportal des Augsburger Domes. Geschichte und Konservierung*, (Arbeitshefte des Bayerischen Landesamtes für Denkmalpflege, Bd. 23), München 1984, S. 7–29

Korol 2014
Dieter Korol: »The Earliest Christian Monumental Painting of Augsburg and South Germany and the only known Late Antique Bishop (›Valentinus‹) of this Region«, in: *Painting between Local- and Period-Styles, Acts of the Eleventh International Conference of AIPMA (Association Internationale pour la Peinture Murale Antique), Ephesos/Selçuk, Türkei (13. bis 17. September 2010)*, hg. von Norbert Zimmermann, Wien 2014, S. 741–750 mit Tafeln CXCII–CXCIV

Kosel 1991
Karl Kosel: *Der Augsburger Domkreuzgang und seine Denkmäler*, Sigmaringen 1991

Krause 2002
Katharina Krause: *Hans Holbein der Ältere*, München/Berlin 2002

Kreuzer 1984
Georg Kreuzer: »Augsburg als Bischofsstadt unter den Saliern und Lothar III. (1024–1133)«, in: Gunther Gottlieb (Hg.): *Geschichte der Stadt Augsburg von der Römerzeit bis zur Gegenwart*, Stuttgart 1984, S. 121–127

Krüger 2006
Thomas Michael Krüger: Die Hausherren des Doms und sein funktionsgeschichtlicher Wandel. Bischof und Domkapitel im mittelalterlichen Augsburg, in: Martin Kaufhold (Hg.): *Der Augsburger Dom im Mittelalter*, Augsburg 2006, S. 27–47

Lieb 1934
Norbert Lieb: *Der Augsburger Dom als bauliche Gestalt* (Sonderdruck aus Schwabenland 1934), Augsburg 1934

Lieb 1965
Norbert Lieb: »Die Geschichte des Augsburger Domes«, in: Richard Binder / Norbert Lieb / Toni Roth (Hg.): *Der Dom zu Augsburg*, Augsburg 1965, S. 11–24

Lieb/Schnell 1985
Norbert Lieb / Werner Schnell: *Der Dom zu Augsburg* (Kleine Kunstführer, Bd. 64), Regensburg ²²1985

Liebeskind 1905
Paul Liebeskind: »Die Theophilus-Glocken. Glockenstudie«, in: *Mitteilungen aus dem Germanischen Nationalmuseum*, Nürnberg 1905, S. 153–175

Liedke 1986
Volker Liedke: *Die Augsburger Sepulkralskulptur der Spätgotik*, Bd. 2 (Zum Leben und Werk des »Meisters der Schwangau-Tumba« und des Bildschnitzers Hanns Peurlin des Älteren), München 1986

Lill 1935
Georg Lill: Die Wiederherstellung im Inneren des Domes zu Augsburg, in: *Deutsche Kunst und Denkmalpflege*, Jg. 1935, Berlin/Wien 1935, S. 65–71

Mäder 2003
Renate Mäder: »Der hl. Eligius übergibt den goldenen Thronsessel«, in: *Gold und Silber. Augsburgs glänzende Exportwaren*, Ausst. Kat. Sonderausstellung im Diözesanmuseum St. Afra (3. Mai bis 27. Juli), hg. von Melanie Thierbach, Augsburg 2003, S. 296–297

Mäder 2009
Renate Mäder: »Frömmigkeit im barocken Kirchenjahr. Spuren in den Inventaren des Domes«, in: *Der Augsburger Dom in der Barockzeit*, Ausst. Kat. Augsburg, Diözesanmuseum St. Afra (29. April bis 26. Juli 2009), hg. von Melanie Thierbach, Augsburg 2009, S. 54–63

Martin 1975
Kurt Martin: *Die ottonischen Wandbilder der St. Georgskirche Reichenau-Oberzell*, Sigmaringen 1975

Mohnhaupt 2000
Bernd Mohnhaupt: *Beziehungsgeflechte. Typologische Kunst des Mittelalters* (Vestigia bibliae 22), Bern u. a. 2000

Pevsner 2008
Nikolaus Pevsner: *Europäische Architektur. Von den Anfängen bis zur Gegenwart*, München u. a. ⁹2008

Pfeil 1993
Daniela von Pfeil: »Jörg Stocker. Ein verkannter Maler aus Ulm«, in: *Meisterwerke massenhaft. Die Bildhauerwerkstatt des Nikolaus Weckmann und die Malerei in Ulm um 1500*, Ausst. Kat. Ausstellung des Württembergischen Landesmuseums in Stuttgart (11. Mai bis 1. August 1993), hg. von Gerhard Weilandt, Stuttgart 1993, S. 199–209

Pinkus 2009
Assaf Pinkus: *Patrons and Narratives of the Parler School. The Marian Tympana 1350–1400* (Kunstwissenschaftliche Studien, Bd. 151), München/Berlin 2009

Porst/Winkler 2011
Angelika Porst / Reinhold Winkler: »Bauforschung im Dachwerk des Augsburger Doms. Neue Erkenntnisse zur Baugeschichte und zur frühen Ausmalung«, in: Bayerisches Landesamt für Denkmalpflege (Hg.): *Denkmalpflege Informationen* 148 (2011), S. 12–15

Puchta 1981
Hans Puchta: »Zur Baugeschichte des Ostchors des Augsburger Doms«, in: *Jahrbuch des Vereins für Augsburger Bistumsgeschichte*, Jg. 14 (1980), München 1981, S. 77–86

Ramisch 2012
Hans Ramisch: »Meister Sigmund Haring, Maler und Bürger in Freising, nachgewiesen 1451–1491. Archivalische Nachrichten und darin bezeugte Werke«, in: Ulrike Götz (Hg.): *Sammelblatt des Historischen Vereins Freising*, Bd. 42, Freising 2012, S. 61–92

Reinle 1984
Adolf Reinle: *Das Stellvertretende Bildnis. Plastiken und Gemälde von der Antike bis ins 19. Jahrhundert*, Zürich/München 1984

Ritz 1935
Josef Maria Ritz: »Die Wiederherstellung des Dominneren zu Augsburg«, in: *Bayerischer Heimatschutz. Zeitschrift für Volkskunst und Volkskunde, Heimatschutz und Denkmalpflege*, Jg. 31 (1935), S. 116 122

Roth 1934
Toni Roth: »Augsburgs Dom erneuert«, in: *Neue Augsburger Zeitung*, 9.12.1934

Roth 1941
Toni Roth: »Augsburger Dom«, in: Max Doerner / Toni Roth (Hg.): *Malmaterial und seine Verwendung im Bilde. Nach den Vorträgen an der Akademie der Bildenden Künste in München*, Stuttgart ⁷1941 S. 351–360

Rummel 1984
Peter Rummel: *Katholisches Leben in der Reichsstadt Augsburg (1650–1806)* (Sonderdruck aus: Jahrbuch des Vereins für Augsburger Bistumsgeschichte, Jg. 18), Augsburg 1984

Rummel 2005
Peter Rummel: »Bistum Augsburg«, in: Erwin Gatz (Hg.): *Die Bistümer der deutschsprachigen Länder. Von der Säkularisation bis zur Gegenwart*, Freiburg im Breisgau/Basel/Wien 2005, S. 43–54

Sahler/Winkler 2011 a
Hildegard Sahler / Reinhold Winkler: »Bauforschung im Dachwerk des Augsburger Doms«, in: *Kunstchronik. Monatsschrift für Kunstwissenschaft, Museumswesen und Denkmalpflege. Mitteilungsblatt des Verbandes Deutscher Kunsthistoriker* 64 (2011), S. 290–294

Sahler/Winkler 2011 b
Hildegard Sahler / Reinhold Winkler: »Der Augsburger Dom in ottonischer Zeit. Neue Erkenntnisse zur Datierung des ottonischen Neubaus und seiner Stellung in der Architekturgeschichte«, in: *Architectura. Zeitschrift für Geschichte der Baukunst*, Jg. 41, Heft 1 (2011), S. 13–26

Schildhauer 1896
Ferdinand Schildhauer: »Die Baugeschichte des Doms in Augsburg«, in: *Süddeutsche Bauzeitung*, Bd. 6 (1896), S. 286–288

Schildhauer 1900
Ferdinand Schildhauer: »Baugeschichte des Augsburger Domes mit besonderer Berücksichtigung der romanischen Periode«, in: *Zeitschrift des Historischen Vereins für Schwaben und Neuburg*, Jg. 26 (1899), Augsburg 1900, S. 1–80

Schildhauer 1925
Ferdinand Schildhauer: »Die Wiederherstellungsarbeiten am Augsburger Dom«, in: *Die Propyläen*, Bd. 24 (1925), S. 185–186 und Bd. 25 (1925), S. 196–197

Schmid 2010
Michael Andreas Schmid: *Die Glasgemälde im Augsburger Mariendom*, Lindenberg im Allgäu 2010

Schmid 2013
Michael Andreas Schmid: *Der Hohe Dom zu Augsburg Mariä Heimsuchung*, Lindenberg im Allgäu 2013

Schnell 1994
Werner Schnell: *Imago Pietatis. Die Heiligkeit des Augsburger Domes in seinen Bildern* (Peda-Kunstführer, Bd. 315), Passau 1994

Schnell 1997
Werner Schnell: *Der Dom zu Augsburg*, Passau/Augsburg 1997

Schock-Werner 1995
Barbara Schock-Werner: »Die Bauhütte des Veitsdomes in Prag«, in: Liana Castelfranchi Vegas: *Die Baukunst im Mittelalter* (Geschichte der europäischen Kunst, Bd. 2) Solothurn/Düsseldorf 1995, S. 267–288

Schurr 2006
Marc Carel Schurr: »Die Erneuerung des Augsbur-

ger Doms im 14. Jahrhundert und die Parler«, in: Martin Kaufhold (Hg.): *Der Augsburger Dom im Mittelalter*, Augsburg 2006, S. 49–59

Schröder 1897
Alfred Schröder: »Geschichte des Domkreuzganges in Augsburg«, in: *Zeitschrift des Historischen Vereins für Schwaben und Neuburg*, Bd. 24 (1897), Augsburg 1898, S. 97–112

Seiler 1990
Joachim Seiler: *Das Augsburger Domkapitel vom Dreißigjährigen Krieg bis zur Säkularisation (1648–1802). Studien zur Geschichte seiner Verfassung und seiner Mitglieder* (Münchener Theologische Studien 1, Historische Abteilung, Bd. 29), Sankt Ottilien 1990

Steinhilber 1954/55
Dirk Steinhilber: Geld- und Münzgeschichte Augsburgs im Mittelalter, in: *Jahrbuch für Numismatik und Geldgeschichte*, Bd. 5/6 (1954/55), S. 5–142

Stoll 1985
Ulrich Stoll: »Pinienzapfen und Zirbelnuß. Ein Beitrag zur Deutung der römischen Pinienzapfen und zur Geschichte des Augsburger Stadtwappens«, in: *Zeitschrift des Historischen Vereins für Schwaben*, Jg. 79 (1985), S. 55–110

Strecker 1998
Freya Strecker: *Augsburger Altäre zwischen Reformation (1537) und 1635. Bildkritik, Repräsentation und Konfessionalisierung*, Münster 1998

Thierbach 2009
Melanie Thierbach (Hg.): *Der Augsburger Dom in der Barockzeit*, Ausst. Kat. zur Sonderausstellung im Diözesanmuseum St. Afra (29. April bis 26. Juli 2009), Augsburg 2009

Thierbach/Mäder/Rottmann 2012
Melanie Thierbach / Renate Mäder / Kathrin Rottmann (Hg.): *Katalog des Diözesanmuseum St. Afra (Festschrift für Weihbischof Josef Grünwald zum 75. Geburtstag)*, Lindenberg im Allgäu 2012

Thurm 1967
Sigrid Thurm: *Deutscher Glockenatlas*, Bd. 2 (Bayerisch-Schwaben), München/Berlin, 1967

Volkert/Zoepfl 1985
Wilhelm Volkert / Friedrich Zoepfl: *Die Regesten der Bischöfe und des Domkapitels von Augsburg*, Bd. 1 (Von den Anfängen bis 1152), Augsburg 1985

Weinfurter 2009
Stefan Weinfurter: »Kollegen des Königs. Die Bischöfe im Reich vor 1000 Jahren«, *Für Königtum und Himmelreich. 1000 Jahre Bischof Meinwerk von Paderborn*, Ausst. Kat. zur Jubiläumsausstellung im Museum in der Kaiserpfalz und im Erzbischöflichen Diözesanmuseum Paderborn 2009/2010 (23. Oktober bis 21. Februar 2010), hg. von Christoph Stiegemann, Regensburg 2009, S. 30–39

Weitlauff 2003
Manfred Weitlauff: »Bistum Augsburg«, in: Erwin Gatz (Hg.): *Die Bistümer des Heiligen Römischen Reiches von ihren Anfängen bis zur Säkularisation*, Freiburg im Breisgau 2003, S. 52–69

Weitlauff 2008
Manfred Weitlauff (Hg.): *Das Bistum Augsburg im 19. und frühen 20. Jahrhundert. Von der Säkularisation (1802/03) bis zum Bayerischen Konkordat (1924/35)* (Jahrbuch des Vereins für Augsburger Bistumsgeschichte, Jg. 42), Augsburg 2008

Wiedmann 2010
Elsbeth Wiedmann (Hg.): *Hans Holbein d. Ä. Die Graue Passion in ihrer Zeit*, Ausst. Kat. Landesaustellung des Landes Baden-Württemberg in der Staatsgalerie Stuttgart (27. November bis 20. März 2011), Ostfildern 2010

Winkler 1993/94
Reinhold Winkler: »Der romanische Baldachin im Westchor des Augsburger Domes«, in: *Jahrbuch der Bayerischen Denkmalpflege*, Bd. 47/48 (1993/94), München/Berlin 2001, S. 53–80

Wißner 2012
Bernd Wißner: *Das Bronzeportal des Augsburger Doms*, Augsburg 2012

Wolff 2008
Arnold Wolff: *Der Dom zu Köln. Seine Geschichte – Seine Kunstwerke*, Köln ⁵2008

Wüst 2001
Wolfgang Wüst: *Geistlicher Staat und Altes Reich. Frühneuzeitliche Herrschaftsformen, Administration und Hofhaltung im Augsburger Fürstbistum* (Studien zur bayerischen Verfassungs- und Sozialgeschichte, Bd. 19/1–2), München 2001

Zoepfl 1955
Friedrich Zoepfl: *Geschichte des Bistums Augsburg und seiner Bischöfe*, Bd. 1 (Das Bistum Augsburg und seine Bischöfe im Mittelalter), Augsburg 1955

Zoepfl 1969
Friedrich Zoepfl: *Geschichte des Bistums Augsburg und seiner Bischöfe*, Bd. 2 (Das Bistum Augsburg und seine Bischöfe im Reformationsjahrhundert), Augsburg 1969

Zorn 2001
Wolfgang Zorn: *Augsburg. Geschichte einer europäischen Stadt. Von den Anfängen bis zur Gegenwart*, Augsburg ⁴2001

QUELLEN UND REGESTENWERKE

»Annales Augustani«, in: Georg Heinrich Pertz (Hg.): *MGH SS 3*, Hannover 1839, Nachdruck 1986

Archiv des Bistums Augsburg, Hs. 80

Die Chroniken der deutschen Städte vom 14. bis ins 16. Jahrhundert, hg. durch die Historische Kommission bei der Akademie der Wissenschaften in München, Bd. 23

»Die Chronik des Burkhard Zink. 1368–1468«, in: *Die Chroniken der schwäbischen Städte/Augsburg* (Die Chroniken der deutschen Städte vom 14. bis ins 16. Jahrhundert, Bd. 5), Leipzig1866.

Gerhard, Vita S. Oudalrici episcopi Augustani, ed. Georg Waitz, in: Georg Heinrich Pertz u.a. (Hg.): *MGH SS 4*, Hannover 1841, Nachdruck 1982. Zitierte Übersetzung nach Hatto Kallfelz, in: Rudolf Buchner (Hg.): *Lebensbeschreibungen einiger Bischöfe des 10.–12. Jahrhunderts* (Freiherr vom Stein Gedächtnisausgabe, Bd. 22), Darmstadt 1973, S. 46–169

Kasper Brusch: *Magni Operis De Omnibus Germaniae Episcopatibus Epitomes*, Bd. 1, Nürnberg 1549

Korbinian Khamm: *Hierarchia Augustana chronologia tripartita*, Bd. 1, Augsburg 1709

»Liber miraculorum S. Adelheidae«, in: Georg Heinrich Pertz u.a. (Hg.): *MGH SS 4*, Hannover 1841, Nachdruck 1982

Monumenta Germaniae Historica

ARCHIVALIEN

ABA (Archiv des Bistums Augsburg)
BO 2304, 3499, 3517, 4415
GV 1395, 1396, 1398, 1400, 1438, 1439, 1441, 1445

BlfD (Bayerisches Landesamt für Denkmalpflege)
Ortsakten

StAA (Staatsarchiv Augsburg)
LBA Augsburg Abg. 1965 Nr. 308–311, 313–320
LBA Augsburg 4 Foto-Ordner

Abbildungsnachweis

Siegfried Wameser, München: Frontispiz, S. 6, 8, 10, 14, 16, 17, 18, 26 (rechts), 28/29, 30, 35, 36/37, 39, 40/41, 44, 47, 48, 90 (unten), 91, 93, 94/95, 96, 97, 98/99, 101, 102, 104, 105, 106 (beide), 107, 108, 112, 114/115, 117, 119, 120, 121, 122 (rechts), 123, 124, 125, 126, 127, 128, 131, 132, 134, 135, 136, 137, 138, 140 (beide), 141, 142/143, 144, 147, 148, 151, 154, 157, 158, 160, 161, 162, 163, 164/165, 166, 168, 169, 171, 173, 175, 177, 180, 182, 183, 184/185, 186, 189, 190, 191, 192, 193, 194, 195, 196 (beide), 197, 198, 199, 201, 202, 204, 206, 209, 210, 214, 216, 217, 218/219, 220, 223, 225, 226, 229, 232, 233, 234, 236 (beide), 237, 238/239, 240, 243, 245, 247, 249, 250

Diözesanmuseum St. Afra, Augsburg: S. 12, 13, 15, 20 (beide), 21, 22, 23, 25, 27 (oben), 27 (unten), 32, 54, 56, 57 (alle), 58 (beide), 59, 60 (beide), 62, 63, 66, 68/69, 70, 72, 73, 74/75, 76, 77, 79, 80/81, 82, 83, 84/85, 86, 88, 130 (beide), 242

Bischöfl. Finanzkammer Augsburg – Kirchliches Bauwesen und Kunst: S. 26 (links), 34, 89, 90 (oben), 122 (links), 188 (beide), 208, 224, 230, 231

Staatsarchiv Augsburg, Bestand LBA: S. 24, 110, 200, 203, 222 (beide)

Pressestelle Bistum Augsburg, Daniel Jäckel: S. 213 (beide)

Angelika Porst, München: S. 46, 111

Archiv Wolf-Christian von der Mülbe, München: S. 50 (beide), 51 (beide), 53